ESTUDIOS AVANZADOS PARA
LA COMPRENSIÓN
DE UNO MISMO

ESTUDIOS AVANZADOS PARA
LA COMPRENSIÓN DE UNO MISMO

*Los maestros de Oriente desvelan
el misterio de la existencia y
la psicología del alma*

Comentarios de
ELIZABETH CLARE PROPHET
sobre el clásico espiritual:
La comprensión de uno mismo

Gardiner, Montana

ESTUDIOS AVANZADOS PARA
LA COMPRENSIÓN DE UNO MISMO
Comentarios de Elizabeth Clare Prophet sobre
el clásico espiritual *La comprensión de uno mismo*
Edición en español Copyright © 2023 The Summit Lighthouse, Inc.
Todos los derechos reservados.

Título original:
Advanced Studies in Understanding Yourself
by Elizabeth Clare Prophet

Ninguna parte de este libro puede utilizarse, reproducirse, almacenarse, publicarse o transmitirse en ningún formato o medio sin permiso escrito, excepto por críticos, quienes podrán citar breves extractos para una reseña. Para obtener más información, póngase en contacto con Summit University Press.

Para obtener más información,
póngase en contacto con Summit University Press
63 Summit Way, Gardiner, MT 59030 USA.
Tel: 1-800-245-5445 o 406-848-9500
www.SummitUniversityPress.org

Library of Congress Control Number: 2023943588
(Número de control de la Biblioteca del Congreso: 2023943588)
ISBN: 978-1-60988-449-9 (rústica)
ISBN: 978-1-60988-450-5 (libro digital)

SUMMIT UNIVERSITY 🕊 PRESS ESPAÑOL®

The Summit Lighthouse, Summit University Press, Summit University Press Español, el logotipo de Summit University, y *Perlas de Sabiduría (Pearls of Wisdom)* o sus equivalentes in ingles son marcas registradas en la Oficina de Patentes y Marcas de los Estados Unidos y en otros países. Todos los derechos reservados.

26 25 24 23   1 2 3 4

Índice

Prefacio vii

1 El estudio del alma
   Comentario sobre el primer capítulo, 1.ª parte 1

2 La búsqueda del amigo
   Comentario sobre el primer capítulo, 2.ª parte 23

3 La imagen sintética y la imagen real
   Comentario sobre el primer capítulo, 3.ª parte 49

4 Ira y perdón
   Comentario sobre el primer capítulo, 4.ª parte 75

5 El fuego de propósito cósmico
   Comentario sobre el segundo capítulo, 1.ª parte 101

6 La disciplina de los cuatro cuerpos inferiores
   Comentario sobre el segundo capítulo, 2.ª parte 135

7 La maestría sobre el flujo de la energía
   Comentario sobre el segundo capítulo, 3.ª parte 181

8 El esfuerzo por la perfección
   Comentario sobre el tercer capítulo 213

9 Karma y oportunidad
   Comentario sobre el cuarto capítulo 247

10 Luz y oscuridad
   Comentario sobre el quinto capítulo 269

11 La energía del alma
   Comentario sobre el sexto capítulo 285

12 La naturaleza de la individualidad
    Comentario sobre el séptimo capítulo 309

13 La red de alegría
    Comentario sobre el octavo capítulo 329

La Gráfica de tu Yo Divino 347

Introducción al reloj cósmico 352

Notas 357

Decretos y mantras

Introito al Santo Ser Crístico 47

Despójanos de toda duda y temor 74

YO SOY la llama violeta 100

Decreto para la pureza 132

Decreto a la amada Poderosa Astrea 179

Señor Miguel 245

Mantra a Helios y Vesta 284

Prefacio

La verdadera ciencia de la psicología es el estudio del alma. Este estudio en realidad necesita una conciencia que supere las circunstancias de nuestra vida actual y los impulsos que hayamos desarrollado en ella. Esto incluye un conocimiento acerca de los patrones kármicos de esta vida y vidas anteriores, la preexistencia del alma en otras dimensiones. Desde este punto de vista comprendemos que aquí, en la escuela de la vida a la que llamamos planeta Tierra, cada alma tiene un destino y una razón de ser única.

Cuando nuestra alma empezó a evolucionar recibimos el don del libre albedrío. Durante muchas vidas y miles de años hemos establecido nuestro rumbo a través del uso y el abuso que hemos hecho esa suprema oportunidad. De varios modos nos hemos recreado a nosotros mismos, no a partir de la imagen original según la cual fuimos creados, sino según una nueva imagen, creada por nosotros mismos.

Así pues, hoy nos encontramos lejos de nuestra fuente y lejos de la libertad, la luz y el amor eterno que una vez conocimos. Deseamos volver al origen. Por tanto, debemos iniciar el proceso de una recreación propia. Debemos volver a crearnos según la imagen real que una vez conocimos, algo que se ha denominado la gran obra de los siglos.

Muchos otros han recorrido este sendero antes que nosotros. Ellos regresaron al origen, ascendieron al corazón de Dios, a la Fuente de que salieron, la gran esfera de luz que es su Yo Superior. Hoy los conocemos como Maestros Ascendidos.

Los Maestros Ascendidos nos invitan a que sigamos sus

pasos. Nos enseñan a deshacer los lazos de limitación que hemos creado, en esta vida o en vidas anteriores, consciente o ignorantemente. Nos dicen que nuestras actuales circunstancias representan el resultado del desarrollo de todas nuestras experiencias en el Espíritu y la Materia. Si queremos trascenderlas, debemos transformar nuestra psicología y nuestro karma. Los Maestros Ascendidos nos enseñan el camino.

Hace algunos años, tres maestros de Oriente —Merú, Lanto y Kuthumi— entregaron una serie de cartas sobre la psicología del alma. Estos maestros hablaron del karma y del destino, de cómo superar las limitaciones del yo inferior. Hablaron de la infelicidad humana como una enfermedad universal y cómo vencerla. Hablaron de abrir la puerta hacia la mente supraconsciente.

Estas enseñanzas quedaron escritas gracias a Mark Prophet, Mensajero de los Maestros Ascendidos, y más tarde se publicaron en un libro titulado, La comprensión de uno mismo.* En 1975, Elizabeth Clare Prophet, que sucedió a Mark Prophet como líder de The Summit Lighthouse, hizo una serie de comentarios sobre estas cartas. Estas conferencias tuvieron lugar ante un pequeño grupo de estudiantes que habían acudido a estudiar las enseñanzas de los maestros a Summit University.

Realizados bajo la inspiración directa los maestros que dictaron las cartas, los comentarios de la Sra. Prophet sobre *La comprensión de uno mismo* revelan el significado más esotérico de las palabras de los maestros, así como la aplicación práctica de su enseñanza en la vida diaria. El resultado es una profunda exploración de la ciencia superior de la psicología y el verdadero sendero de la liberación del alma.

LOS EDITORES

---

*Understanding Yourself.

CAPÍTULO 1

EL ESTUDIO DEL ALMA

En el nombre del Cristo, en el nombre del Espíritu Santo, invocamos la presencia del amado Hilarión. Invocamos la luz del rayo de la curación, la curación de la conciencia de la humanidad. Que lo reciban todos los corazones, todas las mentes, para la vivificación del impulso de la conciencia del Creador. Te damos la gracias y lo aceptamos hecho en esta hora en el nombre del Padre, de la Madre, del Hijo y del Espíritu Santo. Amén.

Comentario sobre el primer capítulo, 1ª parte

Kuthumi, el Señor Lanto y Merú son los maestros de la iluminación que dan este curso, el cual se basa en la serie de dictados que dieron en 1969: «La comprensión de uno mismo». Esta serie parece sencilla a simple vista, pero es muy profunda, mucho más de lo que parecen serlo los textos de psicología de los que también hablaremos.

Al examinar las obras de Freud y Jung vemos que muchos términos de nuestro lenguaje cotidiano están tomados de sus escritos. La mayoría de nosotros hacemos uso de la palabra *ego*, pero no nos damos cuenta de la connotación que tiene esa palabra en las obras de Freud. Puede que hagamos uso de la palabra *id* o que hablemos de complejos, psicosis o esquizofrenia, pero para nosotros todos esos términos tienen un significado impreciso, sin la profundidad y la amplitud que les corresponde.

Debemos comprender cómo el mundo ha tratado de definir las mecanizaciones del ego y la personalidad. Sin embargo, existe el peligro de sucumbir a la fascinación con la personalidad humana. Su observación puede convertirse en una fascinación sin fin. Si estamos en el sendero, podemos pasarnos vida tras vida explorando las cavernas laberínticas del subconsciente, los fantasmas, los patrones, los acontecimientos pasados y la sustancia negativa que existe ahí.

Por tanto, debemos tener muchísimo cuidado al adentrarnos en este estudio y análisis. Debemos tener presente, en todo momento, que la llama del Espíritu Santo es capaz de transmutar y consumir al instante todos esos registros del subconsciente junto con su causa y núcleo.

El alma y el ego

Un estudio psicológico parcial es esencial, porque nos ayuda a conocernos. «Hombre, conócete a ti mismo»,[1] significa que de hecho debemos conocer la pseudoimagen, así como la imagen real, la mente sintética, así como la real. Un estudio psicológico muestra el porqué de nuestras acciones; desglosa al ego dividiéndolo en partes para que se pueda ver qué es. Podemos examinarlo y podemos ser conscientes de aquello que actúa, por lo que dejamos de estar sujetos al engaño de nuestro ego.

La palabra *psicología* está formada por la palabra griega *psyché*, que significa 'alma', y *-ología*, que significa 'estudio de'. Por tanto, psicología debería ser el estudio del alma. Pero después de examinar estos libros de psicología el mes pasado, he llegado a la conclusión de que la psicología moderna se ha convertido en un estudio del ego humano con las ramificaciones de los patrones negativos del karma del pasado.

En realidad, no fue Freud quien descubrió al ego; fue el apóstol Pablo quien lo nombró: «Por cuanto los designios de la carne son enemistad contra Dios». Pablo habló del hombre natural [animal] y del hombre espiritual, y de la guerra en sus miembros. Lo que quería hacer no lo hacía. Lo que quería realizar no podía, debido a esta guerra interior.[2]

Así pues, Pablo definió la naturaleza carnal, a la que Freud llamó ego, y eso es lo que hay que sustituir con la naturaleza Crística; no suprimir, sino sustituir. Si tan solo suprimimos la mente carnal, sus impulsos acumulados y las energías de la naturaleza inferior, ello dará como resultado una explosión.

Si ustedes se privan o si privan a sus hijos de todas las funciones necesarias del cuerpo físico, el cuerpo emocional, el cuerpo mental, el cuerpo etérico (si simplemente intentan erradicarlas, si se les inculca vergüenza por la expresión de este aspecto del yo), se produce una deformación tal en su ser que cuando llega el momento de que actúe la personalidad real de Dios, tienen tantos complejos y problemas que Dios no puede actuar; el Ego Divino no tiene entonces ninguna matriz, ninguna plataforma a través de la cual actuar.

Los Maestros Ascendidos quieren que tengamos una vida normal, porque la vida espiritual en sí misma parece tan anormal, que ellos quieren la norma como base. De este modo lo normal puede ser una satisfacción parcial de las necesidades del hombre natural, para que el hombre natural no se vuelva totalmente loco o se derrumbe por completo cuando llegue al sendero de la ascensión.

Existe una vía media, un término medio perfecto, un sendero a seguir. Y debemos tener cuidado con no intentar borrar por completo algunas de las experiencias normales que sirven como defensa para sustentar la conciencia finita mientras evoluciona.

Veamos, por ejemplo, la situación de los niños. Si se los separa totalmente del mundo —si no se les deja escuchar música, si no se les deja que vean películas—, se deforman y ser vuelven muy inefectivos en lo que respecta al sendero de los Maestros Ascendidos. Hay que inculcarles los principios correctos de la vida. Hay que alinearlos y sintonizarlos con la conciencia Crística. Pero hay que confiar un mínimo en la verdadera conciencia de Dios en ellos y permitirles que vayan al mundo y tengan experiencias, y saber que se amarrarán a la Realidad.

Guy Ballard (el mensajero de Saint Germain a principios

del siglo veinte), solía ver alguna película del oeste de vez en cuando. Mark Prophet acostumbraba a hacer lo mismo. Hay ciertas cosas que la gente hace para mantener la integración y la cordura de los cuatro cuerpos inferiores mientras la llama se eleva en el centro. Es importante tener un equilibrio.

Cuñas en el cuerpo mental

Algunas personas acuden a los pies de los maestros con unos problemas emocionales tan grandes que apenas pueden vincularse a las enseñanzas o a un sendero de disciplina. Sin embargo, no tengo la menor duda de que tanto el sendero de Oriente como el de Occidente, el budismo, el cristianismo, las distintas religiones, el sendero místico o el sendero del monasterio, están calculados para resolver todos los problemas —emocionales, mentales, físicos, sean los que sean— si se sigue el sendero.

He aprendido que las personas que tienen profundos problemas mentales y emocionales los tienen, sin excepción, por rebelión, lo cual surge en la línea de las cuatro de nuestro reloj cósmico.* La rebelión es una cuña en el cuerpo mental. La cuña en el cuerpo mental crea una división dentro del cuerpo mental mismo y también crea una división entre la mente y las emociones. La rebelión contra las leyes vivas de Dios hace que la persona esté divida contra sí misma, y una casa dividida contra sí misma no puede permanecer.[3] Esta división es el servir tanto a Dios como a las riquezas, lo cual lleva a la gente a la locura.

Ahora bien, he observado a gente que viene a las enseñanzas de los maestros con pequeños problemas; no con grandes problemas, sino con ciertos problemas que debe resolver

---

*En varios de estos comentarios, la Sra. Prophet se refiere a la ciencia del reloj cósmico. El conocimiento de esta ley espiritual nos permite representar de forma gráfica los ciclos de nuestra vida, del karma que nos regresa, tanto positivo como negativo, y de las iniciaciones espirituales clave para la evolución de nuestra alma. Véase en las págs. 352 una introducción a los principios del reloj.

si quiere ser efectiva en la escena del mundo. También he visto que cuanto más crece la organización, más atraen las enseñanzas de los maestros a gente que tiene alguna forma de enfermedad mental o que no consigue salir adelante en el mundo debido a sus problemas mentales o emocionales, por lo que busca la religión. Eso es bueno. Los maestros tienen la respuesta total, la respuesta completa, pero se necesita la renuncia a ese impulso acumulado de rebelión

La rebelión (la cualidad negativa en la línea de las cuatro) está en polaridad con el egoísmo, el egocentrismo y la tendencia a la autopreservación (el abuso de la línea de las diez). Y Morya dijo que, cuando se empieza a recorrer el Sendero, el principio cardinal del chela, del estudiante, es el obedecer la frase del Maestro: «Todo el que quiera salvar su vida, la perderá; y todo el que pierda su vida por causa de mí, la hallará».[4]

Perder la vida por causa del Cristo significa entregar la mente carnal y exaltar al Cristo interior. Eso se hace en la línea de las diez, que está en polaridad con la de las cuatro. Cuando una persona está en rebeldía, se encuentra en un estado de rebeldía contra su propia realidad interior, contra las leyes de su propio ser interior. La persona cree estar rebelándose contra el mundo, contra la injusticia, contra una multitud de cosas. En realidad, está cortándose la nariz para fastidiar a su cara. Está yendo contra la ley de su realidad interior y, en consecuencia, está separándose a sí misma de esa identidad, negándose a amoldarse a ella, negándose a alinearse con ella, lo cual crea las cuñas que tan a menudo veo en el aura de la gente.

La cuña entra formando un ángulo oblicuo y atraviesa el cuerpo mental, el campo energético mental. Y la conciencia es como un disco gramofónico. Cuando el disco gira, la aguja de la mente Crística quiere reproducir el patrón, la geometría de la plenitud, y la aguja va pasando por el disco hasta que llega a la cuña. Y cada vez que se da con ella suena un clic y la aguja salta, y luego continúa.

Cada vez que las personas que tienen estas cuñas en cualquiera de los cuatro cuerpos inferiores llegan a cierta prueba o a cierto punto en su vida en el que deben reunir sus fuerzas y manifestar una victoria de verdad (quizá sea la victoria sobre un impulso acumulado de postergación, desorganización o alguna forma de caos o confusión interior), no lo consiguen porque no tienen el impulso para atravesar esta sustancia.

La respuesta es la transmutación, empujar hacia dentro las energías del fuego sagrado para consumir la cuña. Cuando aprendemos a aislar estas cuñas, a comprender lo que son, de dónde vienen y qué hacen ahí, empezamos a tener un conocimiento exacto de cómo dirigir espirales concentradas de fuego sagrado hacia dentro de nuestra conciencia para eliminar la causa y el núcleo de estas condiciones.

Ahora bien, cuando las personas se ponen a meditar, con mucha frecuencia reciben «respuestas». «Pues he recibido esto de mi Presencia YO SOY. He recibido esto de mi Ser Crístico», dicen.* O esto otro: «No creo que este trimestre de Summit University sea el curso al que tengo que asistir. Esta idea me ha llegado durante una meditación». Sin intención de insultar la inteligencia, la integridad o la capacidad del individuo de realizar esa comunión, y sin querer parecer presuntuosa, debo informar a la persona de que no está en contacto con su Ser Crístico. Está en contacto con una cuña de energía concentrada que representa la fortificación del ego.

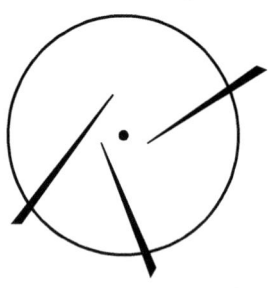

Cuñas en el cuerpo mental

---

*La Presencia YO SOY es la presencia individualizada de Dios; el Ser Crístico es la conciencia Crística individual. Véase pág. 348.

El ego quiere mantener su identidad. No quiere ser sustituido por la mente Crística. Por tanto, cualquier eliminación de estas cuñas oscuras supone una terrible amenaza para el ego. En meditación, el individuo no va más allá de su propia aura o sus cuatro cuerpos inferiores a fin de entrar en contacto con el camino superior. Ni siquiera puede entrar en contacto con su Ser Crístico, porque no puede hacerse camino a través de toda la densidad. Así pues, entra en contacto con una cuña de rebelión, la mente carnal y las fuerzas que hay en su exterior y que se conectan con esas cuñas: fuerzas en la familia, las amistades, el impulso acumulado del mundo de la conciencia de las masas.

Todo esto es un tira y afloja en la conciencia y la naturaleza inferior que le habla a la conciencia poniendo objeciones de todas clases: «No, no deberías ir a Summit University. No es el momento. Necesitas más preparación. No puedes hacerlo. No tienes una base adecuada de conocimiento. Deberías estar haciendo otra cosa en alguna otra parte».

La resistencia que opone la mente carnal cuando suena su sentencia de muerte es abrumadora. Es por esto por lo que en todos los tiempos ha habido retiros, monasterios e instructores. Formar parte de un grupo de personas que han hecho un pacto para ser vencedoras, para hacer a un lado ese aspecto de la conciencia, para vestirse con el Cristo, refuerza el impulso acumulado y la decisión propia de hacer eso mismo. «Venid luego, dice el Señor, y estemos a cuenta»[5].

Ahora bien, en la medida en que leamos a Freud, Jung y algunos de los demás psicólogos modernos y comprendamos cómo se crearon estas cuñas, qué hacen, cómo evoluciona el ego a partir del id y el superego a partir del ego, todo para sustentar los deseos del id, entendemos que en nuestra conciencia tienen lugar unas complejas maquinaciones que promueven los deseos inferiores y el subconsciente inferior para sustentarlos. Una vez que descubrimos qué son estas maquinaciones y nos las ponemos delante como una prenda interior colgando del cordón, vemos el resultado tal como es, una pseudoimagen, y nos es fácil ser objetivos, permanecer vigilantes e identificarlo.

¿Recuerdan cómo en *Peter Pan*[6] Peter tiene que encontrar su sombra? Pues eso es; es nuestro yo como sombra. Jung de hecho lo llama la «sombra», la parte del yo que es el yo irreal, pero que es el factor gobernante del yo.

Por tanto, vemos que este proceso de intercambio del ego humano por el Ego Divino puede hacerse con lo que los maestros han llamado un «aplomo Crístico». Esto implica una enorme destreza, astucia, una gran capacidad, pericia. Cuando estudiamos a los grandes maestros y lo que hicieron en sus últimas encarnaciones, vemos que por un lado tuvieron vidas normales que permitieron que evolucionara la expresión natural del aspecto humano del yo. Por otro lado, su alma se transformaba.

Por ejemplo, Thomas Moore, el poeta irlandés, estuvo casado y tuvo hijos, igual que Tomás Moro. Ambos fueron encarnaciones de El Morya. Incluso José y María —Saint Germain y la Virgen María— formaron una familia, incluso estando ella en la hora de su ascensión. Pasar por las etapas y hacer lo que es normal aplaca los cientos y miles de años de impulsos acumulados para no destruir totalmente la plataforma de evolución. En consecuencia, los Maestros Ascendidos aconsejan que seamos gente normal. Esto es bueno para nosotros y es bueno para la imagen de los Maestros Ascendidos ante el mundo. Relaciónense con las personas al nivel en el que se encuentran. Acéptenlas tal como son. Comprendan que las personas tienen necesidades, que, si les dicen que no pueden hacer esto, aquello, esto otro y lo de más allá, pronto se las anula. Y por supuesto, las personas niegan la religión que predique tales cosas. El sendero de la austeridad, llevado al extremo, destruye al ego antes de que este esté preparado para ser sustituido, antes de que esté preparado para rendirse, antes de que esté preparado para morir.

Libros de psicología

Estudiamos psicología para que la conciencia Crística pueda revelarnos la naturaleza del alma, el alma que ha descendido a la materia, «el potencial caído», como la llama Morya en *Escala la montaña más alta*.[7]

A fin de entender la psicología moderna y a dónde se dirige, vamos a leer de *Compendio de psicología freudiana*, escrito por Calvin Hall.[8] Este libro nos dice exactamente lo que Freud pensaba, lo que hizo, cómo fueron sus comienzos, cómo esbozó su diagrama de la conciencia humana.

Calvin Hall también escribió *Fundamentos de la psicología de Jung*.[9] Jung tuvo sus inicios con Freud, para después separarse de él en vista de sus desacuerdos. Jung tenía un diagrama distinto de la personalidad. Este libro nos da el historial de Jung y su estructura de la personalidad.

Siento un gran respeto por Jung. Tengo la sensación de que los Maestros Ascendidos lo inspiraron. En lo que respecta a Freud, creo que lo rodeaba una oscuridad mucho mayor, que exploró las profundidades del cinturón electrónico y no salió de él.* Sin embargo, Jung y Freud son figuras clave en lo que respecta a la psicología. Y para hablar inteligentemente de las respuestas que dan los Maestros Ascendidos a la psicología con cualquier estudiante que haya recibido simplemente un curso básico sobre este estudio, debemos conocer este material.

Cuando leí estos libros para prepararme para la clase, tuve que bajar mucho mi vibración para poder leerlos que me dio

---

*El cinturón electrónico es un vórtice de energía en forma de timbal que rodea los cuatros cuerpos inferiores de una persona, extendiéndose hacia abajo desde la cintura hasta debajo de los pies. Denominado el reino del subconsciente y el inconsciente, el cinturón electrónico contiene la causa, el efecto, el registro y la memoria del karma negativo no transmutado de todas las encarnaciones.

dolor de cabeza. Por tanto, obviamente estas obras son de una vibración muy inferior a la de las enseñanzas de los maestros sobre el tema.

Un libro que considero absolutamente maravilloso es *The Undiscovered Self (El yo sin descubrir)*,[10] de Jung. Quiero que lean a Jung porque creo que va en paralelo al pensamiento de los maestros. Jung escribió este libro en los años cincuenta como comentario sobre lo que estaba ocurriendo en el conflicto entre el comunismo y el mundo libre y la entrega de poder al Estado, el Estado que se convierte en un todopoderoso, y el efecto que eso tiene en el individuo, cómo se destruye el individuo.

Después hay un libro sencillo sobre cómo lidiar con uno mismo y con los demás, *How to Be Your Own Best Friend (Cómo convertirte en tu mejor amigo)*.[11] Este es el tipo de libro que se le podría ofrecer a alguien que no puede leer nada más difícil.

Vamos a basar todo lo que leamos en los libros de psicología sobre la serie de *Perlas de Sabiduría*, «La comprensión de uno mismo». Vamos a obtener la interpretación de los Maestros Ascendidos sobre todo lo que estudiemos, de modo que podamos enfocar este curso desde el nivel de la mente Crística, no desde la fascinación de la mente humana consigo misma, que es algo muy peligroso.

Autoconocimiento

Ahora vamos a ver la primera *Perla de Sabiduría*, del amado Kuthumi, titulada: «A todos los que deseen conocerse a sí mismos». La pregunta que debemos hacer aquí es: ¿Qué es el autoconocimiento?

Como he observado anteriormente, el autoconocimiento debe ser el conocimiento de la Imagen Real y el de la imagen sintética. Pueden leer los dos capítulos que tratan de esto en

Escala la montaña más alta[12] para conocer qué es la imagen sintética y qué es la Imagen Real. Después, cuando escuchen todas la teorías psicológicas, podrán discernir la diferencia entre ambas al analizarse a sí mismos.

> A todos los que deseen conocerse a sí mismos:
> El yo está entretejido con la conciencia, y la conciencia es la puerta hacia la realidad. En un estado impuro, la conciencia apaga la luz; en un estado puro, irradia luz.

El estado impuro apaga la luz porque la bloquea. Apaga la luz porque la absorbe. Igual que un color oscuro absorbe la luz y el blanco la refleja, se darán cuenta de que las impurezas dentro de ustedes absorben la luz que reciben, contaminan esa luz y la dirigen hacia los canales subconscientes o las rodadas de conciencia que ya han establecido.

Por eso las personas que están realmente enfermas, enfermas mentalmente, vienen y hacen decretos de una manera fanática.* Esos decretos fanáticos solo sirven para fortalecer los patrones de su fanatismo, porque la luz de los decretos es energía pura. Cierta cantidad acaba en los cálices de conciencia o en los patrones que la persona ya tiene en su subconsciente. Por tanto, el decretar en sí mismo no es la respuesta.

Ustedes deben estudiar para presentarse aprobados.[13] Presentarse aprobados significa que su conciencia se vuelve más y más como Dios, de modo que cuando decretan, la luz amplifica lo bueno.

Ahora bien, esto es cierto en todos los ámbitos de la vida. Es cierto en lo que respecta a nuestro código moral, a nuestra ética. Es posible estudiar las enseñanzas durante mucho tiempo sin sentir que está mal mentir de vez en cuando, hacer trampas aquí y allá para ir arreglándonoslas. Lo que pasa en casos así

---

*Los decretos son una forma dinámica de oración hablada utilizada por los estudiantes de los Maestros Ascendidos para dirigir la luz de Dios hacia condiciones individuales y condiciones en el mundo.

es que una conciencia impura absorbe la luz para sí misma.

Desde luego existe un proceso evolutivo que tiene lugar con la luz. La luz de por sí hace evolucionar la conciencia, pero podrían ser necesarias diez o más encarnaciones sin un instructor que nos diga lo que está bien y lo que está mal. Una vez que tenemos un instructor, sabemos distinguir entre lo que está bien y lo que está mal. Empezamos a efectuar la corrección; sustituimos un mal patrón con un buen patrón. Un buen patrón es una matriz correcta y cuando introducimos una matriz correcta, la luz empieza a llenarla y a fortalecerla. Nos hacemos fuertes en ella y nos quitamos una parte de la mente carnal, vistiéndonos con una parte de la mente Crística.

Por eso tenemos Summit University, para enseñarles la Ley, el camino y el uso correcto del fuego sagrado. Cuando tienen ese conocimiento, paso a paso van corrigiendo las cosas interiormente. Al hacerlo, los viejos patrones dan paso a otros nuevos. Es el mismo concepto que enseñó Jesús al romper los viejos odres de vino: no hay que echar vino nuevo en odres viejos.[14] No se pone el vino nuevo del Espíritu Santo en los viejos patrones de conciencia, porque esos patrones pueden romperse y provocar serios problemas; o uno simplemente pudiera fortalecer esos patrones.

Los motivos deben examinarse

Ahora entendemos aquello a lo que se refiere Kuthumi en este primer párrafo: lo que ocurre en un estado impuro y lo que ocurre en un estado puro. Esta es un razón por la cual algunas personas sienten la radiación espiritual y otras no. La gente que no siente la radiación tiene imperfecciones que bloquean la luz. Estos bloqueos podrían estar absorbiendo parte de esa energía de la luz para fortalecer los motivos impuros.

Los motivos deben examinarse y reexaminarse, porque nos roban una enorme cantidad de energía. Muchos motivos son subconscientes: el motivo para promover el ego, el motivo para el sexo, el motivo para controlar a otras personas a través del sexo, los motivos para la avaricia, para adquirir cosas, para el éxito. Todo ello está en el subconsciente.

Puede que ni siquiera lo admitan ante su yo exterior, pero el hecho de que tienen esos motivos. Sin embargo, tales motivos e impulsos acumulados a niveles subconscientes son tan fuertes que podrían robarles un noventa por ciento de su energía y quedarles solo un diez por ciento con la que actuar. La energía podría acabar en focos de odio, antiguos rencores que han mantenido en los niveles inferiores de la conciencia y de los que no son conscientes en esta vida.

Esa es la naturaleza de una conciencia impura, que apaga la luz. Esa es la conciencia que necesitamos definir y transmutar. Los maestros nos dicen que no es necesario definirla totalmente para transmutarla, gracias a Dios. No es necesario verlo todo; es necesario que acabe en el fuego. Pero, de algún modo, hay un punto en la conciencia en el que somos conscientes de qué es lo que va a parar al fuego; y también está la resistencia que esa conciencia impura opone para no acabar en el fuego, para no transmutarse. Ahí es donde tenemos problemas. Ahí es donde tenemos el empuje en dirección opuesta y la guerra en nuestros miembros.

A veces, en el último momento, cuando estamos a punto de transmutar un impulso acumulado, un patrón de deseo, lo sujetamos y nos lo quedamos y no dejamos que acabe en el fuego. Lo volvemos a devorar y lo ponemos en el subconsciente. Robamos el trozo de chocolate, o nos comemos otra porción de algo que no deberíamos comer, y nos perdemos una oportunidad de abstenernos y así vencer y dejar que fluya la llama.

Pero no pasa nada; ya tendremos otra oportunidad de dejar de comer chocolate. No nos podemos condenar y flagelar por nuestras imperfecciones. Ese es un estado mental muy poco sano.

La cultivación de la luz

La advertencia: «Así alumbre vuestra luz delante de los hombres, para que vean vuestras buenas obras, y glorifiquen a vuestro Padre que está en los cielos»,[15] es tanto una bendición como una reprimenda. Una bendición para los que hacen caso de ella y una reprimenda para los que no lo hacen. Pero los propósitos de la vida no son la reprimenda, son la cultivación de las cualidades de la realidad. El mundo de la apariencia es un mundo de ilusión. Sin embargo, parece real y para algunos incluso las idiosincrasias de la personalidad humana asumen una forma de realidad.

Cuando vean la palabra *cultivar*, en su mente deben asociarla con la palabra *cultura*. La cultura de la Madre Divina es la cultivación de la luz.*

Kuthumi habla de la cultivación de la realidad. Al pensar en una planta cultivada, pensamos en una planta especial, híbrida, como una rosa especial. No pensamos en una flor silvestre. Alguien cultivado es alguien refinado, con buenos modales. Los buenos modales provienen de saber hacer las cosas de una forma que haga que otra persona se sienta cómoda. Es la llama del Espíritu Santo. No es una rutina o un ritual de costumbres que alguien se ha inventado. En realidad, surge de lo que hace que la gente se sienta cómoda.

Nosotros queremos que los estudiantes de los Maestros Ascendidos sean cultivados. Queremos que cultiven la luz y el aprecio a la luz. Ustedes necesitan un refinamiento de las facultades del alma. Este refinamiento lo pueden obtener simplemente sintonizándose constantemente con otras personas

---

*El significado interior de cultura se deriva de *"cult-"* o cultivo y *"-ura"* de Ur de los caldeos, antigua ciudad de luz mencionad en la Biblia (Génesis 11:28). Cultura *(cult-ur)*, por tanto, es la utilización de la energía de Dios para la cultivación de la luz.

y haciendo lo que haga que se sientan cómodas, dejando que «alumbre vuestra luz para que vean vuestras buenas obras y glorifiquen a vuestro Padre que está en los cielos».

Cuando hacen algo bien, ¿cuántas veces se les acerca alguien para decirles: «Gloria a Dios»? Normalmente dicen: «Lo has hecho muy bien», «Eres magnífico», «Qué hermoso eres» o «Qué listo eres». Al dejar que nuestra luz brille para que los hombres vean nuestras buenas obras y *glorifiquen a nuestro Padre,* si nos convertimos en un panel de cristal transparente para que alguien pueda reconocer que hemos hecho algo grande, pero es Dios quien lo ha hecho a través de nosotros, eso es importante. Normalmente a la gente hay que recordarle: «A Dios corresponde toda la gloria».

El mundo de la apariencia y la personalidad humana son las ilusiones y eso es lo que debemos eliminar al cultivar la realidad. Muchas idiosincrasias de la personalidad humana asumen una forma de realidad que a veces hace difícil que podamos diferenciar. Podemos cultivar una idea de la realidad y qué cualidades de Dios son reales a fin de utilizarlo como vara para medir lo que estamos haciendo y lo que estamos manifestando.

Romper las ilusiones

Nuestro tema, la comprensión de uno mismo, es amplio. Con suavidad, pero con destreza, quisiéramos hacer pasar el hilo de la conciencia del hombre por el ojo que se abre hacia el mundo de la claridad cristalina. Desde el punto de vista de lo humano, qué triste es que las ilusiones deban romperse. Pero consideramos mucho más inteligente y mucho menos doloroso romperlas mediante el diestro uso del discernimiento espiritual antes que se rompan por el impacto de la ley superior, cuando esta le devuelve a cada hombre las energías que ha producido.

Por desgracia, la mayoría de nosotros no sabemos cuáles son nuestras ilusiones, por eso acudimos a los pies de los Maestros Ascendidos. Los que se rebelan contra la ley de su propio ser, los que se niegan a ajustarse a esa ley, habitualmente se rebelan contra el instructor, que se convierte en la personificación de la Ley. Se rebelan en un momento en el que solo el instructor puede discernir que está actuando y aislar esa ilusión para que la persona pueda renunciar a ella, para que pueda desafiar a ese aspecto de su ego. En ese mismo momento, el estudiante dice: «Desafío al instructor. No creo que el instructor me esté diciendo la verdad. No creo que el instructor sea apto. Voy a buscar a otro instructor».

De todos los estudiantes que han venido a Summit University, solo unos pocos han hecho esto. Han llegado al punto del trimestre en el que han podido renunciar a todo un bloque de su conciencia humana. Pero esto era una experiencia tan traumática —no podían separarse de ese aspecto de sí mismos— que tuvieron echarme la culpa a mí y a los Maestros Ascendidos.

Habitualmente no se culpa a los Maestros Ascendidos, porque a ellos siempre se los considera tan absolutamente perfectos, que no pueden equivocarse. Es obvio que los Maestros Ascendidos comprenden el desafío: «Yo tengo razón y el instructor se equivoca». Y el estudiante que no quiera renunciar a su conciencia humana concluirá que lleva razón, y que yo me equivoco porque aún no estoy perfeccionada. Debido a que aún tengo una conciencia humana, que él puede ver con claridad tal como es, puede rechazar el momento en el que es necesario romper la ilusión.

Cuando se rompen las ilusiones, no vemos la realidad de la cual la ilusión es una perversión hasta que la ilusión se rompe. Por tanto, debemos tener la fe en que cierta ilusión debe romperse. Se necesita valor. Es como atravesar un puente muy estrecho por encima de un precipicio muy, muy grande para llegar al retiro del maestro. Por supuesto, eso es una ilusión creada para ver si uno realmente arriesgaría la vida para llegar al maestro. Es la ilusión del viejo sendero de ocultismo en el que se realiza el viaje al retiro del maestro, que está muy lejos, en lo alto de las montañas, debiéndose pasar por terribles dificultades de todo tipo para llegar a él.

La cuestión es: si el instructor nos dice que tenemos una ilusión, ¿estamos dispuestos a aceptar que es una ilusión y tomarle la palabra? Y entonces, ¿estamos dispuestos a romperla o a que nos la rompan para poder llegar a la Realidad que en realidad somos?

Bien, nadie va a obligarles a ustedes a que rompan su conciencia humana cuando no están preparados para aceptarlo. Durante este curso tendrán la máxima oportunidad de que se les rompan el máximo de ilusiones. Si quisieran quedarse con algunas, quédenselas, y se marcharán con ellas y probablemente no tendrán la oportunidad de que se las rompan durante bastante tiempo, porque la ruptura de ilusiones arraigadas tan profundamente es como una operación quirúrgica.

Los Maestros Ascendidos vienen y utilizando nuestras invocaciones les quitan esas ilusiones. Pero es una operación muy delicada que se realiza sobre su conciencia. Ha de realizarse en un campo energético de luz, en un foco donde haya un control, donde no se entremetan entidades, demonios o caídos que hagan que se vuelvan locos al instante por esa experiencia.*

---

*En este caso, el campo energético de luz era la Motherhouse de los Guardianes de la Llama, en Santa Bárbara (California), donde se dieron las enseñanzas sobre "La comprensión de uno mismo" durante una sesión residencial de doce semanas de Summit University. El foco se mantuvo con decretos diarios de los estudiantes y el personal del centro. El trabajo espiritual al que se hace referencia aquí también pueden realizarlo los que viven y sirven fuera de un centro así. Su eficacia depende del nivel que mantengan en el campo energético a través de una concentración diaria en los maestros y sus enseñanzas, así como una aplicación constante de la ciencia de la Palabra hablada.

La ruptura de las ilusiones es una parte de muchísima importancia en el trabajo de los Maestros Ascendidos. Como ejemplo de perversión de este trabajo está la práctica comunista en la que un grupo se sienta formando un círculo y todos se ponen a criticar a los demás después de terminar un proyecto en grupo o después de haber trabajado juntos en algo.[16] Otro ejemplo es una de esas sesiones psicológicas en las que se desacredita totalmente a una persona, casi como el pollito bántam que se mete en un grupo de gallinas más viejas y le hieren hasta que no quedan ni las plumas. La crítica a la conciencia humana por parte de la conciencia humana es totalmente destructiva.

Lo que hacemos aquí, en Summit University, se realiza desde el nivel de la mente Crística en la unión de la mente Crística. Amalgamando el impulso acumulado de nuestros cuerpos causales,* desafiamos a esas energías que han robado nuestra verdadera identidad, nuestra realidad Divina.

Aquí logramos prepararlos a ustedes para el servicio al mundo. Los maestros vendrán con la mayor cantidad de transmutación posible para ustedes de modo que puedan marcharse de aquí con cierta capacidad de llegar a la humanidad con la luz. Los incrementos kármicos impiden servir al mundo. Cuando su karma es pesado, no pueden convertirse en un instructor o un líder del mundo.

La claridad cristalina de la conciencia Crística, ahí es a donde nos quieren guiar los Maestros Ascendidos que están dando este curso, que quisieran hacer pasar el hilo de nuestra conciencia por el ojo que se abre hacia el mundo de la claridad cristalina. El río limpio como el cristal que fluye como agua de vida es el flujo de nuestra energía de la Madre.[17] El rayo

---

*El cuerpo causal es el cuerpo de Primera Causa; siete esferas concéntricas de luz y conciencia que rodean a la Presencia Divina individual en los planos del Espíritu. El cuerpo causal es el almacén de toda buena dádiva y todo don perfecto que forma parte de la verdadera identidad. Véase la Gráfica de tu Yo Divino, pág. 348.

cristalino es un rayo cuya utilización está relacionada con el rayo de la sanación, el rayo verde. Y el tercer ojo es el ojo que se abre hacia el mundo de la claridad cristalina.

Ahora quisiera concluir la conferencia de hoy con una invocación.

> *En el nombre del Cristo, en el nombre del Espíritu Santo, invoco la luz del rayo cristalino y del rayo esmeralda del cuerpo causal de cada estudiante. Invoco la luz del corazón de Hilarión. Llamo a Palas Atenea, Diosa de la Verdad. Invoco los impulsos acumulados cósmicos y las dispensaciones cósmicas para enviar la resplandeciente luz de la Realidad. Pido que la matriz de la realidad Divina, del Ser Crístico de cada cual, se ponga sobre el aura y se intensifique en el aura de cada estudiante. Pido que cada chakra del corazón de cada estudiante se conecte con el maestro Hilarión. Pido que ese cordón del rayo esmeralda intensifique la búsqueda de la verdad. Pido que la luz de la verdad se intensifique. Pido que destellen las energías del corazón para limpiar el chakra del corazón, para limpiar el tercer ojo como puerta abierta hacia la Realidad.*
>
> *¡Haced destellar la luz! ¡Haced destellar la luz! ¡Haced destellar la luz! ¡Haced destellar la luz! Que arda y se haga la voluntad de Dios. En el nombre de Jesús el Cristo, pido que se selle el tercer ojo, el corazón y la mano de cada alma en el camino de la conciencia de los Maestros Ascendidos. En el nombre del Padre, de la Madre, del Hijo y del Espíritu Santo, lo aceptamos hecho en esta hora, con pleno poder.*

13 de enero de 1975

CAPÍTULO 2

LA BÚSQUEDA DEL AMIGO

En el nombre del Cristo, en el nombre del Espíritu Santo, invocamos la llama de la verdad viva, el poder total del fuego sagrado del corazón del amado Hilarión, Palas Atenea, el Maha Chohán. Invocamos el anillo impenetrable alrededor de este campo energético, que se selle el tercer ojo de cada persona, que se purifique el centro del tercer ojo mediante el poder total de la corriente cristalina de la conciencia de Dios.

¡Haced destellar vuestra luz! Hágase vuestra voluntad en nosotros. Que la mente de brillo diamantino de Dios atraiga ahora hacia nuestra conciencia todo el poder, la sabiduría y el amor del discernimiento Crístico para que podamos ver, conocer y ser la plenitud de la verdad viva. En el nombre del Padre, del Hijo y del Espíritu Santo, amén.

Comentario sobre el primer capítulo, 2ª parte

Vamos a retomar la *Perla* del amado Kuthumi donde la dejamos.

> Viajemos por la noche de la razón humana. Al pasar por la maleza de la tierra silvestre, ¡de repente aparece una luz! Es una luz asentada sobre un monte.[1] Un viejo castillo se percibe vagamente a través de la niebla, pero en contraste el débil haz es un brillante filamento de esperanza. Alguien está ahí. Alguien vive cuya conciencia sonreirá con alegría cuando nos acerquemos. La esperanza que alberga el corazón de escuchar la palabra «amigo» es muy grande. Nos acercamos con cierta cautela, pero conscientes de que todo estará bien y que se puede esperar una cálida recepción.

Este concepto del castillo, de la luz y de que hay alguien en él, alguien que espera darnos la bienvenida, es un patrón universal del subconsciente. Es el foco de nuestro anhelo de tener un hogar, de tener amistad, de encontrar nuestro sitio. El hogar de cada hombre es su castillo. En la casa del Padre tenemos una mansión, que es nuestro cuerpo causal. Esta es una morada como los retiros de los Maestros Ascendidos.*

Tenemos la sensación de que en la Tierra no hay ningún

---

* Los retiros de los Maestros Ascendidos, los templos y las ciudades de luz, están ubicados en el mundo celestial, el plano etérico. Podemos visitar estos retiros durante la meditación espiritual o cuando nuestro cuerpo duerme por la noche.

lugar al que podamos llamar hogar. «Las zorras tienen guaridas, y las aves del cielo nidos; mas el Hijo del Hombre no tiene dónde recostar su cabeza».[2] Allá donde vamos, seguimos sintiendo que todo es algo temporal, que estamos en un viaje, que somos peregrinos. Es un viaje del alma a través de los planos de la conciencia, y este curso: «La comprensión de uno mismo», sirve para analizar lo que le ocurre al alma durante su viaje.

El alma está buscando realizar en los planos de la materia lo que recuerda de los planos del Espíritu. Cuando no encuentra aquí todo lo que espera hallar, llega la conmoción, el trauma, la división de la conciencia y el comienzo de los temores, las dudas, el sentimiento de separación, el cisma, todo lo cual es la causa de los problemas psicológicos que tiene la gente.

La imagen del castillo, por tanto, es este arquetipo, el cual continúa apareciendo una y otra vez. Todo el mundo se siente atraído por los cuentos de hadas donde hay un castillo. Todo el mundo se siente atraído por visitar los castillos de Europa o a ir al Castillo Hearst, en San Simeón, y conjurar, desde lo más profundo de su interior, ese sentimiento de que todos tenemos un castillo en alguna parte.

El concepto del castillo es reminiscente de la morada de la que habló Jesús: «En la casa de mi Padre muchas moradas hay»[3]. La morada a la que se refiere es el cuerpo causal. Y el cuerpo causal se equipara al retiro del plano etérico en el que uno se sienta más como en casa. O bien es el retiro que hemos fundado con nuestra llama gemela* a niveles internos, o bien, si aún no hemos evolucionado hasta el punto de haber logrado eso, es el retiro en el que hemos estudiado el curso

---

*Las llamas gemelas son dos almas creadas juntas y concebidas a partir del mismo cuerpo de fuego blanco, el ovoide ígneo de la Presencia YO SOY. Las llamas gemelas están unidas en Espíritu. Mientras que las llamas gemelas comparten un origen espiritual común, las almas compañeras comparten una vocación complementaria en la vida. Son socios y compañeros de trabajo en el viaje de la vida.

antes de nuestras encarnaciones, como el retiro del Dios y la Diosa Merú o del Señor Himalaya.

El recuerdo de los retiros etéricos

Puesto que entre encarnaciones el alma vive en la envoltura etérica, nos hemos sentido como en casa en el retiro del maestro porque el retiro fue como un compartimiento de nuestra verdadera identidad. Al hacer un hogar, al tener una familia, siempre estaremos esforzándonos por reproducir esa morada, ese punto focal del retiro. Siempre intentamos reproducir la experiencia interior.

Ahora bien, algunas personas viven en mansiones y otras en casuchas. Algunas están en casuchas debido a la trampa económica en la que se encuentran, por un aumento de impuestos y porque los que controlan el dinero del mundo y los que han impuesto un yugo y una carga muy pesada a la humanidad, les están quitando el suministro. Aparte de eso (y descontando las injusticias en la distribución de la riqueza en el planeta), muchas veces vemos que los que viven en chozas o en casuchas son gente que nunca ha logrado salir del plano astral.

Cuando fallecieron en una vida anterior, no tuvieron el impulso acumulado de luz para entrar en el cuerpo etérico o en el plano etérico, por lo que permanecieron flotando en el fango de lo astral. Viven en una casucha porque solo están exteriorizando lo que conocen. Lo único que tienen como recuerdo, lo único que tienen como modelo del que servirse y a partir del cual diseñar en su vida actual es la experiencia anterior en el plano astral. Y probablemente llevan pasando del astral al físico una y otra vez miles de años. Su recuerdo de la morada de la casa del Padre, del cuerpo causal, de los retiros internos, está cubierto por estas capas de efluvios que son igual que el «mar muerto» a las afuera de la ciudad de

Nueva York, donde la contaminación se ha acumulado y ha formado una sustancia como mayonesa gris.

Estas personas solo van y vienen entre el plano astral y el físico. No llegan al plano mental (tienen muy poco desarrollo mental) y nunca llegan a los retiros etéricos de luz. Este es el dilema de mucha gente en el mundo. En muchas, muchas civilizaciones, en partes de Sudamérica, en Asia, en África, donde hay muy poca fuerza para mejorar las cosas, muy poco impulso para la cultura, para la belleza, etc., vemos que estas evoluciones no penetran en el plano etérico. No alcanzan a tocar la influencia de los venusinos en los templos griegos que se encuentran en el plano etérico, en los retiros de la Hermandad.

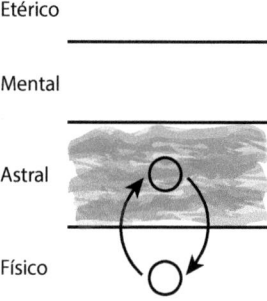

Muchas personas nunca alcanzan los planos superiores entre encarnaciones; reencarnan habiendo llegado tan solo al plano astral, que se ha contaminado por las energías emocionales negativas de la humanidad.

En Estados Unidos encontramos a un grupo de gente que, como un todo, como país, ha tenido un impulso acumulado suficiente para alcanzar el plano mental y el etérico entre encarnaciones, para conservar el recuerdo de la ciencia, de la invención, de la belleza, de los altos estándares, de la higiene. Y estas personas han vuelto con la fuerza y la determinación de exteriorizar en la materia lo que han visto en el plano etérico.

Por tanto, el estándar de vida en Estados Unidos es alto no porque estemos consentidos, no porque tengamos mucha abundancia. Este tema es más profundo que eso. Pongamos a un lado por un momento el odio del mundo, la condenación hacia Estados Unidos y su gente y los celos que se sienten de este país. Entendamos que eso no se debe a nuestra riqueza material. Esa energía viene a Estados Unidos debido a la abundancia de luz que hay aquí. Son los demonios y los caídos, con su ira hacia la luz que hay aquí, quienes incitan los celos y la condenación. Y mientras que hay condenación, celos y odio, también está el debilitamiento del país por parte de las mismas fuerzas que quieren apoderarse de Estados Unidos y quedárselo.

Estados Unidos es «una nueva nación, concebida en libertad, consagrada a la premisa de que todos los hombres son creados iguales».[4] Estados Unidos es el arquetipo del castillo de todos los hombres. Es el lugar preparado, el lugar en el desierto donde la Mujer, la Madre Divina, surge para dar a luz al hijo Varón.[5] Ese es el arquetipo que hay en el subconsciente de todos, el arquetipo de la imagen de la Madre y la imagen del Niño Cristo que nace. No importa cuánto se distorsione, siempre está presente.

Estados Unidos, por tanto, es un punto de convocación para las almas del planeta que logran alcanzar el plano etérico entre encarnaciones. Estas almas se han reunido para exteriorizar el arquetipo de una civilización de oro. La civilización de oro en sí es otra matriz que todo el mundo tiene en el subconsciente. Es el recuerdo de un pasado antiguo. Todo el mundo lo tiene, pero los que alcanzan los templos etéricos entre encarnaciones lo tienen más en la superficie. Los demás lo tienen enterrado bajo el fango astral.

Por tanto, aquí, en Estados Unidos, está la última y suprema oportunidad de producir una cultura de la nueva era.

Y aquí estamos como remanente de portadores de luz con la clave —el conocimiento de la clave, según las enseñanzas de los Maestros Ascendidos— con la que todos los hombres, las mujeres y los niños pueden desatar el fuego del corazón para producir una era de oro. El núcleo de aquellos que reciban esta enseñanza, la dominen y la practiquen dará la vuelta a la economía y a la corrupción en el Gobierno, al dominio de los banqueros internacionales, etc.

La enfermedad de la sociedad

Todo esto está relacionado con nuestra psicología, porque en nuestro estudio de psicología no podemos pararnos en el análisis del individuo. Debemos ver que los problemas de la psique, del alma, son problemas que han alcanzado proporciones nacionales e internacionales.

Vivimos en un país cuya conciencia colectiva está enferma. Vivimos en un planeta cuya conciencia colectiva está enferma. Vemos que la gravedad de los problemas mentales y emocionales es mucho mayor que su afloramiento físico, que se manifiestan como enfermedades del corazón y especialmente cáncer, el cáncer que corroe el cuerpo de la Madre. El cáncer es la perversión de la llama de la Madre en el signo astrológico de Cáncer; es la sustancia avariciosa de la conciencia codiciosa, el odio que observamos es típico de la enfermedad, el malestar de esta época.

Ayer por la noche leí un artículo sobre una mujer en Ventura. Hace siete días iba conduciendo su automóvil por las montañas, en una sección llamada *route 33*. Le dio un calambre en una pierna y aparcó el automóvil al lado de un barranco para quitarse el calambre. Pisó el acelerador en vez del freno y el automóvil saltó por encima del terraplén, dio muchas vueltas y se detuvo al fondo de una profunda garganta.

La mujer pudo salir del automóvil enrollándose en una alfombrilla y atravesando el cristal de la ventanilla. Al salir se dio cuenta de que no podía mover las piernas porque las tenía heridas. Al tratar de moverlas se cayó 120 metros más de los 80 que había caído el automóvil. Ahí quedó inmovilizada durante cuatro días y cuatro noches, con unas temperaturas de hasta cuatro grados centígrados por la noche.

Al cuarto día sin comer ni beber, pasó un hombre que iba paseando con su perro. Ella gritó pidiendo ayuda. Él la oyó y le preguntó qué le pasaba. Ella le contó lo que había sucedido. La respuesta del hombre fue: «Lo siento, no puedo ayudarla. No me quiero involucrar». Después añadió: «Una señora que va por la carretera 33, que no se le ocurre otra cosa que ir por una carretera llena de curvas y tan peligrosa como esa, se merece lo que le pase», y se marchó.

Ella siguió inmóvil dos días más, dos días más ahí, en el suelo. Finalmente, el domingo por la tarde, después de nuestros servicios e invocaciones y la luz que invocamos aquí, en Santa Bárbara, unos muchachos que iban de caza y escucharon los gritos llamaron a la policía y se rescató a la mujer.

Ahora bien, la actitud de ese hombre que no quiso involucrarse es aterradora. «Es algo aterrador para todos», comentaron el doctor y otras personas. Esto es la señal del malestar de esta época. Es la señal de la conciencia luciferina de esos seres a los que llamamos desalmados, que fueron creados por los luciferinos y que no tienen conciencia, que no tienen llama trina en el corazón. Son los bebés del tubo de ensayo de la Atlántida que han atravesado los siglos y se han multiplicado, que viven en y entre la humanidad como la mala semilla, como los hijos de Belial. Ellos son los malvados a los que se menciona en la Biblia.

Cuando se comprende el potencial que hay en América y cómo las ratas se comen y se han ido comiendo este granero durante doscientos años; cuando nos damos cuenta de que todas las iglesias, todas las enseñanzas, todo el pensamiento positivo, todo el control mental y toda la ciencia que hemos sido capaces de producir no se ha ocupado de desatar los fuegos del alma, la llama del corazón, comprendemos que no hay nada más que pueda salvar a este continente que las Enseñanzas de los Maestros Ascendidos.

Cuando hablo de América, pienso en lo que va del polo norte al polo sur, incluyendo a toda Canadá y a América Central y del Sur. Pero me doy cuenta de que hay una división de odio tal proyectada entre esas zonas de nuestro continente que, a no ser que concentremos una victoria en estos Estados Unidos, no tendremos el impulso o el empuje de luz, de conciencia, para hacer retroceder la oscuridad, para hacer retroceder el cisma en Canadá, en América Central y del Sur.

Por tanto, no importa cómo enfoquemos el salvar al mundo o el ayudar a la humanidad, todo se reduce al individuo y al país. Debemos empezar ahí donde YO SOY* y debemos conquistar, y después debemos extendernos desde ahí.

Una conspiración contra la luz

Existe una conspiración contra este país. Está organizada por los caídos en los planos internos, las fuerzas oscuras lideradas por la cabeza de la falsa jerarquía, que es Lucifer, y varios niveles de lugartenientes de menor jerarquía.[6] Están decididos a apoderarse del país y a destruir la oportunidad para liberar la luz del chakra del corazón del pueblo estadounidense.

Estados Unidos es el chakra del corazón del mundo. El punto focal para la emisión de las energías del corazón está en este país y en nuestro corazón. Es el punto focal de la conciencia Crística. La manera de destruir la luz y a los portadores de

---

*Es decir, aquí mismo, donde Dios está presente en mí. "YO SOY" es el nombre de Dios rvelado a Moisés (Éxodo 3:14).

luz, por tanto, consiste en destruir la plataforma en la que se apoyan los portadores de luz; es decir, bombardear el castillo. Están asaltando nuestro castillo. Eso es lo que queremos decir.

Quiero darles la visión de ampliar la zona de su conciencia para que entiendan que su percepción de la individualidad debe incluir su percepción de América, primero como Estados Unidos, después como el continente y finalmente como todo el planeta. Es decir, no somos una isla. Ninguno de nosotros puede ser una isla en nuestro sendero individual. Y si tratamos de serlo descubriremos que nos torpedearán la isla.

A menos que dominemos y señoreemos la plataforma de nuestra evolución, que es el propio planeta, pudiéramos no tener más oportunidades para la evolución. No hay ningún sitio al que huir para esconderse. No hay ningún sitio en el planeta al que podamos ir y estar a salvo durante mucho tiempo. Quizá estemos a salvo, pero ¿qué les pasará a nuestros hijos y a sus hijos? El planeta es tan pequeño que no hay a dónde ir.

Por tanto, necesitamos ir a la ofensiva, no estar a la defensiva. Debemos lanzar una ofensiva de luz sobre el planeta. Desde el punto de equilibrio interior, debemos impulsar las energías de luz y señorear todo del planeta como átomo, como molécula, el planeta como célula rebosando con millones de personas. Estos millones de personas necesitan ser conquistados por la luz de la Presencia YO SOY.

Todo el mundo tiene una Presencia YO SOY. Pero Dios es uno solo. Por consiguiente, la Presencia YO SOY es una sola, pero está individualizada. Si entienden este concepto verán cómo la Presencia YO SOY de todo el grupo es una sola Presencia YO SOY porque Dios es un solo Dios. Por tanto, la Presencia YO SOY del planeta es una sola, pero siempre está individualizada. Siempre conservamos nuestra Presencia YO SOY individualizada.

Lo que quiero decir es esto: si su Dios y mi Dios es el mismo Dios, ese mismo Dios tiene la misma autoridad de conquistar la conciencia humana en ustedes y en mí. Entonces, si digo: «*En el nombre del Cristo, invoco la luz de la Presencia YO SOY para que señoree la conciencia humana*», la respuesta sale de la Presencia YO SOY de todos y se dirige a la creación humana de todos. Por tanto, damos respuesta al fíat de señorear la tierra[7] mediante nuestro contacto con el Dios único, que es maestro del subconsciente colectivo.

El verdadero amigo

Y así, primero llegamos a la regla de oro: «Todas las cosas que queráis que los hombres hagan con vosotros, así también haced vosotros con ellos»,[8] y en nuestras manos tenemos la cadena de afinidades que vincula muchas encarnaciones a la actual. Muchas veces las madejas de reconocimiento se han desenmarañado en un hilo momentáneo de contacto. Un toque olvidado enciende una relación humana cuando las almas entran en contacto con lo amargo y lo dulce de la experiencia transitoria. Poned este tema central frente a la luz de la ventana del castillo y comprended cómo buscan los hombres el pasado en su anhelo por una buena recepción, por amistad, por decencia y por un sentimiento de pertenencia.

Desde nuestros recuerdos más tempranos, cuando como niños hemos salido al mundo (impulsados desde nuestro hogar cómodo y acogedor, donde éramos los preferidos, hacia ese sitio donde éramos igual que nuestros compañeros), el anhelo y la búsqueda ha sido por un amigo. El anhelo por un amigo también es un patrón, un arquetipo. Es el anhelo por la comunión con el Ser Crístico.

El Ser Crístico es el verdadero amigo de todos nosotros. Caminamos y hablamos con él como nuestro amigo más querido, que nos comprende totalmente, que es partidario de nuestra realidad, que entiende cómo mediar entre la perfección a la que aspiramos y la imperfección que manifestamos, el amigo que comprende nuestros problemas y nos ama de todos modos.

Puesto que no podemos ver al Ser Crístico, lo buscamos en un amigo. Cuando encontramos a un amigo, ponemos nuestra esperanza, nuestra confianza y nuestro amor en ese amigo. A veces eso se cumple y a veces nos traicionan. Debido a que sufrimos la traición muchas veces, desarrollamos una capa de escepticismo y nos volvemos incapaces de confiar totalmente en la amistad de nadie. Dejamos de ser capaces de confiar en un amigo porque nos hemos quemado, nos han hecho daño. Y así se empieza a formar un muro.

Por desgracia, nuestras experiencias en el mundo producen un muro que permanece entre nuestra alma y nuestro Ser Crístico. Por desgracia, ponemos como criterio nuestras experiencias con la gente y eso sustituye el concepto de lo que ocurriría si entráramos en contacto con el verdadero amigo. Cada capa de escepticismo que añadimos nos separa del único, del verdadero amigo, hasta que tenemos tantas capas de experiencia humana que ya no podemos concebir que exista un amigo como el Ser Crístico. Ya ni siquiera pensamos que sea posible.

Más allá del Ser Crístico, por supuesto, está la Presencia YO SOY como gran amigo, el gran regenerador de nuestra vida, y después todos los Maestros Ascendidos, las huestes ascendidas de luz que son nuestros amigos del cielo. El recuerdo que tenemos de nuestra amistad con ellos es eterno. Sabemos que están ahí. Y cuando más meditamos en ellos, más tenemos la sensación de caminar y hablar con los maestros, como hicieron los discípulos de camino a Emaús.[9]

Ese caminar y hablar con Jesús, recuérdenlo, tuvo lugar después de su resurrección la mañana de Pascua, lo cual nos demuestra que la verdadera madurez de la amistad, del amigo que los maestros pueden ser, solo llega después de que en la persona ha resucitado la totalidad de su potencial Crístico. Ello también nos demuestra que nosotros mismos podemos ser verdaderos amigos solo cuando hemos resucitado la plenitud de nuestra identidad Crística. Por consiguiente, la amistad, y el ser un amigo, es un trabajo que consiste en manifestar el Ser Crístico en nosotros y en ser el Cristo para todos.

Una postura bien equilibrada que asumir en lo que respecta a los amigos es no esperar nunca demasiado, sino sentirse agradecidos por los pequeños regalos, por una sonrisa, por una palabra de aliento. Y si esas cosas no llegan, siéntanse agradecidos por tener amigos y poder así ser el Cristo para ellos. La conciencia humana es tan poco confiable que en realidad no hay motivo para depender de ella. Si tienen un amigo, amen al Cristo, amen al alma en el estado del devenir, pero dependan de su Ser Crístico interior, de su Presencia YO SOY, del Ser Crístico del amigo y de los Maestros Ascendidos para que les proporcionen el consuelo y el amor que necesitan.

Puede que esto les parezca una enseñanza obvia, pero les aseguro que es posible realizar un ministerio, trabajar en el extranjero o encontrarse en otra situación en la que seamos el único estudiante de los Maestros Ascendidos. Es posible que seamos la única persona de nuestra nacionalidad, de nuestra raza o de nuestra fe. Podríamos sentirnos muy solos. Podríamos buscar la luz del castillo y anhelar escuchar la palabra «amigo». Y nos sentiremos fortalecidos al comprender que nuestro Ser Crístico camina con nosotros, que el Maha Chohán camina con nosotros, que los Maestros Ascendidos son nuestros amigos, que no tenemos la necesidad subconsciente de hablar, de compartir los problemas y apoyarnos en quienes no tienen el cáliz ni la matriz de un verdadero amigo con la «A» mayúscula.

Cuando estamos en la posición de ministro o de instructor, las personas que reciben nuestra ayuda no son aquellos en quienes deberíamos confiar nuestros problemas, nuestros defectos, nuestras dificultades. Sería poco ético. Si tienen una debilidad de carácter que hace que sientan constantemente la necesidad de hablar y contarle las cosas a otros seres humanos, podrían estropear la imagen de las Enseñanzas de los Maestros Ascendidos, la imagen del Cristo que quieren representar.

Para desarrollar la confianza que necesitan tener, deben hablarle a su Ser Crístico, deben hablar con los maestros. Protejan sus conversaciones para no permitir que su ego, su conciencia humana o sus afinidades pongan sobre un chela nuevo, sobre un neófito, la carga de su creación humana, de su necesidad de chismorrear y comportarse de una forma humana. Con frecuencia pensamos que para eso están los amigos, y eso está bien. Pero debemos saber que los Maestros Ascendidos son nuestros amigos, que el Ser Crístico es nuestro amigo.

La marca de un chela en quien se puede confiar es que calla y prefiere la amistad de los Maestros Ascendidos por encima de la amistad terrenal. Y en la amistad terrenal verá la oportunidad de ser el Cristo para otros, sin esperar que otros sean el Cristo para él, sino que estará humildemente agradecido cuando manifiesten al Cristo hacia él. Esta es una lección importante para ser felices.

El peligro de los chismes

Cuando sabemos que tenemos un amigo de verdad y que podemos confiarle las cosas, ese verdadero amigo escucha todo lo que digamos, especialmente cuando lo decimos como una oración; y ese amigo ayudará a la persona que tiene el problema. Podemos quedarnos callados. Podemos ser una columna de fuego en medio de la organización. Y podemos marcar la diferencia entre el fracaso y la victoria con nuestra actitud.

Quiero que sepan que los chismes son la causa de que las actividades de los Maestros Ascendidos se hayan destruido a través de los siglos. Los chismes destruyeron el movimiento YO SOY.* Los chismes han destruido cada pequeño núcleo de portadores de luz casi desde el principios de los tiempos. Por tanto, más vale que entendamos que esto se debe a que la gente involucrada en esas actividades no ha entrado en contacto de verdad con el amigo, el amigo que vela por la luz en nuestro castillo.

«Porque por tus palabras serás justificado, y por tus palabras serás condenado[10]». Por tanto, valoremos la Palabra hablada.† Yo he visto, y los maestros han visto, cómo las personas que no conquistan su ego han traicionado al instructor y a la enseñanza. Pero eso no les bastó. Tuvieron que ir y disponer a otras personas contra la enseñanza, contra la oportunidad de esa renuncia suprema. Y esas palabras, una vez que se pronuncian, tienen un impacto y una influencia enormes.

Es esencial que comprendan qué es el libre albedrío y qué dones tienen en las manos. Cada uno de ustedes podría influir en un millón de personas en esta vida, directa o indirectamente, y alinearlas con los Maestros Ascendidos. Cada uno de ustedes también podría influir en un millón de personas para que estuvieran contra su Presencia YO SOY y contra los Maestros Ascendidos. Esto los convierte en un punto focal de Dios. Cuando comprenden el poder que tienen en sus manos, se convierten en un dios. Los locos del planeta comprendieron el poder que tenían; hombres como Hitler, Karl Marx, Lenin.

---

*Saint Germain fundó la Actividad YO SOY a través de sus mensajeros Guy y Edna Ballard a principios de la década de 1930.
†*Palabra* con "P" mayúscula se refiere a la fuerza dinámica y creativa del universo, que libera el potencial de Dios para que vaya del Espíritu a la materia. "En el principio era la Palabra".

Ellos blandieron un poder enorme para controlar al hombre. Pero todo su poder era energía robada, luz robada.

Cuando consideramos lo que realmente importa, se trata de llevar a la gente a que entre en contacto con su Presencia YO SOY y con los Maestros Ascendidos. En un análisis final, no importa si en mí hay imperfecciones o si las hay en la organización o en sus miembros. Lo que importa es que el individuo entre en contacto con la Gran Hermandad Blanca.* Las enseñanzas son puras, y eso es lo importante. Si nos aliamos con la Gran Hermandad Blanca, con los maestros y con las enseñanzas, no nos afectará tanto ver la fragilidad humana, porque nuestra organización no descansa sobre la fragilidad humana. Las personas pueden elevarse y caer, pero la enseñanza permanecerá. La Palabra permanecerá para siempre.

Lástima y compasión

La regla de oro es: «Todas las cosas que queráis que los hombres hagan con vosotros, así también haced vosotros con ellos». Quisiera que consideraran la idea de esa regla de oro en lo que se refiere a la lástima humana y la compasión divina. Independientemente de lo que digamos o de cómo nos sintamos, preferimos que alguien defienda nuestra conciencia Crística a que defienda nuestra conciencia humana. Aunque duela, aunque sea una experiencia terrible el que un amigo nos diga que tenemos un ego demasiado grande, que somos perezosos, esto, lo otro o lo de más allá, lo agradecemos, porque ese amigo está defendiendo al Cristo en nosotros. Ese amigo está defendiendo nuestro potencial interior en

---

*La Gran Hermandad Blanca es una orden espiritual de santos occidentales y adeptos orientales que se han reunido con el Espíritu del Dios vivo y forman las huestes celestiales. Los Maestros Ascendidos de la Gran Hermandad Blanca han surgido en todas las épocas y en todas las culturas. La palabra "blanca" no hace referencia a la raza, sino al aura (halo) de luz blanca que rodea su forma. La Hermandad también tiene en sus filas a ciertos chelas no ascendidos de los Maestros Ascendidos. Jesucristo reveló esta orden celestial de santos "vestidos de blanco" a su siervo Juan el Revelador.

vez de sentir lástima por nosotros y estar de acuerdo con la conciencia humana.

La lástima es estar de acuerdo con la imperfección. La lástima equivale a «estar de acuerdo con». Por supuesto, si sentimos lástima por lo divino, estaremos de acuerdo con lo divino. Cuando hablamos de lástima en general nos referimos a estar de acuerdo con las imperfecciones nuestras o de los demás, defendiéndolas y ocultándolas.

Las buenas obras y la defensa de la conciencia Crística son los eslabones de la cadena de las amistades divinas. Cuando buscamos un amigo, lo buscamos a través de una cadena de afinidades que enlaza muchas encarnaciones con la actual. Y en ese hilo de contacto momentáneo donde conocemos a alguien y capturamos esa chispa de antaño, hemos encontrado al amigo, hemos encontrado a alguien con quien hemos compartido algo muy importante: el contacto con el Ser Crístico. Esos son los amigos que importan.

Hay gente que va y viene a la que hemos conocido antes. Hay gente que va y viene con la que hemos tenido experiencias violentas. A veces esas relaciones nos pesan, esas relaciones implican unos lazos emocionales muy complejos y, algunas veces, necesitan años para desenmarañarse. Pero los verdaderos amigos son aquellos con quienes hemos compartido a Dios. Cuando encontramos a alguien y sabemos que juntos hemos percibido el infinito, en algún momento, en algún lugar, juntos, hemos percibido las estrellas, ese es el amigo que estamos buscando porque ese amigo es el eslabón hacia nuestro Ser Crístico.

Lo amargo y lo dulce de la experiencia transitoria debe acabar en el fuego para que podamos acercarnos a la amistad que hay en el Cristo. Estamos aquí, en la Tierra, para transmutar experiencias pasadas que no han sido del Cristo. Cuando sientan una atracción o un magnetismo abrumador que parezca ser algún tipo de placer humano entre personas, pero se siente como un peso al mismo tiempo, deben detenerse y oponer resistencia a esa sensación, a esa atracción de emociones. Métanse en la cámara de su Presencia YO SOY, de su Ser Crístico, e invoquen a la Poderosa Astrea y la llama violeta* para eliminar la causa y el núcleo de las condiciones de esa relación humana que no está centrada en el Cristo.

Antes de involucrarse en una amistad, es bueno que dediquen tiempo a hacer fervientes decretos (esto puede llevar una o varias semanas), que limpien la sustancia de cualquier relación del pasado con esa persona; y después pueden iniciar la amistad, teniendo en ustedes el máximo potencial del Cristo que ofrecer para saldar el karma. Entonces verán que la amistad se renueva con el fin de llegar a un equilibrio. Y cuando las energías estén equilibradas, la unión del Ser Crístico de cada uno de ustedes podrá servir para una misión de la Hermandad, para una misión y un servicio de luz o para hacer en el transcurso del día alguna buena obra por el prójimo.

Podría añadir que el mismo periódico que publicó el artículo sobre el hombre que no ayudó a la mujer herida tenía un artículo sobre un muchacho de quince años. Este muchacho pasó al lado de una casa durante la noche y vio que de la casa salía humo, vio que había un incendio. Se abalanzó a la puerta, la forzó y entró, corrió de aquí para allá, despertó a la gente, salvó al hijo, los sacó a todos, tomó la manguera y apagó el incendio.

Así se nos devuelve la fe en nuestro prójimo. Esto me hizo pensar: una de las diferencias entre las dos respuestas es la edad. La otra persona probablemente era un hombre de edad avanzada. Este era un muchacho. Aún tenía el idealismo de la juventud, la energía de su Ser Crístico y no el escepticismo hacia el mundo.

---

*Véase decretos a la llama violeta y a la Poderosa Astrea en la pág. 100, 179-180.

La naturaleza de la verdadera amistad

La amistad, por tanto, debe considerarse no como un medio con el que controlar o poseer a los demás o ser poseídos o controlados por los demás. Una amistad no debe ser una relación en la que utilicemos a una persona como instrumento de nuestro ego o para conseguir algo que queremos. Tampoco debería ser una situación en la que nos utilicen o en la que permitamos que nos utilicen y se nos disipen las energías.

Una verdadera amistad es un medio por el cual se expande el potencial Crístico, por el cual se comparte el potencial Crístico, donde la unión de mi conciencia Crística con tu conciencia Crística reúne facetas de la conciencia de Dios que, si estuviéramos separados, no tendríamos en su total desarrollo. Al unir nuestro logro empezamos a formar un mandala grupal. Y el mandala grupal sirve para conquistar el planeta con luz, algo que no podemos hacer solos, por lo cual lo hacemos juntos. Cada uno de nosotros es una gran estrella de luz, y la conciencia Crística de todas esas estrellas unidas significa que mediante nuestro esfuerzo conjunto podemos hacer más por Dios.

Cada amistad se debe medir sobre esta base. Al llegar a la luz, ustedes deben preguntarse si deben continuar con aquellas relaciones en las que los estén utilizando o en las que ustedes estén utilizando a su amigo. Cuando uno no puede desenvolverse sin la otra persona, la relación que está actuando es una relación de *alter ego*, porque uno no tiene una identidad propia, y de algún modo la identidad se realiza porque la otra persona está a nuestro lado. Uno le da gritos al amigo o el amigo le da gritos a uno o hay algún tipo de gancho emocional en el que algún aspecto de la conciencia humana se satisface o estimula continuamente. Esas relaciones son un drenaje. Son un drenaje para su plan divino y les apartan de su diseño original y de su misión.

Pueden pedirle a los Maestros Ascendidos que eliminen de su mundo todas las relaciones malsanas, las que no son de la luz, las que no tienen su origen en la luz, y que pongan en su mundo todas las relaciones basadas en el plano de la conciencia Crística. Para ello debemos procurar actuar desde el nivel del Cristo, poner a un lado nuestra mezquindad, nuestros celos, el usar a la gente o nuestra dependencia de la gente para hacer cosas que uno mismo debería hacer. Por tanto, para ser un amigo uno debe elevarse al nivel de la conciencia Crística. Y para tener un amigo uno debe ser el amigo que está en la mente Crística.

Lo mismo es cierto en lo que respecta a los parientes, especialmente a ellos. Se hace necesario cortar lazos cuando la relación que tenemos con ellos es kármica y nos utilizan. Por ejemplo, ustedes son un hijo o una hija que se ha convertido en el instrumento del orgullo de los padres y para ellos lo que haga su hijo o hija es vital, porque se lo pueden contar a sus amigos; y si no pueden decir que su hijo o hija está haciendo algo considerado como aceptable por el mundo, se enfadan, porque les han traicionado y porque han traicionado la tradición familiar.

Podemos ser amigos mucho mejores de nuestros padres, de nuestros tíos, de nuestros hermanos y primos si tenemos un lazo con el corazón en el plano del Cristo. Debemos visualizar el lazo con el Cristo como un modelo en forma de ocho. En vez de pasar las energías por los ciclos del cinturón electrónico y unirse a las del cinturón electrónico de la otra persona, pueden llamar a su poderosa Presencia YO SOY para que todas las conversaciones entre ustedes y sus familiares o su amigo pasen por el ciclo en forma de ocho, por la llama trina del corazón.

Visualice el paso de todas las conversaciones entre usted y otras personas por la figura en forma de ocho.

El punto focal del corazón es el punto de encuentro. Ustedes son los que deciden que no quieren tener ningún intercambio de energías a no ser que estas fluyan por el chakra del corazón y por la Presencia YO SOY. Entonces el resultado es que probablemente acaben expresando más amor y amabilidad hacia su familia, pero sin el apego humano, sin la atracción humana, sin el control humano. Esa es la diferencia. Esto se puede hacer con compasión y con una bondad tal que su familia no se dará cuenta de que la vieja conciencia humana ha desaparecido y ahora ustedes tienen una relación con el Cristo.

No hace falta que abandonen a su familia. No hace falta que se aparten de ella. Pueden mantenerlos donde están visualizando el patrón en forma de ocho para que su energía no les llegue y los controle, a no ser que pase por su llama Crística. Hay que establecer unos límites de conciencia y no permitir que nada alcance su mundo a menos que primero haya sido filtrado por la conciencia Crística.

También debemos pensar en las amistades, porque la psique y la psicología que estamos considerando en realidad comienza con nuestras interacciones con otras partes de la vida. Desde el momento en el que somos concebidos tenemos karma, y ese karma es el resultado de la interacción, la reacción, la reacción exagerada, la reacción insuficiente hacia otras partes del cuerpo de Dios. Lidiar con nuestra identidad y nuestra relación con otras identidades es nuestra psicología, nuestro karma.

Cuando lleguen al punto en el que son el Cristo, todo encajará por sí solo. Es como cuando los ojos se enfocan y de repente se ve al detalle un cosmos por estar alineados con las redes y campos energéticos del cosmos. No estamos fuera de esas redes; nos encontramos justo en el punto donde está el Cristo. El nexo siempre es la cruz.

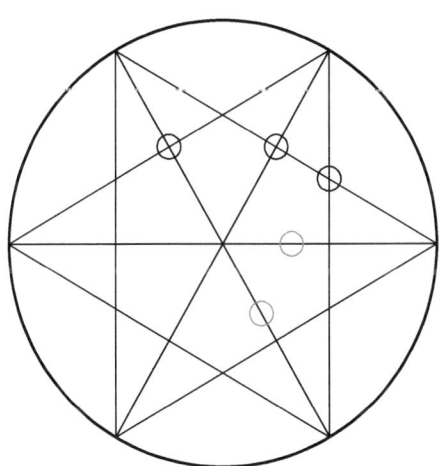

Cada punto de intersección de las redes y campos energéticos del cosmos es una cruz, el punto de un estallido de luz, una manifestación de la conciencia Crística. Cuando no estamos en el plano del Cristo, estamos fuera del centro de ese punto que es el nexo.

Podemos hacer un diagrama de cualquier mandala en el que estemos involucrados como un círculo con líneas que se interceptan por todo el círculo. Allá donde se encuentren dos líneas, ahí habrá una cruz, ahí habrá un estallido de luz, ahí habrá una individualización de la conciencia Crística.

Cuando no estamos en el plano del Cristo, estamos obrando un poco fuera del centro, fuera de esa cruz, en algún punto de una línea donde las energías de Alfa y Omega se encuentran. El brazo vertical de la cruz es el descenso de la energía de Alfa y el brazo horizontal es la energía de Omega. Ustedes son el punto del centro.

Cuando no vivimos en el centro Crístico, cuando vivimos en la conciencia humana, nos encontramos tan lejos que toda la vida se convierte en una ilusión, una miasma, un desfile sintético. Están las personas a las que conocemos, las personas con las que nos mezclamos, las cosas que hacemos, pero todo ello es un mar desenfocado. Y para enfocarlo debemos volver a estar centrados en el Cristo.

Sugeriría, ya que estamos hablando de centrarnos, que hagamos el «Introito al Santo Ser Crístico», que meditemos en la unión con la llama de nuestro corazón y que lo convirtamos en nuestro punto de contacto con la vida.

Gracias.

14 de enero de 1975

INTROITO AL SANTO SER CRÍSTICO

En el nombre de la amada, poderosa y victoriosa Presencia de Dios, YO SOY en mí, de mi muy amado Santo Ser Crístico y mediante el poder magnético del fuego sagrado investido en la llama trina de Amor, Sabiduría y Poder que arde dentro de mi corazón, yo decreto:

1. Santo Ser Crístico encima de mí,
   Tú, equilibrio de mi alma,
   que tu bendito resplandor
   descienda y me haga íntegro.

Estribillo:
   Tu Llama dentro de mí arde siempre,
   tu Paz a mi alrededor siempre eleva,
   tu Amor me protege y me sostiene,
   tu deslumbrante Luz me envuelve.
   YO SOY tu triple radiación,
   YO SOY tu Presencia viva
   que se expande, se expande, se expande ahora.

2. Santa Llama Crística dentro de mí,
   ven, expande tu Luz trina;
   colma mi ser con la esencia
   de rosa, azul, dorado y blanco.

3. Santa conexión con mi Presencia,
   amigo y hermano por siempre querido,
   deja que guarde tu santa vigilia,
   que sea tú mismo en acción aquí.

¡Y con plena Fe acepto conscientemente que esto se manifieste, se manifieste, se manifieste! (3x)*, ¡aquí y ahora mismo con pleno Poder, eternamente sostenido, omnipotentemente activo, siempre expandiéndose y abarcando el mundo hasta que todos hayan ascendido completamente en la Luz y sean libres!
   ¡Amado YO SOY! ¡Amado YO SOY! ¡Amado YO SOY!

---
*Repítase tres veces.

CAPÍTULO 3

LA IMAGEN SINTÉTICA Y LA IMAGEN REAL

En el nombre del Cristo, en el nombre del Espíritu Santo de cada persona, invocamos la luz. ¡Que destelle la luz! ¡Arde completamente! ¡Que destelle la luz de diez mil soles y rompa los campos energéticos de resistencia a la mente Crística! En el nombre de Jesús el Cristo, que el Ser Crístico de cada persona aparezca. Que destelle la luz del Ser Crístico y que la voluntad de Dios, el amor de Dios y la sabiduría de Dios se manifiesten ahora. En el nombre del Padre, de la Madre, del Hijo y del Espíritu Santo, lo aceptamos hecho en esta hora con pleno poder, amén.

Comentario sobre el primer capítulo, 3ª parte

Tenemos la imagen del castillo, la ventana del castillo, la luz, la palabra de bienvenida: *amigo*.

Poned este tema central frente a la luz de la ventana del castillo [el tema central de las relaciones humanas, del karma del pasado, el karma del presente y el karma del futuro] y comprended cómo buscan los hombres el pasado en su anhelo por una buena recepción, por amistad, por decencia y por un sentimiento de pertenencia.

Preguntaos: ¿Puede el Creador eterno crear sin el pensamiento esperanzador de una unidad espiritual? ¿La unidad debe ser solo espiritual o también debe entrar en los asuntos humanos? Allá donde arda la llama de la vida, quien se haga consciente del hecho de que esta existe tendrá la percepción de las cualidades inusuales, así como naturales de la vida. A veces estas cualidades cambian: las naturales asumen el aspecto de las inusuales, mientras que las inusuales pueden tornarse naturales.

La unidad es un principio que solo puede realizarse si cada persona realiza primero la unidad con su propia Individualidad. Para lograr la unidad con el Yo, hay que comprender el Yo. En su tercer capítulo de *El discípulo y el sendero*, el amado El Morya habla a los chelas que desean lograr la maestría sobre sí mismos, y hace esta pregunta: «¿Qué es la maestría sobre uno mismo?». Para entender qué es la maestría sobre uno mismo debemos poder definir el Yo, por lo cual El Morya utiliza varios capítulos para definir al Yo.

Lo principal: Somos lo que somos sin que importe lo que creemos que somos. Esta es una idea muy profunda. El gran hecho del *ser eterno* es que somos lo que somos. En el núcleo de fuego de nuestro ser, la voz de Dios habla: «YO SOY QUIEN YO SOY». La personalidad humana está compuesta de todas las impresiones e interacciones con otras partes de la vida y el registro del sentimiento de separación de este núcleo de fuego. La personalidad humana es lo que creemos que somos, la imagen sintética. Pasar de la imagen sintética a la Imagen Real es casi como ir a tientas en una sala totalmente oscura hasta que la luz de los Maestros Ascendidos enciende la vela de la conciencia y nos enseñan la salida.

Nos disponemos a descubrir al Yo Real mediante la fe. ¿Qué más tenemos? Tenemos fe en que el Yo Real existe. Tenemos indicios del Yo Real. Y después tenemos la prueba absoluta. ¿Qué es la prueba absoluta? Es tan sencillo como esto: les voy a dar un ejemplo de mi vida.

Anoche llegué a casa tarde y me encontré con que mi hija más pequeña no había dormido y seguía sin poder dormir. Decreté y decreté con ella, pero seguía sin poder dormir. Entonces pensé, le voy a dar algo de comer, seguramente tiene hambre. Le di de comer, pero seguía sin dormir. Estaba contenta y emocionada porque a las doce de la noche iba a cumplir años y quería despedirse de los dos años y recibir a los tres; y eso hizo. Seguía sin dormir. A la una de la madrugada decidí meterla en la cama conmigo y, finalmente, después de todas las vueltas que dan en la cama, se durmió. Entonces tuve que llevarla a su cama. Estaba a oscuras y por eso no podía ver a dónde iba, y no atiné al acostarla. Le di un golpe en la cabeza contra el lado de la cuna y se despertó. Finalmente dije: «Poderosa Presencia YO SOY, duerme a esta niña». Y de mi Presencia YO SOY se derramó un torrente de radiación hacia la niña, que no se molestó por el golpe, me pidió la manta y se durmió.

La prueba a la que me estoy refiriendo consiste en decir el nombre «amada poderosa Presencia YO SOY», y sentir ese torrente de fuego blanco bajar en respuesta a nuestro llamado. Esto no es fe, no es esperanza y no es caridad. Es una demostración científica, segura y absoluta. Es el quinto rayo.*

Podemos hacer un llamado y ver la acción al instante. Estoy segura de que eso mismo les sucede a ustedes muy a menudo. Me ha sucedido a mí durante muchos años. Un único llamado a un único maestro, dicho en el nombre del Cristo, produce una acción inmediata y una reconciliación inmediata de los problemas. Cuando se tiene esta clase de prueba, el ridículo y el intento de desacreditar un sistema, un dogma religioso o una doctrina no se sostiene al compararse con el saber interior de quién es este YO SOY EL QUE YO SOY.

La unidad espiritual que tuve en aquel momento con mi Presencia me dio una unidad absoluta con la Presencia de la niña, una unidad absoluta con su Ser Crístico y con mi Ser Crístico. No existe otra manera de lograr la unidad con nadie. «La carne y la sangre no pueden heredar el reino de Dios».[1] Una relación de carne y sangre, una relación exterior, independientemente de lo íntima que pueda ser, nunca puede llevarnos al estado de estabilidad y seguridad de la Presencia YO SOY y de la luz.

Podemos vivir con gente durante años, más años y más años y jamás ser realmente compatibles, sin ninguna asociación, sin ninguna sintonía, simplemente porque nunca se

---

*El quinto rayo es el rayo de la ciencia, la verdad y la precipitación. Su color es el verde esmeralda y se corresponde con el chakra del tercer ojo.

ha encendido esa luz, nunca se ha hecho el llamado: «*En el nombre de la Presencia YO SOY, que la luz fluya, que la unidad fluya, que nuestra unión resuelva los problemas*»; nunca se ha pronunciado con autoridad.

Hay veces, cuando pronunciamos un fíat, en que ya no nos queda ningún recurso humano ni encontramos razonamiento humano alguno para resolver la circunstancia, lo humano ya no tiene nada que pueda ofrecer una solución. La conciencia humana siente que le faltan las ideas. Ya no se puede hacer nada en este plano. Pero uno está absolutamente decidido en su interior, teniendo una determinación de fuego, que trascenderá lo humano. Y en ese momento se hace el fíat y el mundo se moverá noventa grados, toda nuestra vida cambiará. Eso es unidad.

Quiero que todos sientan que la luz de su Presencia fluye en respuesta a un fíat como ese que fluye rápido para dormir a un niño. No quiero que sientan que cualquier materia o cualquier impulso acumulado de la mente carnal, multiplicado por un millón de voces, tiene la energía o el poder de derrotar a la Presencia YO SOY. Su Presencia YO SOY, una sola, puede cambiar el planeta. No deben sentirse desesperanzados. No deben sentir que no pueden tocar estos ámbitos.

Tomen el periódico, lean los titulares, escuchen las noticias y hagan fíats. Pero háganlos con una determinación total y completa de que el Ser Crístico en ustedes actúa y que nada puede detener esa energía. Esa energía sale como una flecha. Si han visto alguna vez un torpedo salir de un submarino, el torpedo se mueve con total firmeza bajo el agua, y no se para. Un fíat es un torpedo de luz, y da en la diana. Y los maestros necesitan portadores de luz que tengan la convicción y que hagan llamados, porque esos llamados marcan la diferencia.

Podremos luchar horas enteras. Podremos decretar y podremos tener un buen impulso acumulado de decretos, pero a veces se necesita un fíat, una orden y una determinación interior de que nada detendrá esa luz que sale de nuestro corazón. Eso es unidad.

El poder de vencer el mal

Deseamos señalar que nunca hay excusa, independientemente de lo que los hombres os puedan hacer, para responder a un acto malvado del mismo modo. Al mismo tiempo, señalamos que esto no excluye la posibilidad de que el individuo, con la dignidad divina de su ser, evite la sumisión al sinsentido humano. Por tanto, por dignidad y por percepción Crística, los hombres pueden diseminar el bálsamo del perdón a todos aquellos con los que se encuentren sin convertirse en víctimas de las crueles energías de los hombres.

El motivo por el que no hay excusa para responder a un acto malvado del mismo modo es porque tenemos un acceso inmediato a la luz. Es como una torre de agua gigante sobre nosotros; tiramos de la cuerda y el agua cae a montones. Así de accesible tenemos la energía de la Presencia YO SOY. Si pueden hacer eso con un simple cambio de conciencia, al poner la atención sobre la Presencia y pronunciar un fíat, claro que no hay excusa para intentar resolver una situación humana con medios humanos.

Un acto malvado es un acto del velo de energía. No es solo algo oscuro, malo y terrible que en cualquier caso nadie más querrá hacer. El «mal» es un «velo de energía». Por tanto, cualquier cosa que perpetúe el velo de energía es una respuesta igual a los velos de maya, lo cual solo perpetúa esta maraña de energías humanas. Y es una maraña. Es una maraña como un nudo en un ovillo que se va haciendo más grande hasta que ya no podemos deshacerlo. Gracias a Dios, el Arcángel Miguel tiene la espada para cortar el nudo gordiano. No sé qué haríamos si tuviéramos que deshacer la conciencia humana.

El arma más grande que ustedes tienen como seres Crísticos es que están dispuestos a llegar hasta el final, ya sea con un niño, con un esposo, con una esposa, con un pariente o con un amigo. Tienen que estar dispuestos a dejar que la mente carnal sepa que ustedes no van a entrar en componendas (como dice Morya: «Que las astillas caigan donde quiera»), que no van a someterse a la conciencia humana de nadie. Cuando se lo dejan saber, gobernarán su hogar, su propia ciudadela de conciencia. Y solo entonces podrán guardar la ciudadela de la comunidad, del país y del planeta.

Cuando permitan que las fuerzas de la emotividad, el temor o la mente carnal los conduzcan, los lleven y los dirijan hacia algún tipo de componenda, siempre se encontrarán en una posición débil. Por ejemplo, si tienen a alguien muy cercano a ustedes, alguien a quien aman mucho, pero esta persona se opone a su libertad de rendir culto a Dios, a su libertad de ser el Cristo (se les impone en todos los aspectos o les condena por mezquindades de todo tipo), ustedes deben estar dispuestos a asumir una postura absoluta que diga: «O dejas tu sinsentido humano, o desapareces de mi vida». Si imploran, suplican y tratan de persuadir, le darán poder a la mente carnal sobre ustedes y jamás serán señores de su casa.

Puede que nunca tengan que cumplir la amenaza final porque la mente carnal podría asustarse lo suficiente por el hecho de haber pronunciado la amenaza. Pero hay que dejar ver que uno está dispuesto a llevarla a cabo. Hay que estar dispuestos a enseñarle a la mente carnal que no tiene nada, absolutamente nada que ofrecernos, y que no nos dejaremos vender por alguna conveniencia, por algún placer, por nada en la Tierra o en el cielo. No deben fallar esa prueba. Deben estar dispuestos a marcharse a menos que las personas relacionadas con su vida les permitan ser libres, vivir en la llama, rendir culto como ustedes quieran.

En algún punto, de algún modo, a lo largo del Sendero todos tenemos que tomar una decisión así. Cuando las personas que nos rodean no son honorables —no importa cuánto las amemos—, debemos estar dispuestos a renunciar al apego humano. Y cuando nos fundimos con la llama del honor cósmico, defendemos a su Yo Real. Defendemos su Realidad, por lo cual estamos unidos a esa Realidad. Si ellas abandonan al yo carnal y vuelven a su Realidad, también conocerán la unión y la unidad a la que me refiero.

Por desgracia, las componendas con el honor han supuesto el fin de muchísimas personas en nuestra sociedad y han sido la causa de que la gente tenga que reencarnar continuamente. Esto es un sometimiento a la conciencia humana de alguna persona, donde hemos perdido nuestra identidad porque hemos creído que necesitábamos algún aspecto de su identidad y al tener necesidad, no hemos exaltado la Realidad en nosotros mismos y en la otra persona.

Ustedes verán que la mente carnal se echa atrás ante el desafío del Ser Crístico. Si no lo hace en la situación inmediata, verán que, por haber defendido al Cristo, el Cristo en ustedes triunfará al final sobre su mente carnal y sobre la mente carnal de la conciencia de las masas.

Por tanto, eviten el sometimiento al sinsentido humano. Para hacer eso deben reclamar a su Ser Crístico. Para reclamar a su Ser Crístico deben saber qué es su Ser Crístico. Para saber qué es su Ser Crístico deben tener la prueba viva. Para recibir esa prueba deben experimentar con las leyes de Dios.

Sea cual sea la situación, para conocer a su Yo Real deben trabajar con él y exigir la prueba viva. Después se disemina el bálsamo del perdón y se siente esa suave lluvia de luz procedente de la Presencia. Esto se puede hacer sin caer víctimas de las crueles energías de los hombres.

La imitación a Cristo

Tenemos la intención de proporcionar, a todos los que deseen seguir los pasos de los maestros, la sabiduría de Dios que no se mofa de los esfuerzos del hombre para imitar a su Creador. Transmitimos esperanza y el hilo de contacto. Transmitimos un sentimiento de unidad con la Hermandad, pero alertamos a todo el mundo de la gran necesidad de construir la nobleza de carácter como imitación a lo Divino.

Dios defiende el derecho que ustedes tienen de imitar a Dios, de llegar a ser Dios, de imitar al Cristo.[2] Esto es el cumplimiento de la ley de nuestro ser. Toda la conciencia carnal del planeta intentará quitarnos eso. Cuando practiquemos el sendero de la imitación a Cristo nos dirán que tenemos complejo de mártires. Eso es un término intelectual muy conveniente que los psicólogos han diseminado para asegurarse de la que gente sienta vergüenza de seguir el sendero del sacrificio.

Un mártir es alguien que ha dado la vida o que ha perdido la vida. Yo no me siento como una mártir, nunca me he sentido así. Creo que la palabra *mártir* tiene una connotación negativa. Pero, en un sentido, todos somos mártires por una causa, porque estamos dispuestos a dar la vida por la causa de la verdad.

Los trucos que se utilizarán para quitarnos nuestra imitación a la conciencia Crística son la condenación, el menosprecio, el ridículo, el orgullo familiar, el mesmerismo familiar, la ambición mundana. Es facilísimo justificar la ambición y decirse a uno mismo que está haciendo algo en el nombre del Cristo. Después uno se mete en la conciencia maquiavélica de que el fin justifica los medios. Puesto que el fin es la conciencia Crística, justificamos cualquier medio y, claro está, la mente humana tiene muchos medios dudosos.

Allá donde haya un ego se tiene que erigir un mecanismo de defensa del ego, lo cual produce un ir y venir como una bola de ping-pong entre la vanidad y el engaño.* La vanidad, el orgullo del ego, siempre ha de equilibrarse con alguna forma de engaño; o eso cree el ego, que literalmente se lo cree. El ego cree que tiene que ser taimado. Y cuanto más pesada sea la mente carnal, más engaño se produce.

Un grano de engaño en nuestra conciencia mancilla la lente del flujo del Espíritu Santo. Por eso en este curso persigo el autoengaño. Quiero exponerlo en todos nosotros. La exageración es autoengaño. La sofisticación es autoengaño. Existen muchas formas de engañarnos a nosotros mismos.

Cualquier forma de engaño es un rechazo instantáneo al Maha Chohán y al Espíritu Santo. He visto al Espíritu Santo huir de la presencia del chela que creyó que tenía que mentir para salvar las apariencias, para conservar su imagen, para preservar el sentimiento de que su comportamiento era como el de un chela de los maestros. El ego es el que piensa que tiene que hacer eso y utiliza ardides de todo tipo. Pero los peores engaños de todos son aquellos con los que nos engañamos a nosotros mismos y ni siquiera lo sabemos.

Para seguirle la pista al engaño hay que vigilar lo que decimos, vigilar lo que pensamos y darnos cuenta cuando lo hacemos. ¿Estamos diciendo una verdad a medias? ¿Estamos exagerando para embellecer una historia que entretenga a alguien o que nos dé una buena imagen?

Piensen en ello y observen cómo se van desarrollando los patrones del engaño. Cuando los vean, simplemente digan: «¡Ajá! Te tengo». Agarren a ese ratoncito por la cola y llamen a Astrea para que lo rodee con su círculo, y digan: *«En el nombre del Cristo, en el nombre de mi realidad Divina, ¡que arda la llama del Espíritu Santo! ¡Que arda la llama del Espíritu Santo! ¡Que arda la llama del Espíritu Santo!».*

---

*Vanidad, engaño, arrogancia y ego son los abusos de la luz en la línea tres del reloj; la deshonestidad, la intriga y la traición, en la línea nueve. Véase pág. 355.

Y tengan la determinación absoluta de que esas lenguas hendidas de fuego arderán a través de ese plano de conciencia y consumirán el registro de ese engaño, que dejará de existir. No habrá ningún aspecto más de la conciencia humana capaz de reproducir esa energía de engaño.

Se van a sorprender al ver cuánto pueden acelerar su logro y su iniciación con un poco de decisión, un poco de fuego y con usar un poco la Palabra hablada. Esta es la esencia del Sendero: tener la determinación de ser perfectos, pero sin preocuparnos por ser imperfectos, sin tomarnos muy en serio el hecho de que quizá tengamos algunas imperfecciones, porque si nos las tomamos en serio, creeremos que son reales.

Lo que sí nos tomamos en serio es el afianzar la luz, el hilo de contacto. Desde nosotros hasta nuestra Presencia YO SOY hay un hilo muy fino de filigrana. Pero el hilo de contacto al que nos referimos aquí es el hilo que nos conecta con todo el Espíritu de la Gran Hermandad Blanca. Ese hilo puede romperse en un momento de discordia, en un momento de irritación, en un momento de engaño.

De repente, al tirar de ese hilo, sentimos que ya no está tenso. El hilo se ha cortado. Podremos tirar de todo el hilo porque ya no está conectado con nada, y descubrimos que estamos muy metidos en la mente carnal, la lógica carnal y su conciencia. Eso es una señal de peligro, y de inmediato debemos decir: «*En el nombre del Cristo, invoco el hilo de contacto con la Gran Hermanda Blanca. Exijo que aparezca, que sea restablecido en el nombre de mi Ser Crístico*».

Este hilo se refuerza leyendo las palabras de los maestros, viviendo en su conciencia, amándolos. El amor es el gran fortalecedor de este hilo de contacto, que se refuerza al «construir la nobleza de carácter como imitación a lo Divino». Cada vez que demostramos que en nuestro ser se han esculpido nobles cualidades de los Maestros Ascendidos, reforzamos ese hilo.

Amar igual al amigo que al enemigo

Por tanto, aprendan todos la lección de amar igual al amigo que al enemigo. A veces los amigos son más peligrosos que los enemigos; porque a los enemigos se los conoce como tales, pero a los amigos solo se los conoce como amigos, aunque sus pensamientos apesten a veneno. A menudo, hilos de egoísmo motivan a las personas, sin que estas lo sepan, a querer controlar otras vidas de una manera injustificada e injusta.

Jesús dijo que debíamos amar a nuestros enemigos y hacer bien a los que nos ultrajan.[3]

Cuando pensamos en el amigo y el enemigo dentro de nosotros mismos podemos ver los peligros a los que se refiere Kuthumi. Podemos sentir que ciertos hábitos, ciertos modos de conciencia, son inofensivos; son amables con nuestros amigos, conforman nuestra personalidad humana, la forma en la que hacemos las cosas; aunque esas maneras sean imperfectas y comprometan a Dios. Aquellas cosas de nuestra conciencia humana que consideramos con simpatía son más peligrosas que alguna otra cosa que consideremos como algo absolutamente incorrecto, como el hábito de fumar, de beber o algún problema de esa naturaleza. Sabemos que eso no está bien. Sabemos que eso es nuestro enemigo. Sabemos que lo vamos a conquistar. Y si somos inteligentes, sabremos que lo vamos a conquistar de inmediato.

Pero existen algunos hábitos y algunas maneras que toleramos, pensando que podemos vivir con ellas. Bien, hay que sentirse incómodos viviendo con estos denominados amigos. Como los amigos de Job,[4] ellos concuerdan y refuerzan los patrones de nuestra conciencia humana. Están dentro y están fuera, y no nos hacen ningún bien.

Fuerzas en el subconsciente

Hay fuerzas dentro de nosotros que giran en órbita alrededor de nuestro ego como satélites que hemos creado, igual que se crea un satélite y se lo pone en órbita en el espacio. Hay fuerzas que han adquirido una proporción gigantesca en nuestro subconsciente, como islas de avaricia, egoísmo, estrechez de miras o prejuicios. Estos satélites giran alrededor del núcleo del ego y comienzan a dominarnos de forma muy parecida a como la astrología mundana puede dominar la forma en que nos movemos, pensamos y sentimos. Es decir, son como el aprendiz de brujo.

El ego ha creado estos mecanismos de defensa, que se han reforzado tanto a lo largo de los siglos que finalmente han salido disparados desde el centro del ego y se han convertido en impulsos acumulados de energía oscura en el plano del cinturón electrónico; y son focos de energía oscura que controlan la mente. Cuando ustedes sientan que les da un ataque de depresión, de llorar o de ira será porque uno de los satélites que salió disparado de su mente carnal hacia su cinturón electrónico está adquiriendo poder, está enfocado o alineado con otros ciclos de su karma.

Probablemente está siendo amplificado por la astrología mundana del macrocosmos exterior; y probablemente está siendo manipulado por la mente carnal de la conciencia de las masas que denominamos anticristo, por Lucifer o por los caídos.

Por tanto, la permisividad aparentemente inocente con patrones de egoísmo es amplificada por las coordenadas del egoísmo en otras personas, en el planeta, en el sistema solar y más allá. Por tanto, ese patrón en concreto se convierte en una puerta abierta. Atraemos a gente que también es egoísta. No sabemos que somos egoístas, pero miramos a las personas que hay a nuestro alrededor y decimos: «Qué egoístas son.

Nunca he visto a nadie tan egoísta en mi vida. Siempre están pensando en sí mismas. Nunca piensan en nadie más». Pues están a todo nuestro alrededor porque el magnetismo de nuestros satélites las ha atraído.

Poco a poco, si aprendemos lo suficientemente rápido en el sendero de iniciación, llegamos a darnos cuenta de que lo que nos rodea es lo que hemos atraído con las energías interiores. Y puede que veamos la belleza y la gloria de amistades maravillosas y de gente maravillosa a nuestro alrededor. Mírense a sí mismos. Aquí están, en Summit University. Con certeza tienen algo que le ha atraído a este sitio, donde hay gente que presta servicio a la luz y ama la luz, donde hay Maestros Ascendidos, donde hay un sistema establecido para estudiar y poner en práctica la ley de Dios.

Por tanto, con certeza sabrán que, a partir de su conciencia Crística, ustedes también han puesto en órbita en los cielos de su conciencia focos de gran luz que atraigan hacia ustedes gran luz y grandes seres cósmicos; por eso están en el Sendero. Saber que tienen el buen impulso acumulado de su cuerpo causal es alentador, porque cuando se tiene todo ese buen impulso acumulado, ¿por qué sustentar lo malo? Tan pronto como puedan quitar lo malo del núcleo de su ser, en esa medida serán libres.

Por tanto, cuando observen que hay energías a su alrededor que no tienen su aprobación, un día puede que se despierten y se digan: «¿Qué estoy haciendo en medio de todo este sinsentido humano?». Y si son honestos, si han superado al menos una parte de su autoengaño, dirán: «Estoy en medio de esto porque lo he creado, lo he atraído, lo he invocado. Soy un cocreador con Dios, y voy a deshacerlo».

En el nombre de Jesús el Cristo, desafío las espirales de negatividad que se manifiestan en mí como puntos o electrodos de magnetismo y que atraen la conciencia de las *masas. Exijo que ese campo energético se rompa. Exijo que sea sustituido por el Imán del Gran Sol Central.**

Llamo a Hércules y Amazonia, a los amados Arcturus y Victoria, a los amados Alfa y Omega para que afiancen dentro de mí el Imán del Gran Sol Central y desmagneticen de mi subconsciente todo lo que sea inferior a la gran conciencia cósmica de los poderosos Elohim,[†] *fortaleciendo en mis chakras la cualidades Divinas de luz, amor, victoria, maestría, control Divino, obediencia a esta ley y la caridad de los ángeles.*

Estos son ejemplos de llamados. No es el llamado específico lo que quiero que entiendan, sino la ilustración, aunque también pueden utilizar el llamado específico.

El deseo de controlar a los demás

Kuthumi habla de los «hilos de egoísmo» que «motivan a las personas a querer controlar otras vidas de una manera injustificada e injusta». Creo que el deseo de controlar a los demás (algo que afrontamos en todos los continentes de algún modo, a través del vudú, la magia negra, los brujos, etc.) es algo que está basado en el temor; y se puede manifestar como orgullo, como ego, como cosas de todo tipo. Pero para mí se fundamenta en el temor: temor a perder la identidad real en Dios, temor por habernos separado de Dios. Con este temor, para recuperar el estado perdido, tenemos que controlar y dominar a los demás. Hemos perdido nuestra identidad. Intentamos recuperar esa identidad incorporando en nosotros la identidad de otras personas.

---

*El Gran Sol Central es el centro o eje de toda la creación; el punto de integración del cosmos Espíritu-Materia. El Imán del Gran Sol Central es el centro del flamígero amor-pureza dentro de ese eje.
†Elohim es un nombre de Dios que consta en el Antiguo Testamento. En el orden de la jerarquía espiritual, los Elohim y los seres cósmicos tienen la mayor concentración, la mayor vibración de luz que nosotros podamos comprender en nuestro actual estado de evolución.

En psicología se utiliza un término llamado *omnipotencia* por el que la persona se siente omnipotente y cree que todo el mundo es un instrumento para la gratificación de alguna necesidad de su id o su ego. Tal persona podría sentir que a otras personas no les corresponde ningún derecho, ninguna libertad, ninguna oportunidad de encontrar a Dios; que simplemente son instrumentos de su persona; que ha llegado a ser omnipotente. Esto es una total perversión de la omnipotencia de la Presencia YO SOY.

En el nivel de la Presencia YO SOY, yo puedo decir: «Yo soy tú, tú eres yo, somos uno solo. Ustedes son instrumentos de mi Yo Divino que se realiza a sí mismo». Puedo decir eso sin controlar ni dominarlos a ustedes, porque lo digo en el nivel de la Presencia YO SOY. Pero hay muchos tiranos que han utilizado las energías de la conciencia de las masas para llegar a ser jefes de Estado, para gobernar sobre grandes imperios en un nivel en el que sienten que la mente carnal es omnipotente y tiene derecho a utilizar a la humanidad para lograr sus fines.

Amar a nuestros enemigos

Como dijo Kuthumi: «Aprended todos la lección de amar igual al amigo que al enemigo». El motivo por el que debemos amar a nuestros enemigos es que, si no lo hacemos, estaremos atados a ellos. El odio ata. El amor libera. Por tanto, amarlos es una cuestión de interés propio iluminado. Si ustedes están realmente iluminados, en el sentido del Yo Verdadero, el Yo Divino, ni siquiera soñarán con odiar a nadie, porque ello obstaculizaría el servicio del Dios que hay en ustedes. Se atarían a sí mismos. Y esto también incluye el odio reducido hasta llegar a la leve antipatía, la irritación y la crítica sutil y subconsciente hacia otras personas.

Cuando se alberga esa energía, es como una energía dentada

que sale de los chakras. Entonces tenemos una vibración discordante, un aura discordante, y nos atamos a todas las demás personas del planeta que tienen ese nivel de conciencia (no solo la persona a la que odiamos, sino a todas las demás como ella), porque la conciencia de las masas es una sola. Por tanto, en realidad a lo que nos atamos es a toda la conciencia de las masas, a la toda la humanidad.

Los peligros de ofrecer consejos

Ahora bien, esta es una frase muy interesante que dice Kuthumi:

> Cuando el consejo es solicitado, se puede ofrecer con impunidad. Cuando el consejo se ofrece sin solicitarse, con frecuencia se convierte en una responsabilidad kármica. Cuando se desdeña, el choque invisible entre las mentes crea karma para ambas partes. La tensión innecesaria entre las personas crea un sentimiento de desánimo en el estómago porque toda discordia establece una interferencia con el patrón de energía luminosa que fluye a través del plexo solar.

A menudo tendemos a pensar que sabemos exactamente lo que una persona debería hacer. Estamos seguros, debido a toda la preparación que hemos recibido y la gran experiencia que tenemos, de que podemos ponernos en su lugar y decirle lo que tiene que hacer. Nos inquietamos tanto por ello que damos el consejo sin que ni siquiera nos lo hayan pedido. Cuando más hagan esto y más observen las consecuencias, menos probabilidades habrá de que lo vuelven a hacer si son inteligentes, si aprenden de la interacción energética, porque en su alma percibirán que incurren en karma.

Ahora bien, puede que la gente nos respete. Me he dado cuenta de que la gente me respeta como Mensajera. Y cuando me piden consejo en lo que respecta a alguna situación humana, siempre les digo: «No les puedo dar ningún consejo, pero pediré que la voluntad de Dios se cumpla en su vida». Si me parece que la persona necesita terapia psicológica, si no sabe por dónde ir y si los maestros me están dando una solución para ella, siempre digo: «No puedo decirle qué debe hacer, pero si yo estuviera en su lugar, haría esto».

Me he dado cuenta de que tengo un impulso determinado, cierta disposición fogosa, una forma determinada de ir por la vida y no permitir que nada me impida lograr mi meta. Pero he conocido a gente que no es así, para mi sorpresa. Personas así se dejan pisotear por la vida. Si les diera mi solución, que es atravesar las cosas con una energía de fuego y conquistar, no serían capaces de hacerlo. Así es que les digo, y lo hago muy enfáticamente: «Como personas somos diferentes. Si yo estuviera en su lugar, probablemente haría algo distinto a lo que usted quiera hacer. Si estuviera en su lugar, haría esto».

Hasta ahí llego con los consejos. Y espero que ustedes no vayan más allá y se apresuren a decir: «Debería usted hacer esto y aquello», porque no pueden decidirlo por otra persona. (Sin embargo, hay veces que los maestros, si se les ha pedido, dan una directriz absoluta, y en esos casos yo simplemente lo traduzco y se lo doy a la personas y le digo: «Esto es lo que dice el maestro»).

Las personas a veces no tienen suficiente conocimiento para saber que deben pedir consejo. Por eso, si creen que alguien necesita ayuda y la persona se siente inquieta, pueden decirle: «¿Me estás pidiendo que te dé un consejo? Si así es, te puedo ofrecer la solución que yo adoptaría». Pero asegúrense de que se lo confirman: «Sí, te lo estoy pidiendo. Dime que debo hacer»; porque de otro modo, ahí es donde cruzan la línea e incurren en karma.

A la gente le gusta su desgracia. Eso es algo que deben aprender sobre la conciencia humana, a la que le gusta su desgracia. Le gusta regodearse en su desgracia. La desgracia es una de las muletas del ego humano. Y a la gente le gusta manipular a otras personas con su desgracia, quejándose de las graves situaciones en las que se encuentra, sintiendo lástima de sí misma. Al hacer que la comunidad se aflija por ellas, personas así pueden hacer a que todo un pueblo sienta lástima por ellas durante toda una vida. Estas personas no quieren sanarse. No quieren descubrir qué es lo que está actuando. Y sienten mucho rencor por cualquiera que llegue con la espada del discernimiento y la verdad para desenmascarar lo que está actuando.

He aprendido los peligros que tiene el dar consejos de una forma muy dura en esta vida. Hay gente que me ha dado algún consejo, que yo seguí de manera implícita porque eran instructores espirituales; y resultó ser un mal consejo que no tenía que haber dado. Pero yo había entregado mi identidad a esas personas, mis facultades para tomar decisiones, mi creencia en mi Ser Crístico, mi capacidad de asumir una postura, de tomar una decisión, aunque fuera un error.

Tomar decisiones es bueno porque se ejerce el libre albedrío. Si uno se equivoca, al menos lo hizo y aprendió del error. Uno puede mantener la cabeza alta y decir: «Con la información que tenía en aquel momento, tomé esta decisión con todo el honor. Fue una decisión equivocada. Aprendí una gran lección a raíz de eso. No lo voy a volver a hacer, y sigo adelante».

Si alguna persona quiere tomar decisiones por ustedes siempre, ustedes le habrán dado el poder de hacerlo. Es como cortarse una parte del cerebro y dársela a su madre, a su padre, a su mujer. Si alguien les pregunta: «¿Qué debería hacer ahora?», el consejo que hay que dar a esa persona es: «Toma tus propias decisiones».

En la actividad hay una estudiante de lo más devoto que lleva muchos años suplicándonos a Mark y a mí que le digamos si debe vender sus propiedades y venirse a The Summit Lighthouse. Esta persona tiene bastantes propiedades. Nosotros le hemos dado soluciones. Ella ha ido y ha hecho lo contrario. Ha vuelto, ha tenido problemas, nos ha vuelto a preguntar. Cada dos o tres meses recibimos una llamada telefónica: «¿Debería vender mi propiedad o no?». Esta persona es un alma muy bella, pero le hace falta ejercer dominio con la llama de la Madre y el chakra de la base de la columna.* Hay tantos efluvios de indecisión que no puede tomar una decisión. Lo mejor para ella es que tome una decisión, aunque sea un error, pero que haga algo.

Por tanto, cuidado con esa tendencia de dar consejos. Protéjanse mucho y tengan mucho cuidado. Y cuidado con hacer caso de los consejos de otras personas a menos que estén seguros. Ejerzan su libre albedrío. Empiecen a sentir sus alas. Empiecen a sentir sus músculos. Sepan quiénes son en su cuerpo, en su mente y en lo que hacen con esos vehículos. Deben tomar sus propias decisiones en la vida. Esa es la única forma de lograr la maestría sobre uno mismo.

Tensión y ansiedad

La eliminación de la tensión de la conciencia propia es el primer paso hacia una integración plena con la Presencia Divina. Tal como pasan los años, también pasan las encarnaciones. Los asuntos humanos con frecuencia enredan, pero la mejor forma de desenredarse y desenredar las energías de uno de los patrones kármicos que regresan para redimirse es mantener un sentimiento de unidad con el Creador y con todos sus hijos creados.

Tensión y *ansiedad*. Anótenlos. Son enemigos del flujo cósmico en su conciencia: ansiedad y tensión. Nos dicen

---

*La indecisión es uno de los abusos en la línea de las seis del reloj cósmico, que está asociada con el chakra de la base de la columna. Véase pág. 355.

que estas dos energías están matando a nuestros ejecutivos en Estados Unidos. La hipertensión es la primera causa de muerte, de fallo cardíaco. Saint Germain dice que la ansiedad y el síndrome de ansiedad deben eliminarse para que podamos precipitar.

La ansiedad es un problema que siempre se produce en las líneas de Virgo y Piscis.* Cuando la luna y el sol se encuentran en esas líneas, cuando se tienen planetas en esos signos y no se tiene la maestría de la llama de la maestría y la justicia Divinas, las energías de ansiedad y tensión se acumulan. Surgen a través del temor, a través de las dudas, a través de registros pasados de fracaso y muerte, los registros de espirales que van hacia abajo, espirales de desintegración. También surgen a través de experiencias pasadas relacionadas con situaciones en las que nos trataron de manera injusta. Si nos aferramos a ese registro, ello va acumulando una ansiedad por temor a que lo mismo vaya a ocurrir otra vez en el futuro, y esa ansiedad se convierte en un campo energético pulsante de sustancia gris que atrae precisamente la injusticia que uno teme que ocurra. Como dijo Job: Lo que más temía me ha acontecido.[5]

A menudo es bueno empezar una sesión de decretos haciendo el decreto, «Despójanos de toda duda y temor». El rayo de fuego blanco con una funda de verde esmeralda entrará a romper la tensión y la ansiedad. Incluso relajará los nudos de los músculos del cuerpo que se tensan por la misma conciencia de temor de las masas. Por tanto, les pido que observen cuando se produzca una acumulación de tensión en su vida. Existen otras formas de combatir la tensión, por supuesto: el ejercicio y el yoga, montar en bicicleta, trotar y cosas así. Pero para obtener una relajación rápida de la tensión no hay nada mejor que hacer el decreto, «Despójanos de toda duda y temor», y ver cómo se nos cae la sustancia.

---
*Véase pág. 355.

3 • La imagen sintética y la imagen real

Siempre veo la acción de la llama de la intrepidez como si fuera un árbol. «Veo los hombres como árboles, pero los veo que andan[6]». Imagínense que son un árbol y que viene el rayo de la llama de la intrepidez, el blanco envuelto en verde. Tan pronto como el rayo toque la corteza de su conciencia, esta se desprende. El rayo desprende la corteza a trozos; y se desprende como si le quitaran la corteza al árbol con la mano. Es como si peláramos una madera que aún tiene la corteza para prepararla y poder utilizarla. Enormes franjas de capas y más capas, producidas por la interacción con la mente de las masas, se desprenden debido a la llama de la intrepidez.

La humanidad está gobernada casi por completo por el temor, la ansiedad, las dudas y la tensión. Pero la gente no se identifica con estos impulsos acumulados tal como son: el temor a una identidad perdida, temor a la separación de Dios que se ha producido; y después las dudas consiguientes de que Dios existe. Y si dudamos de que Dios existe, dudamos de que nosotros existimos. Dudamos de la realidad de Dios, por tanto, dudamos de nuestra realidad interior. Y esa sutil duda produce inseguridad y la incapacidad de tomar una decisión, porque siempre estamos en un estado de duda sobre nuestra capacidad, puesto que dudamos de nuestra realidad.

Las dudas y el temor, la indecisión, la ansiedad, la tensión detienen todo el flujo de suministro. Engendran pobreza. Allá donde vean pobreza (si van a la zona pobre de su ciudad o si trabajan para el Cuerpo de Paz, o quizá trabajen en un gueto o con gente necesitada), la conciencia de pobreza se debe desafiar con la espada de la Madre Divina, al desafiar el núcleo de los impulsos acumulados de duda y temor. Se asombrarán por cómo la vida abundante y el sentimiento de vida abundante simplemente empezarán a fluir en la conciencia de la gente cuando trabajen diligentemente con ella y para ella, desafiando la duda y el temor.

La duda y el temor también producen superstición. La superstición es una de las cosas de las que ha hablado Saint Germain, que dijo que, si todas las energías de la humanidad encerradas en matrices de superstición se liberaran para aplicarse a un potencial constructivo, ello resolvería los problemas de los jóvenes del mundo.[7] Todos tenemos supersticiones, pero estas están más descontroladas en las personas de corta instrucción, entre las masas ignorantes y en las zonas pobres del mundo.

Por desgracia, la enseñanza y el proceso educativo llegan a un punto de rendimientos decrecientes. Para nosotros un cantidad determinada de enseñanza es buena. Sabemos comprender nuestro lenguaje; sabemos leer y entender las Enseñanzas de los Maestros y la profundidad de su pensamiento. Cuando somos demasiado instruidos, la mente carnal se hace omnipotente en el intelecto. Entonces el intelecto considera que puede hacer todas las cosas por sí mismo, porque lo sabe todo y es Dios. Así es la elevación de la mente carnal al punto del chakra de la coronilla; «la abominación desoladora, puesta donde no debe estar».[8] Esa abominación desoladora es nuestra mente carnal puesta en lugar de la conciencia Crística (en el chakra del corazón, en el chakra de la coronilla, en todos los chakras), el lugar santo donde no debe.

Cuidado, pues, con la mente carnal instruida que no tiene el espíritu de la Ley. Esa es la clase de programa educativo que se impone a los niños de esta época. En alguna parte está recibiendo oposición, pero vemos que se va introduciendo. Y la intención de los caídos de criar a una generación de individuos altamente tecnificados y mecanizados que tengan una dependencia total de la ciencia, la estadística o cualquiera que sea su campo, individuos que crean que todas las respuestas en la vida pueden lograrse si el intelecto simplemente sigue buscando la conquista del espacio, el tiempo y la materia. Es algo peligrosísimo.

Al estudiar estas *Perlas,* el maestro me dio estos puntos, diciéndome que quería que se los transmitiera a ustedes. Esa es la diferencia entre venir a Summit University y simplemente leer el material. La mente del maestro es infinita. Tiene infinitos radios que salen del centro. Pero una página es una página plana, nuestra mente es finita, las palabras son finitas y los párrafos son finitos. Incluso en un dictado no es posible dar con la Palabra hablada todos los aspectos de la conciencia con respecto a aquello que el maestro percibe sobre un punto. Por tanto, nuestras conferencia incluyen otros aspectos de la palabra no dicha ni pronunciada para integrar más su conciencia con la enseñanza.

15 de enero de 1975

DESPÓJANOS DE TODA DUDA Y TEMOR

Amada poderosa y victoriosa Presencia de Dios YO SOY en mí, oh inmortal y victoriosa llama trina de Verdad eterna dentro de mi corazón, Santo Ser Crístico de toda la humanidad, amado Arcángel Miguel, amado Ray-O-Light, amada poderosa Astrea, amado Lanello, todo el Espíritu de la Gran Hermandad Blanca y la Madre del Mundo, vida elemental: ¡fuego, aire, agua y tierra! En el nombre de la Presencia de Dios que YO SOY y a través del poder magnético del fuego sagrado del que estoy investido y que estoy cualificando conscientemente con la llama de la intrepidez, yo decreto:

> Despójanos de toda duda y temor, (3x)
> amado YO SOY.
> Despójanos de toda duda y temor, (3x)
> con llama de intrepidez inúndanos.
> Despójanos de toda duda y temor, (3x)
> elimina causa y núcleo humanos.
> Despójanos de toda duda y temor, (3x)
> infúndenos fe nunca antes conocida.
> Despójanos de toda duda y temor, (3x)
> concédenos la libertad del rayo violeta.
> Despójanos de toda duda y temor, (3x)
> en la luz de Víctory sostén nuestro poder.
> Despójanos de toda duda y temor, (3x)
> manifiesta tu deseo por el fuego YO SOY.
> Despójanos de toda duda y temor, (3x)
> ordena la liberación de la Tierra ahora.
> Despójanos de toda duda y temor, (3x)
> asciéndenos a todos hasta ti.

¡Y con plena Fe acepto conscientemente que esto se manifieste, se manifieste, se manifieste! (3x), ¡aquí y ahora mismo con pleno Poder, eternamente sostenido, omnipotentemente activo, siempre expandiéndose y abarcando el mundo hasta que todos hayan ascendido completamente en la Luz y sean libres!
¡Amado YO SOY! ¡Amado YO SOY! ¡Amado YO SOY!

CAPÍTULO 4

IRA Y PERDÓN

En el nombre del Cristo, en el nombre del Espíritu Santo, pido que la luz de diez mil soles atraviese el campo energético de la conciencia del tercer ojo, el tercer ojo y la garganta, la garganta y el chakra del corazón. Pido que la energía se ponga en el fuego. Pido que la luz de diez mil soles rodee la causa y el núcleo de todo lo que es inferior a la perfección de Dios.

Que los fuegos de la libertad del corazón de Saint Germain consuman la causa y el núcleo de toda la oposición a la victoria del alma. Que la luz de la libertad aparezca y que la concentración de la llama violeta en cada corazón sea para la limpieza de los chakras.

Te damos las gracias y lo aceptamos hecho ahora con pleno poder.

Comentario sobre el primer capítulo, 4ª parte

Los médicos que estén iluminados nos dirán que la causa de todos los problemas en el cuerpo físico es el bloqueo de energía que produce lo que llaman tensión. El dolor intenso, los desórdenes y las enfermedades consiguientes son el resultado del corte del flujo de luz desde la Presencia YO SOY. La acupuntura, la sanación por contacto, la reflexología, todo eso está diseñado para eliminar la tensión que causa el bloqueo de los órganos, sus funciones, los músculos, etc.

Este bloqueo de energía es sencillamente la exteriorización de la tensión que existe en el cuerpo etérico, mental y emocional. En casos donde no haya más solución, la sanación de las enfermedades más crónicas con frecuencia puede producirse a través de la eliminación de la tensión al utilizar los métodos mencionados anteriormente y a través de los decretos y la meditación.

El equilibrio del flujo de energía en los cuatro cuerpos inferiores es una ciencia que no se ha explorado realmente. La gente se limita a examinar el plano físico. No toma en consideración el flujo de los 144 chakras, los siete principales, los cinco secundarios y los múltiples puntos para la emisión de energía. Estos son los mismos puntos que se utilizan en la acupuntura y en la curación por contacto. Existe un amplio ámbito de sanación que los Maestros Ascendidos desean abrir y que simplemente exige la consagración de las almas a esta vocación.

Asegúrense de poner este factor de tensión en sus notas sobre la sanación, y comprendan que hay que hacer los decretos por las energías de Virgo y Piscis para despojar a la persona de la duda y el temor. Por tanto, la relajación a través de la recreación debe practicarse; no la relajación por amor al placer o la indulgencia, sino la relajación para la recreación del flujo de energía dentro de los cuatro cuerpos inferiores. Recreación quiere decir acudir a la Fuente para obtener recursos, los recursos de la vida.

Todo el campo de la quiropráctica se inspiró en los Maestros Ascendidos. El ajuste de músculos, tendones y huesos está pensado para relajar la tensión. Cuando estos están en su sitio adecuadamente, la energía fluye. Cuando están fuera de sitio, crean una bloqueo de energía. Mientras que los médicos recetan una pastilla para eliminar el dolor o algún problema en el abdomen, un quiropráctico simplemente ajusta las vértebras.

Por desgracia, necesitamos quiroprácticos porque no hacemos los ejercicios necesarios para mantener nuestro cuerpo en forma. Si no tenemos el tono muscular adecuado, los huesos no permanecen en su sitio. Por eso se diseñó el yoga, para ejercitar el cuerpo, para el flujo adecuado de la energía y para mantener el tono muscular. También hay deportes que pueden proporcionar tono muscular, pero el flujo de la energía se logra muy bien con el yoga, especialmente el hatha yoga.

Los maestros nos advierten de que no nos obsesionemos con el yoga porque nos podríamos centrar demasiado en el cuerpo físico, igual que podemos centrarnos demasiado en él cuando no hacemos más que pensar en la comida, la dieta y todo eso. Sin embargo, cuando cambiamos de dieta, cuando empezamos una forma nueva de comer, una forma nueva de vivir, debemos poner mucha atención en eso durante un tiempo hasta que la cosa se vuelva automática.

Por tanto, con respecto a la tensión, comprendan que al ir caminando por el sendero irán aprendiendo técnicas de todo tipo, tanto de instructores como de su propia experiencia, para eliminar la tensión. Y la tensión es algo que tendremos que combatir siempre que vivamos en un mundo imperfecto, porque nos estamos moviendo en el mar del plano astral, la conciencia de las masas de la humanidad. Eso en sí mismo lo produce, aunque no tengamos ninguna otra causa para generar tensión.

La tensión de tener que equilibrar y manejar la conciencia de las masas causa cierta flexión en los músculos de la psique, igual que se flexionan los músculos para atrapar una pelota, para batear o para jugar tenis. Cierta tensión en el cuerpo física es necesaria para contener el impacto de la energía. También se produce una flexión de los músculos de la mente y de las emociones para lidiar continuamente con la energía de la conciencia de las masas, que en realidad es algo extraño para la psique.

Yo me veo casi continuamente preparada para el siguiente impulso o la siguiente ola de energía de los seres oscuros, igual que estoy preparada para la siguiente ola de luz de las fuerzas de la luz. Nos hacer sentir como vigilantes en el muro las veinticuatro horas del día. Incluso si no hacen eso con su conciencia exterior, con su cuerpo y sus emociones, sí lo hacen porque están siendo bombardeados constantemente con rayos, rayos astrales, rayos psíquicos, rayos mentales y rayos cósmicos.

Nuestro cuerpo está sujeto a factores de todo tipo que nos son desconocidos y el condicionamiento del campo corporal y el campo de los cuatro cuerpos inferiores a esos factores crea tensión. Cuando sentimos el peso de tener que ser quienes sostienen el equilibrio de la energía del mundo, anhelamos estar en un lugar al que poder ir, ese retiro que recordamos porque lo hemos visitado por la noche cuando nuestro cuerpo dormía, ese refugio donde esta presión no existe.

De hecho, esta presión es lo que hace que sintamos el peso del cuerpo. Dicen que la fuerza de la gravedad es lo que hace que sintamos el peso. Bien, es algo más que la gravedad. Es el peso kármico. Es el karma de las masas del planeta. Es el karma colectivo de toda la raza; y debido a que aún formamos parte de la conciencia de las masas, lo llevamos colectivamente. Por tanto, es un peso y es un peso al que estamos tan acostumbrados que algunos de nosotros ni siquiera nos paramos a pensar cómo sería la vida sin todos esos factores que producen tensión.

Hace bastante tiempo, uno de los maestros dio un dictado sobre el peso del cuerpo físico y el hecho de que llevamos con nosotros el cuerpo a todas partes, y nos dijo que no comprendemos lo que sería tener un cuerpo de luz y tener la sensación de ligereza y movilidad.[1] Fue durante ese dictado que, por primera vez, sentí de verdad lo que significaba ese peso para mi cuerpo. Aún no me había sintonizado con ese peso, pero una vez que se hizo la observación, ciertamente lo sentí. Y cuando más mayores nos hacemos, más peso sentimos hasta que vemos cómo la gente muy mayor tiene dificultad en mover el cuerpo.

Es un peso kármico, sin duda; el peso kármico, el subconsciente de las masas, el campo electrónico del planeta. Hemos venido a todo esto, hemos aprendido a vivir en ello y por tanto estamos aclimatados. Pero que nadie lo dude, esto produce tensión. Cuando los maestros nos dicen que no utilizamos ni una décima parte de nuestra capacidad mental, yo diría que uno de los motivos es el peso kármico, el peso sobre la mente y las emociones.

La llama violeta nos da la alegría y el optimismo de sentirnos ligeros porque pasa y consume gran parte de ese peso kármico. Va creando un campo energético como el de un retiro, de modo que cuando estamos en la llama violeta sentimos cómo será cuando estemos libres de los factores de esta Tierra.

«No se ponga el sol sobre vuestro enojo»

El hecho de que hayamos tenido problemas con algunas personas no significa que debamos seguir teniéndolos. La experiencia debería enseñar al alma a relajarse y verse libre de los estados de conciencia opresivos. Como una cortina que tapa el sol, un sentimiento de ira o rencor contra cualquiera es de los más indeseable. Por tanto, el apóstol dijo: «No se ponga el sol sobre vuestro enojo».[2]

Cuando nos dormimos, que es lo que significa el sol poniente, no tenemos control sobre nuestro cuerpo astral. Si nos vamos a dormir con ira o con un sentimiento de rencor, aunque sea subconsciente, ese sentimiento se moverá con libertad en nuestro cuerpo astral. Y este se mueve con libertad en el plano astral, reforzándose y amalgamándose con otros impulsos acumulados de odio y quizá causando un gran dolor a otras partes de la vida.

Si sentimos rencor hacia una persona y vemos a esa persona en su mente justo antes de quedarnos dormidos, estaremos practicando magia negra. Nuestro cuerpo astral irá a poner todo el peso del impulso de esa energía sobre esa persona. La gente que muere mientras duerme con frecuencia es víctima de un asesinato psíquico provocado por el odio de otras personas.

Marilyn Monroe fue víctima de las fantasías sexuales de millones de hombres. El peso que tenía encima era tan grande que noche tras noche no podía dormir. Decidió hacer dos cosas: que le dieran masajes y tomar pastillas para dormir. Nadie sabe qué fue lo que provocó su muerte en realidad. Pero muriera de lo que muriera, sufría por las proyecciones energéticas de las masas debido a los pósteres, las fotografías y las imágenes de las películas, y la proyección de la energía sexual fue tan intensa que es posible que provocara que desencarnara.

Cuando las personas se vuelen personajes públicos, cuando están en la conciencia de la humanidad, son dianas de las energías de las masas y, de acuerdo con su capacidad de reunir energía del alma y la luz de la Presencia, así serán capaces de soportarlo. Algunas no pueden, por lo que recurren a varias cosas. El alcohol y la comida en exceso son formas utilizadas para equilibrar el peso del mundo. La gente come mucho, bebe mucho alcohol, fuma, toma drogas, todo lo cual tiende a adormecer a la persona para que no sea sensible a estas proyecciones psíquicas y energías astrales.

Algunas personas tienen una cantidad tan grande de este tipo de energía que gira en torno a ellas que, para poder escapar, aíslan las sensibilidades del alma comiendo en demasía. La comida excesiva las hace engordar y la grasa en sí misma se convierte en un aislante. Personas así son opacas, insensibles. No son sensibles hacia los maestros, sino que sobreviven en el mundo donde las energías son tan pesadas que se permiten esas cosas como mecanismo de defensa del ego.

El sexo también se convierte en un medio para liberar tensión y para crear un campo energético que conduzca a la relajación, a la superación de las proyecciones, etc. Todos los ciclos locos de la raza, del vivir humano, en realidad son formas de lidiar con problemas de tensión, de karma de las masas y con la conciencia de las masas.

Cuando nos encontramos en el sendero espiritual y renunciamos a esas cosas, nuestra alimentación se hace más ligera y recuperamos nuestras sensibilidades. Y no solo somos sensibles a la luz y a los maestros, también lo somos a la conciencia de las masas. Si no tenemos equilibrio y cordura, empezamos a pensar que estas proyecciones son invención nuestra y que nos estamos volviendo locos. Mucha gente que está loca lo está por no haber podido resolver este problema de la tensión. Un ataque de nervios después de otro puede dar finalmente como resultado una doble personalidad y otros desórdenes. Si la gente hubiera aceptado las Enseñanzas de los Maestros Ascendidos hace mucho tiempo, no tendríamos todos estos problemas.

En Estados Unidos hay una gran incidencia de alcoholismo, así como en otros países. Se trata de una forma más de escapar de la tensión y la confrontación con el karma que uno ha de afrontar cuando está sobrio. Uno puede continuar viendo cómo la gente intenta circunvalar la energía y nunca acabar.

Cuando vayan a dormir y tengan cuentas pendientes con su prójimo (cuando no hayan perdonado, cuando se sientan molestos por lo que hizo su jefe ese día), estén seguros de que serán responsables kármicamente de todo lo que ocurra durante el sueño, de todo lo que pase por sus cuatro cuerpos inferiores. Si lo que pase por ustedes no es de la luz y no tienen el control sobre ello, la entidades, los caídos y los impulsos de la conciencia de las masas multiplicarán cualquier cosa. Y por haber tenido algo que ver con que se produjera esa energía, serán responsables quizá de un múltiple asesinato, de tumultos, de una guerra o de cualquier otra cosa.

Y por si eso fuera poca responsabilidad, Gautama Buda o uno de los Budas que estaba preparando a discípulos dijo lo mismo. Puso a cada uno de ellos en una celda a meditar a solas durante varios días. Y todos entraron a meditar con sinceridad, con la determinación de hacerlo de la forma más elevada que supieran. Cuando salieron, él acusó a cada uno de ellos, muy enojado por haber provocado una peste en su país, una hambruna en otro país, un terremoto aquí, etc. Y todos se quedaron boquiabiertos.

Él les explicó que los patrones subconscientes de sus motivos no habían sido ajustados o purificados y, por tanto, esos factores fueron amplificados por la luz que atrajeron durante la meditación; la luz amplificó la oscuridad que había en ellos. Esto corresponde a la frase de Jesús: «Si la luz que en ti hay es tinieblas, ¿cuántas no serán las mismas tinieblas?».[3] Por tanto, su oscuridad fue multiplicada por la luz durante su meditación y proyectada al campo del planeta, por lo que incurrieron en una responsabilidad kármica.

En estos momentos esto es demasiado para nosotros, pensar que quizá, durante una meditación, debido a nuestra impureza, podríamos proyectar impureza al planeta. Pero al menos podemos ser responsables de nuestros pensamientos y sentimientos antes de acostarnos. Al menos podemos ser responsables de hacer a diario la llama violeta y los decretos a Astrea, necesarios para limpiar constantemente los impulsos acumulados del subconsciente a los que toca transmutar, para no enviar en la medida de nuestra capacidad, energías al mundo que sean utilizadas, mal utilizadas y multiplicadas por la mente de las masas.

Por tanto, cuando nos acostamos por la noche debemos habernos reconciliado, al menos de corazón si no podemos contactar a la gente y arreglar las cosas en persona. En el corazón debe haber control Divino y el flujo del amor. Si nos hemos enojado durante el día, es necesario que invoquemos la ley del perdón, que pidamos que esa energía sea transmutada y que el registro se selle, para que no dañe a ninguna otra parte de la vida. Hay que irse a la cama después de haber hecho borrón y cuenta nueva, sintiendo que hemos hecho todo lo posible, que hemos hecho todo lo que estaba en nuestras manos, que no hemos dejado nada sin hacer en lo que se refiere a la frecuencia o la vibración; y podemos esperar que al día siguiente arreglaremos otras cuentas.

Hay un ángel registrador que escribe todo lo que ocurre durante el día. Por último, antes de que nos acostemos, el ángel debe decidir qué se hace permanente y qué se hace semipermanente. Si invocamos la llama violeta y la ley del perdón, pueden borrarnos del cuerpo etérico, antes de que se conviertan en un registro permanente, las situaciones conflictivas y las que han tenido reacciones discordantes hacia otras partes de la vida.

Si no arreglamos las cuentas, el registro se hace más profundo. Es casi como si la pluma del ángel pudiera penetrar en el papel una fracción de milímetro y, si la cuenta no se ha saldado, la marca es más profunda. Pero si se ha saldado y la llama ha pasado por ella, solo se convertirá en un registro permanente si volvemos y continuamos haciendo lo mismo, una y otra vez.

Si continuamos repitiendo el mismo error y pedimos perdón constantemente, al cabo de un tiempo la Gran Ley dice: «Debemos negar el perdón y hacerte responsable de todo lo que has hecho mal en este sentido, porque no se ve que hayas hecho uso de la misericordia de la Ley y de la llama del perdón». En ese punto, lo que es casi como una filigrana pasa a estar escrito como un registro; y entonces, por supuesto, es mucho más difícil de eliminar. Esto ocurre de verdad.

Por tanto, es importante que no dejemos que se ponga el sol sobre nuestra ira, que comprendamos todas las implicaciones de esa frase y que no permitamos que nos engañen, porque el resto de los días que nos quedan en este planeta ya sea un año o cincuenta años, deberían ser preparatorios para nuestra ascensión.

Ninguno de nosotros sabemos cuánto tiempo estaremos aquí. El hecho de que seamos jóvenes no significa que vayamos a estar aquí para siempre. Como saben, circunstancias, accidentes, karma, cataclismos, enfermedades, siempre han producido transiciones inesperadas en el pasado y lo harán en el futuro. Por tanto, nuestros días están contados y debemos aprovechar cada uno de ellos. Arreglar las cosas cada día es una forma de eliminar la posibilidad de incurrir en más karma.

La ira justa

Hay una cosa llamada ira justa, pero está relacionada con el principio, no con la persona. Cuando los principios se violan debido a las actividades engañosas de los espíritus oscuros, el sentimiento de ira que uno tenga —como el del Maestro Jesús cuando echó a los cambistas del templo—[4] debería ser contra los espíritu que engañan a los hombres y les quitan la plenitud de su vestidura de luz sin costuras* y no contra las víctimas inocentes del infortunio.

Muchas veces se podrán encontrar discutiendo con un ser querido —un amigo de lo más querido, un miembro de su familia— y, por algún motivo, es posible que no puedan dejar de discutir. Siguen discutiendo como yendo en círculos y la cosa se hace interminable. Ya en la discusión, empiezan a hablar más deprisa, empiezan a levantar la voz y habitualmente esto lleva a una experiencia muy desagradable. Cuando todo ha pasado, desean que nunca hubiera ocurrido.

Bien, esto no es necesario si la gente entiende que no estamos discutiendo unos con otros. Estamos discutiendo con un enemigo común: la mente carnal, los caídos, los desencarnados, los demonios que se mueven en el plano astral

---

*Mediante el uso de las energías de Dios, el hombre teje a diario su vestidura sin costuras de luz, una vestidura que envuelve el cuerpo etérico y es el vehículo en el que el alma puede regresar a Dios. Esta vestidura de luz también es conocida como el cuerpo solar imperecedero.

e intentan hacer que se equivoquen para que empiecen una discusión y para ellos punzar su aura y robarles la luz.

Se darán cuenta de que cuando discuten así no son ustedes mismos, el amigo no es él mismo, y todo ello es absurdo. Esto es porque está fabricado y elaborado por los caídos, por los demonios y su proyección de ideas, sentimientos de rencor, sentimientos de ira que ustedes amplifican. Hasta que se vuelvan astutos no se darán cuenta de que esos pensamientos no son suyos, que esos sentimientos no son suyos. Están fabricados, elaborados y proyectados hacia ustedes.

La ira justa es algo muy distinto. En realidad, no es ira. Es un brote de energía, una determinación y un impulso de esa energía para revertir el impulso acumulado de la fuerza oscura, para desafiar al acusador de los hermanos, para desafiar al desafiador de nuestra paz y nuestra armonía, para defender a la persona con quien estamos discutiendo, para defender su conciencia Crística contra la intromisión del intruso.

Por ejemplo, es facilísimo molestarse con los niños o con la gente que nos rodea por algo que hacen. Es facilísimo caer en la trampa de pensar que se están comportando mal.

Cartas del diablo a su sobrino, de C. S. Lewis, es un importante elemento añadido a este curso de psicología. Se trata de la versión de C. S. Lewis sobre cómo funciona la jerarquía de los ángeles caídos, sus complots y sus deliberaciones, para ir contra la conciencia y las actividades diarias de quienes intentan vivir la vida de un verdadero cristiano. Los ángeles caídos están decididos a posponer la búsqueda de la luz por parte del individuo.

Este es un aspecto de la psicología del que deben ser conscientes porque controla casi al cien por cien de las psiques de la población. Es energía, influencia, conciencia más allá del campo energético de uno mismo. Estos espíritus son quienes engañan a los hombres y les quitan la plenitud de su vestidura de luz sin costuras. Nuestra energía debería lanzarse en esa dirección y no hacia víctimas inocentes. Quizá no sean del todo inocentes. Quizá en su cinturón electrónico tengan un poquito de sustancia de discusiones, de temor, de avaricia o de odio y por eso atraen esta energía. Sin embargo, cuando miramos toda la realidad con respecto a las fuerzas que hay involucradas, la mayoría de la gente es bastante inocente. Las personas no ven, no saben. Son ignorantes. Son ingenuas.

Dios como una personalidad

Cuando los hombres llevan el atuendo de la avaricia o el egoísmo, cuando se cubren con la vestimenta de las idiosincrasias sin sentido, cuando dan forma a su vida a partir del capricho en vez de la ley cósmica, cuando se imaginan que Dios es totalmente impersonal, carente de cualquier interés personal en ellos, le cierran la puerta a la alegría y a la realidad.

Al mirar lo que Kuthumi enuncia aquí, vemos qué es lo que nos quita la alegría y nuestra realidad: la avaricia, el egoísmo, las idiosincrasias sin sentido (incapaces de renunciar, sino que las cosas siempre son a mi manera o a tu manera y entonces tenemos una discusión), el moverse por capricho (los vientos que soplan de la conciencia humana), y pensar que Dios es totalmente impersonal.

Cuando Dios se convierte en la ley impersonal o en un vapor impersonal, un espíritu vaporoso que lo llena todo, no hay ninguna imagen a la que nos podamos atar que nos haga sentir que le interesamos, que está en contacto con nosotros de manera personal. No importa cuánto nos digamos a nosotros mismos que creemos y que sabemos que Dios se interesa por nosotros, siempre existe el plano de conciencia en el que tenemos cierto escepticismo y la perspectiva científica que nos dice que Dios no es personal. Ahora bien, si Dios no es personal, no pueden existir Maestros Ascendidos ni ángeles ni elementales; y eso nos hace desaparecer a nosotros también porque somos Dios en manifestación. Nosotros somos Dios personificado. Así es que esto es realmente una filosofía nihilista.

Tengo una hija pequeña de segundo curso. Anoche me dijo que en la escuela tuvieron a una profesora sustituta y que esta profesora les leyó una historia sobre brujas. En la historia de brujas se menciona a los ángeles, y la profesora dijo: «Yo no creo en los ángeles. Los ángeles no existen». Y mi hija pequeña se levantó y dijo: «Yo creo en los ángeles». Entonces la profesora dijo que la historia era mentira y que los ángeles no existen.

Así es que mi niña dijo: «Pues yo creo que usted está mintiendo cuando dice que los ángeles no existen». Y la profesora le respondió algo. Mi niña dijo algo más, queriendo decir que sabía que los ángeles sí existen. Y entonces dijo: «Dejemos de hablar de esto para no discutir». Y la profesora dijo: «Estoy de acuerdo».

Nunca se sabe qué se les pega a los niños, pero aquello fue un desafío muy acertado a la mentira. Mi hija no estaba enojada con la profesora. Creyó necesario decir la verdad en la clase. No tuvo miedo de hacerlo. No tuvo miedo del hecho de que la profesora era una adulta y ella una niña. Y después se dio cuenta de que la situación no debía írseles de las manos y que había que dejar de hablar de eso.

Sin embargo, esta mañana estaba yo pensando que he oído a mis hijos llegar a casa otras veces y decir que los profesores han dicho que los ángeles no existen. Esto es una interferencia con la libertad de culto. Tanto el Antiguo como el Nuevo Testamento de la Biblia están llenos de historias de ángeles y para mí, negar a un ángel es un pecado tan grande como negar a los profetas, a Jesucristo, a María o a cualquiera de las historias bíblicas. Y pensé: «Bien podría montar un escándalo en la escuela, llamando y diciendo: "Me opongo a que los profesores les digan a mis hijos que los ángeles no existen"». Pero la verdad es que no me hace falta hacerlo, porque parece que mis hijos están manejando la situación muy bien por sí solos. Pero una se pregunta en qué punto debe empezar a protestar.

Claro que la mujer no se molestó en decir que tampoco creía en las brujas, ya ven, porque supuestamente todo el mundo sabe que las brujas no existen. Pero los niños no lo saben. Así es que les dijo que los ángeles son cosas de cuentos de hadas.

Por eso necesitamos nuestra propia escuela Montessori. No es específicamente por lo que dijo la profesora. Me molesta que cualquiera se meta en este círculo santificado de conciencia que yo, como madre, tengo derecho a transmitir a mi hija, que ustedes, como padres, tienen derecho a transmitir a sus hijos, y que invadan ese ámbito que es sacrosanto. Y cuando digo que me molesta, se trata de una ira justa.

Yendo un pasó más allá, cuando tenemos una religión controlada por el Estado, al final sustituyen la religión con el propio Estado. Ponen a un títere; ponen los grandes carteles de Karl Marx, Lenin, Stalin o quien sea, y estos se convierten en los salvadores del pueblo. El Estado promete al pueblo todo lo que este necesita, un sustituto de la salvación, un sustituto del ritual. Las experiencias místicas de la iglesia son sustituidas por los desfiles, los eslóganes y el fervor de los mítines y las reuniones políticas. Pronto esto destruye el aspecto metafísico del individuo y, en el proceso, destruye al individuo también.

De eso trata Jung en *El yo sin descubrir*. Ahí Jung habla del Estado moderno como sustituto de la religión, que es un arquetipo en el alma. Una de sus diferencias con Freud es que Jung dice que todos los hombres tienen una propensión interior a querer alcanzar lo metafísico, lo que hay más allá de lo físico, y esa parte de la necesidad subconsciente de la psique es tener algo más allá de lo tangible.

Cuando el Estado viene y destruye esto, divide a la personalidad. Aparte de que asume el papel de la religión para el individuo, el Estado ha privado al individuo de este componente de la conciencia muy necesario y lo ha sustituido con las energías muy oscuras de la mente carnal (a las que Jung llama la sombra) la locura y la obsesión de la turba.

Los espíritus que engañan a los hombres y les quitan la plenitud son los mismos que destruyen la imagen del Dios personal. Allá donde se ataca al individuo, se ataca a Dios. Allá donde se ataca su identidad, su identidad única, su Presencia YO SOY está siendo negada, así como su oportunidad de unirse a esa Presencia.

Cuando se convierten en una estadística, ya no son individuos. Una estadística no es real. Una estadística es una norma de un millón de personas. Pero no se pueden encontrar a un individuo que sea una norma de todo. Una estadística nunca se cumple en una identidad. Pero la ciencia ha sustituido al individuo con la estadística y dice: «De acuerdo con las estadísticas, su modelo de comportamiento debería ser este y aquel». Por tanto, nos analizan clínicamente sobre la base de que somos una estadística en vez de ser un individuo.

Freud mantuvo un interés personal por sus pacientes. Pero los que vinieron después se volvieron más freudianos que el propio Freud y se volvieron tan rígidos que ignoraron por completo al individuo y psicoanalizaron a una estadística. Este es el gran problema que tiene la psicología hoy día.

Cada persona es una psicología nueva, una psique nueva, un grupo de karmas nuevo, y las líneas de las estadísticas solo pueden llegar hasta cierto punto. Si permiten que vayan demasiado lejos, destruirán al individuo. Cuando se destruye al individuo, se destruye a Dios; recuerden esto. Dios solo puede realizarse a través del individuo. Ustedes son la personificación de la llama Divina. Son la individualización de la llama Divina. El intento de convertirlos simplemente en alguien más perteneciente a las masas es la manera, la manera sutil que tienen los luciferinos de destruir a Dios en el planeta.

Nuestra lucha es una lucha por el individualismo, pero no un individualismo que sea rebelión contra la ley de Dios. Lucifer luchó por su individualismo, pero fue demasiado lejos. Se vio a sí mismo como un individuo independiente de Dios, desafiando a Dios, pensando que podía hacer las cosas mejor que Dios. Con la individualización, nuestro propósito es la integración con la llama Divina, realizar a Dios. Así es que incluso el individualismo se ha empleado incorrectamente.

> En esta serie llegamos a inundar el alma, la mente, la conciencia y el ser del hombre con una percepción que rompe las cadenas que han creado circunstancias de infelicidad y tensión. Deseamos restaurar los límites del templo de Dios, reafirmar el dominio del individuo sobre su propia vida, ayudarlo en su búsqueda de la realidad y garantizarle nuestra presencia viva en el universo como su hermano y su instructor. Tal como nosotros representamos a Dios, él también puede.

Ahora comprenderán esa última frase un poquito mejor: Puesto que los Maestros Ascendidos son la plenitud de la llama Divina encarnada, ellos desean que ustedes también lo sean. Y cuando dicen «él también puede», están pronunciando una oración dirigida a Dios Todopoderoso porque ven lo que le está llegando a la raza; ven lo que le está llegando a la humanidad.

> Para quien está aprendiendo a comprenderse a uno mismo, el mundo es una *stella nova* [estrella nueva]. Cada día es una amanecer refrescante. El alma cansada se deshace del falso sentimiento de frustración y al fin abre los ojos para contemplar la realidad. Desde el principio y a lo largo

de los tiempos de instrucción, Dios ha buscado la gradual y permanente elevación de todos sus hijos hacia la visión sana del hombre divino pleno: el Yo Real.

Estad en paz en Dios.

Con amor, YO SOY,
Kuthumi

No existe la paz fuera de Dios. No existe la paz en ser el yo irreal, porque al hacer eso estamos siendo el Dios irreal, estamos negando a Dios, que es la realidad de nuestra persona. Dios quiere elevarnos a nuestro Yo Real. Ese es el deseo de Dios. Y sabiendo que Dios desea eso, los maestros han aparecido para dar esta enseñanza.

Preguntas y repuestas

¿Tienen alguna pregunta sobre lo que hemos tratado en este curso hasta el momento?

Estudiante: Acerca del Dios personal, ¿usted considera que sea la Madre?

ECP: A la Madre la denominamos la personalidad personal de Dios, pero Dios también está personificado como Padre, como Hijo y como Espíritu Santo. Distintos aspectos de la personalidad se unen a aspectos de la impersonalidad.

El aspecto más personal de nuestro ser es la Madre. En el estudio de psicología observarán que es la primera imagen que tenemos. La primera percepción que tenemos de algo aparte de uno mismo es la madre, y esa imagen se conserva para siempre como el elemento de Dios más vívido. Y cuando manifestemos la totalidad de eso, seremos la mayor personalidad personal de Dios para todas los aspectos de la vida.

Los hijos y las hijas de Dios son personalidades impersonales; el Espíritu Santo es la impersonalidad personal. Y Dios como Padre, aunque está considerado como la impersonalidad impersonal, es una personalidad, aun siendo impersonal.

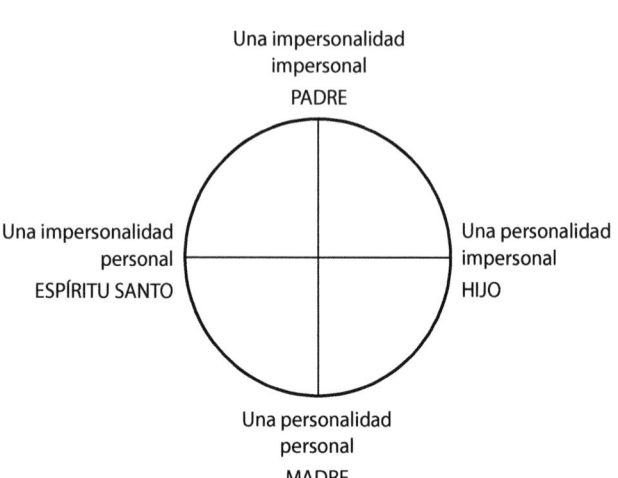

Las cuatro personalidades de Dios

Dios como Padre está un poco alejado, un poquito más arriba en la montaña que nosotros. Él personifica la Ley y la Ley es impersonal; sin embargo, nos podemos identificar con la figura del Padre. Pero él siempre está un poquito alejado, a un paso de la Madre. Y así debe ser, porque esa es la ley de los campos energéticos. Al ser un poquito menos personal, puede ser un poquito más estricto, más disciplinado. Puede hacer cumplir la Ley y nosotros necesitamos eso, necesitamos la figura del Padre.

Estudiante: Cuando invocamos la luz con decretos y no tenemos la conciencia limpia de ira, rencor o malos sentimientos, ¿atraeremos estas cosas?

ECP: Sí. No es bueno empezar a hacer decretos a voces cuando estamos enojados. Si se siente atrapado en una marea de ira, no empiece a hacer decretos. Una marea es una red energía flotante masiva que se mueve por el cielo del astral y que se conecta con un vórtice de irritación suyo y, de repente, usted tiene un estallido de ira.

Al contrario, hay que decir: «*En el nombre del Cristo, llamo a los Elohim para que atrapen esta energía*». Hay que respirar profundamente, sentarse en tranquilidad, guardar silencio. Debemos alejarnos de las personas a las que estamos gritando o con las que estamos teniendo una confrontación. Hay que marcharse a una habitación en silencio. Hay que calmarse y empezar a hablar despacio y de manera deliberada, porque hablando despacio se controla la ira; y decimos: «*YO SOY un ser de fuego violeta, YO SOY la pureza que Dios desea*».

Claro está que hay que querer ser ese ser. Hay que tener suficiente control sobre uno mismo para querer superar este impulso acumulado. Debemos ver cómo nos atraviesa la llama violeta. Con la respiración profunda o haciendo los ejercicio de respiración de Djwal Kul,[5] sentiremos que empezamos a restablecer las normas. Se calmarán las suprarrenales, la tensión bajará, el corazón se calmará, todas las cosas que se ven afectadas por esa marca. Y hay que dejar que la llama violeta empiece a fluir despacio.

Entonces, cuando sintamos que todo está bajo control, diremos:

> *En el nombre del Cristo, invoco la ley del perdón por la interrupción del flujo de mi armonía. Que el flujo se restablezca. Llamo a los grandes Elohim para que atrapen esa energía de modo que no pueda afectar a ninguna otra parte de la vida. Llamo a las huestes angélicas para que tomen esa sustancia, la rodeen, la purifiquen con su causa y núcleo. En el nombre del Cristo, desafío a todas las entidades, los desencarnados, los caídos, la conciencia detrás de esta marea, este impulso acumulado de ira. Llamo a las huestes de luz para que los aten y se los lleven del campo energético de la Tierra, del campo energético de mi conciencia y de todos los que están en peligro a causa de ellos.*

Y cuando haya recuperado la paz, entonces puede empezar a hacer decretos; haga Astreas y llama violeta.

Se puede decretar con fanatismo, lo he visto. Y eso es la sentencia de muerte para la cultura de los Maestros Ascendidos. El frenesí fanático del celo religioso, el odio de la derecha, el odio de la izquierda, el decretar para vengarse de alguien, el decretar para invocar la energía de los dioses sobre los enemigos, todo eso está muy mal.

Es muy malo para nuestro karma; es malo para la energía del planeta; es malo para la imagen de las Enseñanzas de los Maestros Ascendidos. Es una energía atractiva y la gente la captará, y pronto nos encontraremos con que tenemos un movimiento de histeria en masa.

Por tanto, hay que tener cuidado. Por ejemplo, uno puede hacer «revertid la marea» con mucha determinación,* pero sin emoción. Recuerde, Dios es quien revierte la marea, no usted haciendo el decreto para revertir la marea con emoción.

La Palabra hablada es una ciencia y se necesitan años en aprender realmente todos los usos de la energía y el poder a través de los chakras.

Estudiante: Hemos hablado de la lástima y me pregunto si cuando alguien se nos enfrenta y nos dice que un amigo nuestro, alguien cercano, está haciendo esto y aquello…

ECP: ¿A qué se refiere cuando dice esto y aquello? ¿Algo malo?

Estudiante: Algo negativo, una mala espiral. Y en un sentido es cierto. Si se lo defiende, ¿sería eso lástima con la espiral negativa?

ECP: Bien, no se defienden las acciones de la persona, se defiende su derecho a ser un vencedor; se defiende su derecho a

---

* "Revertid la marea" es un decreto que invoca a las huestes celestiales para que hagan retroceder a las fuerzas negativas de la oscuridad o a las que son peligrosas para la vida, ya sea a escala personal o planetaria. Véase decreto 7.05 en *Oraciones, meditaciones y decretos dinámicos para la transformación personal y planetaria*.

ser el Cristo. Si usted sabe que esa persona está tratando, pero ha caído en un momento de debilidad, puede decir: «Conozco a esta persona. Sé que está avanzando en el sendero espiritual. Da la casualidad de que esto es una debilidad que tiene. Desde luego que no estoy defendiendo su debilidad o sus acciones, pero creo que merece la oportunidad de ser un vencedor». Y podría decir: «Le he llamado la atención por esto» o «Voy a llamarle la atención».

Pero lo que hay que decirle a la persona que le informa del hecho a usted es: «¿Por qué no rezas conmigo por esta alma?». Si le dice eso a alguien, puede que comprendan que eso es lo que deben hacer. Y pueden dar ejemplo diciendo ahí mismo: **«En el nombre del Cristo, rezo por el alma de tal persona, para que consiga la victoria en este ámbito»**. Y quizá la persona le acompañe en la oración.

Luego está la situación cuando la gente dice: «Pues yo dejé de ir a la iglesia hace veinte años por todos los hipócritas que había, toda la gente que había y que en realidad no estaba practicando el cristianismo». Eso en sí mismo es idolatría.* Como dijo Jesús: «¿Qué a ti? Sígueme tú».[6] No hay que ir a la iglesia para estar con o sin hipócritas. Se va a la iglesia a adorar la llama. Hay que tener los ojos cerrados. No hay que mirar quién está y qué hace la gente durante la semana. Sin embargo, eso es lo que dice mucha, mucha gente.

Por supuesto, cuando el ministro se comporta mal, echa leña al fuego y la cosa se convierte en un fracaso, el formar parte de un grupo de gente donde todos viven contrariamente a lo que predican. Pero no podemos rebelarnos solo porque la gente no esté a la altura de la enseñanza. Debemos comprender que la enseñanza es más que un mal ejemplo o el fracaso de una persona.

Cuando atribuimos una importancia tan grande a las

---

*En un amplio sentido, idolatría es poner la fe en cualquier manifestación externa en vez de hacerlo en el espíritu de Dios.

imperfecciones, a los malos ejemplos y a las faltas, estamos siendo idólatras. Aprovechamos la oportunidad para condenar algo fuera de nosotros mismos porque, en realidad, condenamos nuestras debilidades y nuestros defectos. Aprovechamos la oportunidad de que alguien se comporta mal para decir: «Qué cosa tan mala», y esto nos libera de la autocondenación, que ya no podemos soportar y para la cual debemos encontrar un objeto.

Esto ha sido un problema, especialmente en las actividades de los Maestros Ascendidos, el condenar a las personas y el decir constantemente: «Pues si una persona no está a la altura de la enseñanza, la enseñanza debe estar mal». Por tanto, no se tome a sí mismo demasiado en serio. No se tome sus fracasos demasiado en serio. Tómeselos con la suficiente seriedad para corregirlos, pero no con tanta como para destruir la oportunidad de evolucionar. Cuando uno se pone demasiado serio por los defectos y las debilidades de la gente es cuando pierde la perspectiva y descubre que durante todo ese tiempo era un idólatra.

El problema es que siempre podemos ser permisivos con nuestros propios defectos, con nuestras debilidades y nuestras flaquezas. Entendemos por qué no hacemos esto que debemos hacer. Así somos. Hemos sido así durante mucho tiempo y nos hacemos esas concesiones.

Pero llega alguien, alguien perfecto en esa área, y miramos y vemos eso en nosotros y, ah, es horrible. Bien, esa persona tiene otro defecto. Claro está que esa persona que llega no se da cuenta de que se trata probablemente de otra capa del cinturón electrónico por una encarnación pasada en la que tenía esa idéntica debilidad, porque si no tuviera eso, no lo vería en nosotros y no le molestaría.

La gente tiene ciertas densidades o ciertos problemas que yo solo veo cuando estoy en la conciencia de los maestros para corregirlos o cuando estoy en la conciencia Crística. Como persona, nunca lo veo. No me molesta. No me perturba porque no hay nada en mí que lo exponga o atraiga a no ser que esté en mi rol como instructora.

Encuentro que los maestros me utilizan continuamente para llegar a áreas de la conciencia de la gente que yo ni siquiera sé que existen. A veces hago lo que considero un comentario muy inocente o le pido a alguien que haga algo y se me derrumban, se rebelan, lloran y causan problemas de todas clases, y yo no entiendo qué pasa. Cuando ocurre esto comprendo que la pequeña frase que dije fue a pinchar un nido de avispas o ese sector de la conciencia que el maestro quería que se viera y se superara. Y yo siempre digo: «Bueno, si hubiera sabido que iba a crear este problema, nunca lo habría dicho». Pero por suerte no lo sabía, porque habría estropeado lo que el maestro quería lograr.

A veces una es utilizada como catalizador para que la gente se afronte a sí misma. A veces una lo hace inocentemente, a veces en el papel de instructora y a veces una se encuentra en esa situación porque hay algo interior que lo saca a la superficie en una misma y en ellos, y eso crea la confrontación, que es más como una situación kármica.

16 de enero de 1975

YO SOY LA LLAMA VIOLETA

En el nombre de la amada, poderosa y victoriosa Presencia de Dios, YO SOY en mí, y de mi amado Santo Ser Crístico, invoco a los amados Alfa y Omega en el corazón de Dios en nuestro Gran Sol Central, amado Saint Germain, amada Porcia, amado Arcángel Zadquiel, amada Santa Amatista, amados Poderosos Arcturus y Victoria, amado gran Consejo Kármico, amado Lanello, todo el Espíritu de la Gran Hermandad Blanca y la Madre del Mundo, vida elemental: ¡fuego, aire, agua y tierra!

Para que expandan la Llama Violeta dentro de mi corazón, purifiquen mis cuatro cuerpos inferiores, transmuten toda la energía mal cualificada que yo haya impuesto alguna vez sobre la vida y destellen el rayo curativo de la misericordia por toda la Tierra, los elementales y toda la humanidad, y respondan a este mi llamado infinitamente, de inmediato, y para siempre:

> YO SOY la Llama Violeta
> en acción en mí ahora.
> YO SOY la Llama Violeta
> solo ante la Luz me inclino.
> YO SOY la Llama Violeta
> en poderosa Fuerza Cósmica.
> YO SOY la Luz de Dios
> resplandeciendo a toda hora.
> YO SOY la Llama Violeta
> brillando como un sol.
> YO SOY el poder sagrado de Dios
> liberando a cada uno.

¡Y con plena Fe acepto conscientemente que esto se manifieste, se manifieste, se manifieste! (3x), ¡aquí y ahora mismo con pleno Poder, eternamente sostenido, omnipotentemente activo, siempre expandiéndose y abarcando el mundo hasta que todos hayan ascendido completamente en la Luz y sean libres!

¡Amado YO SOY! ¡Amado YO SOY! ¡Amado YO SOY!

CAPÍTULO 5

EL FUEGO DE PROPÓSITO CÓSMICO

Comentario sobre el segundo capítulo, 1ª parte

A quienes han examinado las cumbres del mundo:
La felicidad que se siente cuando el flujo de la energía propia se dirige hacia el propósito sincero es una expresión de armonía universal. En su búsqueda por comprender su propio ser, los hombres deben ver que Dios ha implantado su propósito en ellos igual que en la naturaleza. Cada semilla produce según su clase, cada criatura se expresa según su propio patrón interior. Siendo el hombre un agente libre, también debería entender el significado de la libertad al ejercer el libre albedrío.

Meditemos un momento en este concepto del propósito implantado en nosotros. Esto lo pueden ver en los animales como instinto. Los animales tienen el instinto de hacer lo que su alma de grupo lleva haciendo el tiempo que lleva existiendo. Y nosotros tenemos cierto instinto de realización, cierta matriz interior, y ese es el propósito implantado en el interior.

Hace poco me pidieron que explicara la evolución comparada con el hombre creado totalmente a imagen y semejanza de Dios, y cómo explicar el hecho de que los científicos han demostrado los vínculos entre las etapas de la vida animal que demuestran esta evolución. Por supuesto, los maestros enseñan que la energía de Dios se utiliza en la creación de la vida animal, por imperfecta que pueda ser, y que la evolución existe porque la energía de Dios siempre evoluciona hacia el propósito de la perfección.

El propósito que hay implantado en la vida es la meta de la propia perfección. Y aun cuando la energía está encerrada en una matriz limitada de una forma animal, tiende a evolucionar hacia una forma superior, queriendo llegar a la imagen del Cristo, que se encuentra solo en el hombre.

Cuando vemos qué potente es este propósito en la naturaleza, dando a las flores la capacidad de germinar y atravesar el suelo, las rocas y las raíces de los árboles; cuando comprendemos el enorme impacto de energía que se necesita para que nazca un niño, cuánto trabaja el esperma masculino y cómo lucha para llegar al óvulo, que es el punto focal del óvulo universal de la Madre Divina, cómo existe este impulso dentro de la vida primordial para realizar la meta de la perfección y la plenitud; cuando comprendemos que cada átomo de energía en nosotros tiene impreso el propósito, ello nos da la idea de toda la oleada de vida de la creación volviendo al origen central. Y durante ese proceso de regreso está esta integración, esta evolución y la energía de Dios se trasciende a sí misma continuamente. La ley de la trascendencia surge a partir del hecho de que el propósito se ha sellado en la vida.

Cuando comprendemos que este propósito está sellado en nosotros, entendemos que abrir ese sello, romper ese sello, significa en última instancia que ese propósito se va a realizar a sí mismo en nosotros. ¿Alguna vez han escuchado el himno: «Dios está realizando su propósito igual que un año sigue a otro año»[1]? Dios está realizando su propósito y ese propósito es una molécula de fuego en nosotros que nos impulsa a la realización de nuestra labor sagrada y, finalmente, a la reunión de nuestra alma con Dios.

Este propósito se implementa a través del libre albedrío.

El hombre, como un agente con libre albedrío, puede ponerle frenos a este propósito cósmico, puede detenerlo totalmente de inmediato. El hombre puede quemar esos frenos hasta que echen fuego y humo, y con la perversidad de un libre albedrío dedicado al yo y al egoísmo puede invertir totalmente ese propósito. Por tanto, en cuanto Lanto nos habla de encerrar el propósito, también nos habla del libre albedrío.

El libre albedrío, por tanto, puede ser como poner el pie sobre el acelerador, acelerando el propósito cósmico, acelerando la energía divina, dándole más al gas, dándole más energía y más combustible a esta molécula de propósito. Eso es lo que hacemos cuando decretamos, cuando hacemos invocaciones, cuando adquirimos más fuego sagrado en nuestro ser. Incluso cuando aprendemos a hacer una invocación, cuando hacemos todo lo que podemos por realizar lo máximo de lo que somos capaces, ello es una aceleración del propósito cósmico. Ir contra todo lo que es santo, todo lo que es justo, todo lo que es la Ley, eso es activar los frenos.

El libre albedrío determina lo que le ocurre a esa semilla de propósito. Y, por supuesto, la semilla (a la que El Morya equipara con la identidad del alma)² puede destruirse finalmente al frenar tanto que no ya quede ninguna esencia, ninguna energía de la vida para que la semilla crezca. Por tanto, podemos abarcar todo este abanico de posibilidades: ir en punto muerto (como dejar en punto muerto un automóvil, dejar en punto muerto el motor de la vida y no ir a ningún sitio, no subir ni bajar la corriente que fluye), activar el freno o acelerar a la máxima velocidad. Todo eso está en nuestras manos.

Eso es lo que proporciona variedad, diversidad, individualidad. Eso es lo que conforma nuestra identidad personal, nuestra astrología, nuestra psicología; la cantidad de energía que aplicamos y qué tipo de energía ponemos sobre el acelerador, ya sea del primer rayo o del segundo, del tercero, el cuarto, el quinto, el sexto o el séptimo. El tipo de energía que apliquemos a la apertura de ese propósito determinará cómo este se desarrollará.

Karma y libre albedrío

La cultura de cada hombre está dominada por los patrones que yacen en lo profundo de su ser subconsciente. Con frecuencia los hombres dicen que no se comprenden a sí mismos. No saben por qué actúan como actúan. No les es posible abrir la puerta de la conciencia, vagar por los pasillos de la memoria y ver cada hábito en su desarrollo y, después, deshacerse de cada pensamiento indeseable. Existe una forma mejor, y esa forma es la saturación de la conciencia con la llama de valía cósmica.

La forma en la que usemos el libre albedrío, por tanto, estará determinada, aunque no lo sepamos, por los patrones del subconsciente formulados en esta y otras vidas unidos. Si tuviera que elegir entre karma, herencia y el entorno, no escogería el entorno ni la herencia, sino que diría que el principal factor determinante por el que la gente actúa como actúa son los patrones kármicos. Pero la vida no empieza ni termina con el karma, porque la primera definición de karma es energía en acción.

Karma es energía en acción. Creamos karma a cada momento; o bien gobernamos el flujo de energía en nosotros de acuerdo con la Ley, o no lo hacemos. Digamos que ustedes son niños pequeños que han vuelto a reencarnar con su karma, lo cual significa la suma de cómo hayan gobernado el flujo de la energía en sus vidas anteriores. Pero desde el momento en que nacen, sus padres son los que gobiernan el flujo de energía. Crean condiciones a su alrededor que moldearán su personalidad exterior en esta vida. Su personalidad exterior es casi como la tierra en la que la semilla del alma está enterrada y el alma debe atravesar esa tierra para salir a la luz de su Presencia YO SOY.

Afianzada en el alma hay una determinación de propósito que va a atravesar la tierra, las piedras, los obstáculos, y que va a querer lograr la reunión con la luz. Por tanto, hasta cierto punto, independientemente de las cosas que hayan vivido durante su niñez, el fuego del propósito afianzado en ustedes es más grande que la suma de las partes de todo lo que ha influido en su personalidad. Y su alma, si se le da la libertad de actuar sobre su libre albedrío, va a superar el entorno, la herencia y el karma, todas esas cosas, para realizar su destino interior.

Si quieren visualizar dónde está afianzado ese destino, pueden visualizarlo en una esfera madreperla que está anclada en el chakra de la sede del alma, el punto donde está afianzada su alma. ¿Han visto alguna vez la joya que estuvo de moda un tiempo, una semilla de mostaza encerrada en una bolita de plástico? Bien, pueden ver la bola de plástico como su alma y el fuego de propósito cósmico, el propósito de su vida, como la semilla en el centro de su alma. Es una buena matriz para que la visualicen. Es muy vívida.

Después pueden ver todo el cinturón electrónico como la tierra, el suelo, la sustancia densa en la que está plantada la semilla. Y para que el alma y esa semilla puedan ser alimentadas y puedan crecer, los nutrientes deben fluir a través de la tierra, lo cual significa que tiene que producirse una alquimia. Los agentes químicos de la luz y la energía necesarios para el crecimiento de la semilla deben provenir de la llama de Dios que pasa por el cinturón electrónico, tal como el agua fluye a través de la tierra.

La combinación de agua, tierra, aire y sol es lo que produce en la planta aquello que la planta vaya a ser. Eso es alquimia. Es la transformación de la energía. Por consiguiente, para que las energías de nuestro cinturón electrónico nos sean útiles, hemos de pasar por la alquimia de contacto con el fuego sagrado, con el flujo de nuestro amor, con nuestras invocaciones, con nuestro servicio. Con todos esos ingredientes, esas energías son transformadas para volver a su luz original y esa es la luz que el alma ha de tener para ascender. Este es un paralelo muy importante.

¿Alguna vez han visto cómo crece una planta? El típico ejemplo es el loto en el lodo. Pero piensen en el maíz, las patatas, las zanahorias, los frijoles o las bayas. Miren el árbol o la planta, miren el fruto de la naturaleza, miren la tierra y piensen: «¿Cómo pueden salir todas estas vitaminas y minerales?, ¿cómo puede salir esta sustancia y esta matriz de este puñado de tierra? Es la alquimia del propósito dentro de la semilla misma, el diseño original de la vida que Dios imprime en ella, que atrae a todas las energías de la creación para producir, año tras año, el mismo diseño. Lo mismo ocurre en nuestro interior.

En Salmos 1 oímos al salmista hablar de la bienaventuranza del hombre. «Bienaventurado el varón que no anduvo en consejo de malos… Será como árbol plantado junto a corrientes de aguas, que da su fruto en su tiempo».[3] Ustedes son como un árbol, un árbol especial de Dios con un fruto especial. Este es el fruto del esfuerzo de su alma. Pero lo que hay en el alma es esa impronta especial de propósito, de propósito cósmico. Es como si fueran un árbol de aguacate, un naranjo o un manzano; continuamente producirán por el cosmos el fruto especial de su árbol; y nunca puede cambiarse ni alterarse. Es el patrón único que ustedes tienen, tan único como los patrones de la naturaleza.

Cuando comprendemos esto, comprendemos que tenemos un propósito cósmico muy especial en uno de los rayos el cual es nuestro don, nuestro copo de nieve, nuestro diseño, que producimos para el cosmos continuamente. Y el equilibrio necesario de nuestra corriente de vida en combinación con las contribuciones de las demás corrientes de vida es lo que forma el glorioso mandala del Huevo Cósmico.*

¿Por qué les estoy diciendo esto? Porque quiero que entiendan la biología del alma, la ley de producir según nuestra clase. Esta ley está sellada. Y a menos que se manipule mediante magia negra o brujería, la emisión de esa energía solo puede dar como resultado la producción según el propósito cósmico que hay en nosotros.

El chakra de la sede del alma, el punto de anclaje de la llama de la libertad,[†] es algo muy importante en nuestro estudio de psicología porque ahí es donde están afianzados los patrones de las células de la vida. Y gran parte de la brujería y la magia negra de los caídos está dirigida contra las almas de la humanidad y el chakra del alma, porque hay está la esencia de la vida, ahí está nuestra capacidad de procrear, ahí está la energía de la semilla y el óvulo que tiene la impronta de nuestra identidad Crística, nuestro propósito cósmico. Por tanto, el chakra del alma necesita purificarse, mantenerse libre y protegerse para que nuestra alma, con el potencial más pleno de su identidad Divina, pueda producir según su clase.

La purificación de la conciencia

Los maestros no quieren que vaguemos por los pasillos de la memoria (el cuerpo etérico inferior, el cinturón electrónico) y que pasemos por las cavernas de la conciencia identificándonos con todo el pasado. Podemos deambular por las hierbas de la jungla y ver a los animales a través de los árboles y comprender que cada una de esas cosas es una

---

*El Huevo Cósmico es el universo espiritual-material, incluyendo a una aparentemente interminable cadena de galaxias, sistemas estelares y mundos conocidos y desconocidos.
[†]El chakra de la sede del alma es el chakra del séptimo rayo, el rayo violeta de la libertad, la alquimia, el perdón y la transmutación.

faceta de carnalidad, de magnetismo animal, en el que hemos estado involucrados. Pero hay una forma mejor de hacer las cosas, que consiste en la «saturación de la conciencia con la llama de la valía cósmica». Debemos mantener este concepto en un primer plano.

> El antigua frase, «nuestro Dios es un fuego consumidor»,[4] es una fuente de gran consuelo para quienes la entienden, porque la imagen divina verdaderamente arde con una actividad benigna. Los latidos o crecidas del fuego sagrado, con toda su naturalidad, transmiten la esencia de la conciencia superior. Estos [no solo apaciguan y] desactivan todo el propósito maligno que pueda estar encerrado en el mundo subconsciente del individuo, [sino que también] crean y recrean en su conciencia total los diseños[5] más sobresalientes que reflejan la ley cósmica. Tales patrones dan la capacidad al individuo que los acepta y utiliza la conciencia superior que transmiten de ser completamente libre aun permaneciendo bajo el dominio de su Yo Divino.

Por consiguiente, cuando invoquen el fuego sagrado en cualquier aspecto de los siete rayos, sabrán que esa energía está transmitiendo la esencia de su conciencia superior, que es su Ser Crístico, su cuerpo mental superior. Cuando pensamos en la energía en movimiento o en la electricidad, a menudo descuidamos el ingrediente o el aspecto más importante de la energía, que es la inteligencia.

No pensamos que los electrones sean inteligentes. No pensamos que la energía que ilumina las luces sea inteligente. Pero si se dan cuenta de que la inteligencia es un atributo de Dios, por tanto, un atributo de su energía, comprenderán que esa energía está programada con inteligencia para realizar patrones cósmicos en toda la vida. La energía está programada para realizar el diseño original de cada semilla, de todas las cosas vivas, especialmente de la semilla de nuestra alma.

«Los latidos... del fuego sagrado... desactivan todo el propósito maligno». Ahora bien, esto es una gran bendición y un gran don. En focos y cavidades del subconsciente existen enormes concentraciones de odio. Y el odio en sí es una malignidad del cuerpo astral mucho antes de que aparezca en el físico; y esto mismo es cierto con respecto al temor, el rencor o la venganza. El hecho de que estas cosas puedan desactivarse, que pueda quitárseles el aguijón de energía mediante el fuego sagrado (si alguna parte deba pasar por la conciencia cuando se las echa a la llama) hace que esa energía no tenga la virulencia que tenía cuando se la cualificó mal en un principio. Esto es importante y es un don del Espíritu Santo que está en el propio fuego.

Además, estos latidos de fuego sagrado crean en la conciencia total «diseños sobresalientes que reflejan la ley cósmica»; no solo cualquier diseño antiguo, sino diseños sobresalientes, haciendo de ustedes individuos por excelencia, haciendo que su individualidad sea tan excepcional, tan valiosa, que es amada, admirada y adorada por todas las partes de la vida.

La llama de la valía cósmica

A veces miramos a la gente y nos damos cuenta de que las personas tienen una imagen de sí misma muy pobre. A veces esto lo vemos en los niños. No tienen ningún sentimiento de valía. Lanto dice que hay que invocar la llama de la valía cósmica.

La valía cósmica es una acentuación de la llama de la voluntad de Dios, la sabiduría de Dios y el amor de Dios. Es una acción de equilibrio del flujo de los fuegos de la llama trina.

Hay que tener un sentimiento de valía individual. Ese sentido de valía individual está arraigado en el Cristo y sustituye a la vanidad y al engaño del ego, al falso orgullo, a la falsa humildad, al ego hinchado y deshinchado, a todas las caras del ego.

El sentimiento de que tenemos valía, de que para Dios tenemos alguna valía, es algo insustituible. Es algo que nos estimula hacia la realización de nuestra labor sagrada. Y cuanto más desarrollamos esa labor, cuando más cultivados, refinados y centrados estamos en el talento que Dios nos ha dado, cuanto más comprendemos que tenemos esa valía, nos volvemos más irremplazables en el esquema cósmico.

Por supuesto, los maestros dicen que uno no es indispensable, porque no quieren atribuir o dar poder a la conciencia humana. Pero les puedo decir que la conciencia Divina es indispensable, nuestro conciencia Divina es indispensable. Deberían escribirlo: «Mi conciencia Divina es indispensable para la creación». Y podrán decir: «**Mi conciencia Divina es indispensable para el Creador y la creación**».

Esto es muy importante, porque en el Sendero llega la prueba —y puede que llegue cuando ya estamos bien entrados en el Sendero— de decidir que no valemos demasiado y que en realidad nuestra existencia no tiene mucho sentido. ¿Qué importa si decretamos hoy o no? ¿O qué importa si retomamos los estudios para perfeccionar nuestro talento? Qué más da si no lo hacemos; alguien lo hará. Por supuesto, esa es la mortal mentira de la mente carnal que no quiere que realicemos nuestro potencial Crístico. Y tienen que rechazar eso con la misma frase: «**Mi conciencia Divina es indispensable para el Creador y la creación**».

Ustedes son indispensables y esta es su valía sagrada que les viene con la llama de la valía cósmica. La llama de la valía cósmica es un flujo de fuego sagrado que, cuando se lo invoca, aparece como una llama trina. Pero aparece en medidas distintas según quien la invoque porque la llama proporciona los ingredientes exactos del azul, el amarillo y el rosa necesarios para sacar a relucir la individualidad.

La llama de la valía cósmica saca a relucir la valía del individuo. Por tanto, si sobresalimos por nuestro amor, al invocar la llama de la valía cósmica esta se manifestará como la sabiduría del amor y la voluntad del amor para darnos el equilibrio y la matriz de ese amor. Se pueden ver las líneas de fuerza de la llama trina cósmica del Cristo Cósmico formándose en nosotros para equilibrarnos, porque solo cuando estamos en equilibrio en la llama trina es que realizamos la totalidad de nuestro potencial cósmico en Cristo. En realidad, no somos la plenitud de nuestro Cristo hasta que tenemos esa llama trina equilibrada.

«La imagen divina arde con una actividad benigna.» La imagen divina es la imagen de Dios según la cual fuimos creados. Y Dios dijo: «Hagamos al hombre a nuestra imagen, conforme a nuestra semejanza», y así fue creado el hombre. «Varón y hembra los creó».[6] Cuando tenemos la imagen divina, es un imán de la conciencia de Dios que polariza nuestra alma y nuestro ser y los devuelve al diseño original.

> *En el nombre del Cristo, en el nombre de la Presencia YO SOY, invocamos la imagen divina de cada cual. Invocamos la imagen divina del corazón de Dios Todopoderoso, del corazón de la gloriosa Presencia YO SOY y el cuerpo causal de cada cual, que es la individualidad única de la Divinidad.*
>
> *Invoco la imagen divina del corazón de Alfa y Omega. La invoco para cada Guardián de la Llama* y todo hijo e hija de Dios de este planeta. ¡Que resplandezca la imagen divina a partir de la cual todo se creó, hombre y mujer! Por tanto, que el flujo del rayo masculino y femenino de las*

---

*Un miembro de la Fraternidad de Guardianes de la Llama, fundada por el Maestro Ascendido Saint Germain para defender la libertad y la sacralidad de la vida y para dar esa llama a otras personas que no saben que tienen una chispa divina en su interior.

llamas gemelas de cada cual se imprima ahora en los planos de la Materia en el chakra del corazón. Que resplandezca la imagen divina y que sea el núcleo ígneo del Imán del Sol Central para que atraiga a cada cual a la realización de esa imagen sagrada.

En Dios confiamos. Gloria in excelsis deo.* En el nombre del Padre, de la Madre, del Hijo y del Espíritu Santo, aceptamos el afianzamiento de la imagen divina para la realización del plan, el plan divino, y el espíritu de victoria cósmica en cada cual, en cada cual que haya pasado por Summit University y todos los que se esfuerzan por la meta de unión en la ascensión en la luz.

Recrear al yo según la imagen divina

La meta de los caídos, de la sociedad sintética, del concepto mecanizado, es separarnos de la imagen divina. Se trata de un diseño original complejo. Es como una sección de la cadena ADN, pero es la molécula ARN. Es muy compleja, es un campo energético, es nuestro patrón.

Lo que manifestamos ahora es lo mejor que nuestro Ser Crístico y nuestro elemental del cuerpo han podido reunir según ese diseño original, dado nuestro karma, dado aquello que se ha interpuesto entre nuestra alma y nuestra Presencia YO SOY. El rostro, el templo corporal, los talentos, todo lo que somos, es lo mejor que Dios ha podido formar dadas todas las circunstancias, los padres y por supuesto los factores hereditarios y del entorno, que en sí mismos son un resultado en gran medida de nuestro karma.

Por tanto, mírense a sí mismos y digan: «Aquí estoy, este soy yo, esto es lo que soy. Voy a seguirle la pista a lo que veo hasta llegar al Origen para ver lo que debería ser». Y verán que al atravesarlos la llama, su rostro, su cuerpo, todo su ser

---
*Gloria a Dios en las alturas.

se refina gracias a la llama. Y a cada año que pase se verán más con la apariencia de su Imagen Real.

Las características físicas no cambian con facilidad. Pero la luz que brilla a través de la carne, a través de los ojos, a través de su alma, a través de su corazón, tiene un enorme poder de transformación, por lo cual, aunque los rasgos en sí mismos no cambien de manera drástica, el aura se alterará tanto que imprimirá sobre ustedes la apariencia del hombre nuevo o la mujer nueva que está naciendo en ustedes.

Es curioso cómo se pueden leer las caras de las personas y determinar qué humor tienen. He observado que cuando la gente siente lástima de sí misma o se condena a sí misma se produce un flujo de energía hacia varios centros y órganos que, por momentos, hace que parte de la cara y de su cuerpo en efecto cambie de forma para satisfacer ciertos niveles de energía allá donde hayan decidido establecer su nicho por cierto tiempo. Verán que a las personas les engorda la nariz cuando sienten lástima de sí mismas o cuando se enojan. O los ojos, o la cabeza, o sea cual sea el cambio, incluso la postura. La gente cambia por momentos cuando cambia su aura; y el cuerpo físico sufre el efecto mucho más de lo que creemos en un principio.

«La imagen divina arde con una actividad benigna». A medida que esta imagen divina baja a nuestro campo energético, podemos verla como una red bajando que de hecho está ardiendo con el fuego de nuestra Presencia. La Imagen Real o imagen divina es el vínculo con la Realidad.

Cada vez que encarnamos, la Virgen María toma las energías de la vida, de nuestro buen karma, lo mejor que tenemos que ofrecer, y forma el mejor corazón que se pueda formar; y después forma todo lo demás. Pero con el uso que hemos hecho del libre albedrío, hemos alterado el diseño original. La imagen divina debe imprimirse en el alma y exteriorizarse a través del alma. Está impresa en el alma, pero por el libre albedrío se altera o se estira en varias direcciones y se distorsiona. Entonces estas distorsiones salen a relucir en los cuatro cuerpos inferiores.

Debemos empezar a recrear todo nuestro ser exaltando la Imagen Real en nuestra alma, encendiendo esa imagen, protegiendo la imagen, invocando el diseño divino original y sabiendo que tiene el poder del propósito cósmico. Es la semilla de propósito cósmico en nosotros. Y toda la energía que gira en torno al alma debe atraerse hacia el interior y unirse en torno a la mejor matriz que podamos afianzar ahí.

Todos queremos lo mejor para nuestros hijos y todos queremos que nuestros hijos sean lo mejor. Si tenemos tan solo una pizca de altruismo, querremos que nuestros hijos sean mejor que nosotros. Yo no siento celos de mis hijos o de mis hijas ni tengo ánimo de posesividad para que no lleguen más lejos que yo, porque entendemos la evolución. De una manera innata e inherente, en nuestro ser queremos que nuestros hijos sean mejores, que tengan más y que tengan más oportunidades que nosotros.

Entonces, ¿cómo es que algunas personas que parecen tenerlo todo en lo que respecta a talento, inteligencia y capacidad tienen unos hijos que son lo contrario, que no valen mucho, y algunas de las personas más humildes tienen los hijos más brillantes? He aquí la clave. Lo que transmitimos a nuestros hijos no es necesariamente lo que estamos manifestando en el momento, porque esto es nuestro karma. La clave es lo limpia que sea nuestra alma, porque nuestra alma es la que atraerá a las almas que traigamos al mundo. La pureza del chakra del alma es lo que determina la pureza de la semilla y el óvulo en el hombre y la mujer físicamente.

Quizá no tengan la formación, la cultura, la opulencia o los medios, pero quizá sí tengan una devoción y un fuego enorme para la purificación de su alma. Si tienen edad para tener hijos verán que con esa devoción atraerán a almas muy elevadas debido a la pureza de ese chakra. Y podrán traer al mundo hijos que superarán su propio logro individual de una manera que no pueden ni imaginarse.

Esto es algo que nos da que pensar, porque aun con todo el intelecto y con todo lo logrado, si no podemos transmitir eso través del chakra del alma, no podremos transmitírselo a nuestros hijos. Y si todo el chakra del alma está bloqueado con rebelión, testarudez, voluntad humana, eso distorsiona el patrón Crístico y puede que tengan hijos muy mediocres.

Yo fui a la escuela elemental con un chico que era muy inteligente y que estudió en la academia militar. Ahora tiene cuatro hijos y tres de ellos son retrasados mentales. Esto lo atribuimos a una alimentación inadecuada de la madre, falta de vitaminas y minerales. Pero a un nivel kármico existía un bloqueo grave en el chakra de la sede del alma y su flujo de energía. Había una perversión de la luz, una perversión de la llama de la libertad con patrones de rebelión hasta el punto en que su alma, la de su mujer o estas dos almas juntas no fueron capaces de atraer a almas que pudieran producir la luz de la inteligencia de la mente de Dios.*

Quiero que entiendan que esto es una clave importante. Es uno de los grandes misterios de la vida que se enseña en el templo del Dios y la Diosa Merú y que se enseña a los padres que quieren patrocinar oleadas de vida: la purificación de patrones imperfectos en su alma es un preparación necesaria para traer hijos al mundo. Cuando el Arcángel Rafael acompaña a los futuros padres a los salones de su retiro sobre Fátima, en Portugal, les enseña que el contemplar las imágenes

---

*En este párrafo, la Mensajera da una explicación sobre el karma específico de estos padres y sus hijos. En otras situaciones puede haber en juego factores distintos. Por ejemplo, a veces almas muy avanzadas se ofrecen para encarnar en cuerpos con graves discapacidades como medio para cargar con parte del karma planetario.

de formas perfectas, como el arte de Miguel Ángel, imprime en su alma los patrones de los diseños originales de su raza raíz, la conciencia Crística de su raza raíz.

Una raza raíz es una oleada de vida. Es un grupo de almas que aparecen en uno de los siete rayos en cierto momento de la historia cósmica para cumplir un destino determinado. Las primeras tres razas raíz de la Tierra aparecieron y exteriorizaron tres eras de oro de perfección. Nunca se apartaron de la perfección. Nunca se mezclaron con la imperfección. Aprendieron las lecciones del libre albedrío y la maestría de la energía que se le dieron. Se les enseñó el velo de energía. Se les enseñó las consecuencias del abuso del libre albedrío. Aprendieron bien las lecciones en los retiros de la Hermandad, y cuando encarnaron, nunca respondieron a la tentación de probar los frutos del velo de energía.

Por tanto, siguieron siendo santos inocentes y ascendieron muy pronto. Dicen que solo se necesitaban catorce mil años para realizar el plan divino y la ascensión. Los miembros de las primeras tres razas raíz ahora son todos seres cósmicos, y Saint Germain nos ha dicho que podemos invocar sus cuerpos causales para que nos ayuden. El descenso se produjo durante la cuarta raza raíz con la caída de los luciferinos.

La producción de patrones perfectos del cuerpo causal puede lograrse si uno regresa a la santa inocencia del alma, que el alma conocía antes de su descenso a la materia. Ustedes podrían formar parte de la cuarta, la quinta o la sexta raza raíz, o de una raza raíz que haya salido de otro planeta en otro sistema de mundos. O podrían pertenecer a un orden de seres angélicos que encarnaron para ayudar a los miembros de las razas raíz que cayeron. Hay muchas posibilidades en lo que concierne a su origen en los planos de la materia más allá de esta Tierra, más allá de las razas raíz que vinieron a esta Tierra.

El patrón Crístico de una raza raíz es el patrón arquetípico del Cristo, del que los maestros dicen que hay 144 000. Dentro de la raza raíz hay un arquetipo de la conciencia Crística como propósito o diseño implantado en la semilla. Y la semilla produce según su clase.

Cuando se asignó a la Virgen María que trajera al mundo a Jesús el Cristo, ella iba a producir el patrón del Cristo de la sexta raza raíz. Jesús concentró ese patrón en lo masculino, María en lo femenino. El patrón estaba establecido. Y por consiguiente todos los miembros de la sexta raza raíz tuvieron el ejemplo claro del sendero del logro y cómo es alguien que tiene maestría en el sexto rayo en lo que respecta a la conciencia Crística.

Cada raza raíz tiene su patrón Crístico que cumple cierto aspecto de los siete rayos. Y ustedes, al invocar su Imagen Real, atraerán ese patrón Crístico de su raza raíz. Y el patrón, afianzado en su alma, es el imán que atraerá hacia ustedes a los seres Crísticos.

Libertad dentro de Dios

Los patrones que han salido de la Imagen Real les dan la capacidad de ser totalmente libres. Entiendan que, aunque existe un patrón, ustedes son totalmente libres de moverse dentro de él como un electrón se mueve al azar. Pero nunca hay que cruzar los límites del campo energético arquetípico, porque en su libertad están bajo el dominio del Yo Divino. Los límites de la habitación del hombre, de los que se habla en la Biblia,[7] son los límites del patrón arquetípico del Cristo. Por consiguiente, cuando aceptamos la libertad como esta debe ser, descubrimos que somos libres de vivir, movernos y tener nuestro ser en Dios. Esto es una libertad enorme. Esta libertad se extiende físicamente más allá de la Tierra, más allá de este sistema de mundos. Pero el patrón arquetípico tiene un límite. Este pequeño electrón de individualidad en movimiento alcanzará los límites y rebotará para que con todo su movimiento simplemente esté realizando los ciclos de este patrón arquetípico.

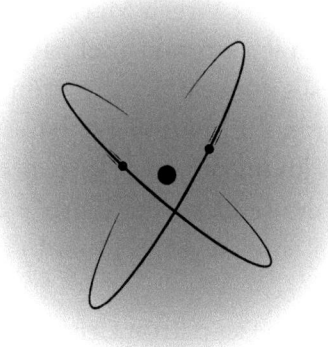

Los electrones giran en «órbita» en torno al núcleo de un átomo de una forma aparentemente al azar e imposible de predecir en el caso de cualquier electrón, pero que sigue una leyes bien definidas.

Aunque el movimiento parece al azar, responde a un diseño cósmico tan complejo que el observador no puede detectar tal diseño por parecer el movimiento del electrón tan aleatorio. Pero si tuviéramos una computadora en la que poder introducir cada movimiento de este electrón, quizá después de miles de años podríamos detectar cierto patrón. Hasta ahora los científicos no han determinado el patrón. Y ustedes, cuando ven los movimientos de su vida, no siempre ven el patrón. Pero cuando más comprendan cosas sobre su astrología cósmica y su reloj cósmico, más formarán patrones con las cosas y más verán que hay patrones. Y estos patrones se llevan repitiendo siglos.

La idea de libertad en Dios ciertamente contiene en sí la restricción y la limitación: estamos restringidos por Dios y por la Ley, y mediante el libre albedrío nos limitamos a movernos dentro de estos patrones. Nos limitamos a estos patrones, pero nos sentimos totalmente libres dentro de ellos. Estamos felices y contentos dentro de estos patrones.

Ese es el sentimiento de libertad que se necesita para poner en marcha la era de Acuario. Y no quepa duda, ustedes están impulsando la era de Acuario. Sea cual sea su raza raíz, vengan de donde vengan, cuando salgan al mundo serán un electrodo de Saint Germain para exteriorizar esa era.*

Por tanto, han de saber qué es la libertad. Los ciclos de rebelión no pueden engañarlos. No pueden engañarlos los ciclos del egoísmo de la humanidad, que defienden una libertad que va más allá de la llama de la libertad, que defienden una postura licenciosa, que es rebelión contra la ley y el orden de su conciencia.

Ustedes deben ser la verdadera libertad. Deben ser personas independientes. Deben realizar su individualidad. Pero ello debe ser dentro del círculo de la percepción Divina que tengan ustedes. Cuando se salgan de ese círculo, ya no existirán. Cuando se encuentren fuera del círculo de su patrón, estarán en la tierra de la no existencia. Serán una no-entidad. ¿Por qué? Es algo científico: si no se encuentran en un punto donde se moldeen a sí mismos según la matriz de la geometría de Dios, no estarán sustentados por Dios, porque solo el diseño de Dios sustenta su movimiento. Y Su diseño es la energía de propósito cósmico.

Cuando se salen de Su diseño, obran con energía y tiempo prestados, y esa energía y ese tiempo se acabarán. Cuando se acaben, si siguen fuera del patrón arquetípico, dejarán de existir. Por tanto, deben estar seguros de encontrarse dentro del patrón arquetípico al final de los ciclos de su encarnación.

---

*El Maestro Ascendido Saint Germain, junto con su llama gemela, la Maestra Ascendida Porcia, es el Jerarca de la Era de Acuario. Saint Germain es el gran patrocinador de la llama de la Libertad y Porcia es la patrocinadora de la llama de la Justicia y la Oportunidad.

Las almas pueden perderse

Nos ha llegado un reporte de uno de nuestros estudiantes que dice que la Virgen María se ha aparecido en México, al norte de la Ciudad de México. Ha sido algo emocionante escuchar la historia porque mucho de lo que dijo según el reporte guarda una afinidad con la ley de los Maestros Ascendidos.* Las directrices que dio tuvieron un tono muy severo y las dio de una manera muy precisa.

El mensaje era sobre que estos son los últimos días y que le preocupaba el enorme peso kármico que va a descender sobre la humanidad a menos que esta responda a la luz. También dijo que le resulta difícil mantener en alto el brazo de su Hijo. Esto se interpreta como que el brazo de la Ley está en Jesucristo, en el Hijo, en el Logos, siendo el Logos la Ley de la Palabra. Cuando su brazo baje, ello significará el descenso del karma. La Madre, que es la intercesora por sus hijos, por los hijos de Dios, sostiene en alto ese brazo. Es decir, ella retiene el karma al sostener en alto el brazo de su Hijo. Por tanto, la Virgen María está diciendo que no puede sostener el brazo mucho más tiempo, que la gente debe rezar el rosario todos los días y que debe rezar al Arcángel Miguel. Ella dice que estos tiempos son muy malos y que muchas almas se perderán.

El hecho de que las almas puedan perderse es el tema del que quiero hablar. Si los electrones de la humanidad se encuentran fuera del patrón de su identidad cuando caiga ese martillo kármico, ese es el punto en el que se pierden. Cuando ya no están conectadas con Dios o con la realización de su plan y su voluntad, cuando el karma cae y llega el juicio se encuentran en el yo irreal, en el universo irreal. No existen en Dios. Lo que no existe en Dios, no existe, porque Dios es la única existencia. Por tanto, si no están dentro de la matriz de

---

*Aunque la Mensajera no apoya la autenticidad de esta aparición, sí destaca los paralelos entre lo que se dijo según el reporte y las Enseñanzas de los Maestros Ascendidos.

Dios, ¿dónde están? No están en ninguna parte. No existen.

Según este reporte, la Virgen María habla de que hoy día están pasando cosas terribles en la Tierra y del hecho de que muchas almas se están perdiendo debido a la tendencia liberal y progresista que hay en la Iglesia católica, una teología que no es la teología de Jesús. Está profundamente preocupada. Por tanto, nosotros también deberíamos estarlo. Deberíamos darnos cuenta de que Dios ha concedido el libre albedrío porque el alma lo exigió, pero el uso de libre albedrío puede volverse en su contra, y según el uso que las almas hagan del libre albedrío, pueden perderse.

Hay unas organizaciones psíquicas que afirman haber recibido mensajes de los maestros en los que dicen que la segunda muerte[8] se ha abolido. Esta es una de las doctrinas falsas de la falsa jerarquía, que enseña que gracias a algún milagro Dios infringió su propia Ley, algo que él no hace nunca, y abolió la segunda muerte.

Si la segunda muerte está abolida, ello significa que todos los seres rebeldes, los caídos y los que se encuentran totalmente fuera de Dios no pueden dejar de existir nunca. Por tanto, Dios se sentiría afligido por esta creación que él mismo ha hecho, la cual ha decidido ir contra él, pero que no puede destruirse.

La segunda muerte es un acto de misericordia. Significa que al final de la oportunidad que exista de poder encarnar en la Materia, al final absoluto de los ciclos, si su alma no se ha alineado con el Espíritu de Dios, con su propia Presencia YO SOY, en ese punto el alma es anulada. Deja de existir. El Ser Crístico se une al Cristo universal. La Presencia YO SOY se une a Dios. Pero la individualidad es anulada; ya no existe. Eso es la segunda muerte. No queda nada. La segunda muerte es un acto de misericordia porque el alma está compuesta de energía de Dios. La energía de Dios es prisionera en el alma hasta que se libera esa energía.

Dios no quiere ser crucificado para siempre por la rebelión de la humanidad. Dios exige liberarse. Si no se unen a él con la voluntad de liberarse, al final de sus ciclos de oportunidad él anulará la matriz de su alma y liberará la energía, porque Dios es esa energía y Dios quiere ser libre. La matriz se rompe, el recipiente de barro se rompe para que la energía pueda volver a la fuente. La energía de la que se creó al alma es repolarizada y utilizada como parte de una enorme reserva de energía en el Gran Sol Central.

Por consiguiente, cuidado con la doctrina falsa que dice que la segunda muerte se ha abolido. ¿Saben por qué lo dicen? Es algo muy sutil. Si se puede convencer a la gente de que la segunda muerte no existe, ¿por qué habrían de arrepentirse las personas? Ello significa que tienen la eternidad para continuar experimentando con el libre albedrío, para continuar rebelándose contra Dios. Ello da carta blanca a los caídos y a los luciferinos. Como la serpiente dijo a Eva: «No moriréis».[9] Es una pequeña euforia que los caídos, los luciferinos, han utilizado en un intento de engañar a los que quieren atraer hacia su bando: «No importa lo que hagas porque seguirás reencarnando y reencarnando y reencarnando».

Y eso no es cierto. De lo contrario, ¿por qué estaría escrito en el libro del Apocalipsis que el demonio sabe que tiene poco tiempo.[10] El poco tiempo que le queda es la cuota, la oportunidad, el ciclo que tiene para arrepentirse. Si al final de ese ciclo no se ha arrepentido, pasará por la segunda muerte como ya han pasado muchos de la falsa jerarquía. Por tanto, ya ven la sutileza de la enseñanza falsa y cómo puede alterar el rumbo de su actitud en la vida. Pero ustedes no se lo creen porque comprenden la lógica de la mente carnal al decir esta mentira.

Hacer pasar la llama por la propia conciencia

Este ensombrecimiento, como se lo denomina, de la conciencia humana por la Divina, cuando va acompañado del uso correcto de las llamas de Dios, atraerá la idea de la realidad que en la inocencia de la infancia tuvieron tantos hombres encarnados hoy en la Tierra. El paso de las llamas por la propia conciencia arriba y abajo, es decir, en la mente consciente y subconsciente, es un ritual que los devotos de la mente de Dios han practicado durante siglos.

«Arriba» significa la mente consciente; «abajo», la subconsciente. «Arriba y abajo» también significa en los chakras superiores y los inferiores; los que están por encima del corazón y los que están por debajo de él. Los chakras que se encuentran en el punto del corazón y por encima de él concentran las energías del plano del Espíritu, la polaridad masculina. Los chakras que hay por debajo del corazón concentran las energías del plano de la Materia, la polaridad femenina.

Hay que sentirse porosos para imaginarnos que una llama nos atraviesa, casi hay que tener la sensación de los distintos planos, de la llama que es un fuego espiritual que penetra en una red material, que es lo que somos.

Deténganse un momento y visualícense como si fueran porosos. Visualícense como si estuvieran cortados en sección y vean los átomos y las moléculas en su mente y el patrón del átomo, en el que hay mucho espacio. Si meditan en ese patrón, verán con facilidad que hay espacio de sobra para que pase la llama.

Cuanto más mediten en este patrón de la molécula o el átomo, más podrán lograr la maestría del tiempo y el espacio. Esa meditación es cómo los Maestros Ascendidos, cuando aún no están ascendidos, aprender a atravesar las paredes.

Porque al verlo vemos que nosotros y las paredes estamos compuestos ambos de átomos. Solo hay que alinearse para que los electrones no choquen con los electrones de la pared, y pasamos por los espacios abiertos.

> *En el nombre del Cristo, en el nombre de Saint Germain, en el nombre de Dios Todopoderoso, invoco la rugiente llama violeta para que pase por los cuatro cuerpos inferiores, el alma, el diseño original del alma, la semilla del alma, la semilla de propósito cósmico. Y pido la liberación de las energías de Dios encerradas en matrices subconscientes. ¡Que destelle la luz! ¡Arde a través! ¡Que destelle la rugiente llama violeta! ¡Que destelle la rugiente llama violeta! ¡Que destelle la rugiente llama violeta!*
>
> *En el nombre del Cristo, en el nombre del Espíritu Santo, en el nombre de Dios Todopoderoso, pido que la luz descienda. Invoco la llama de la valía cósmica y la llama del honor cósmico. ¡Destella a través! ¡Arde a través de cada chakra! ¡Destella a través del corazón, la garganta, el plexo solar, el tercer ojo, la sede del alma, la coronilla y la base de la columna! ¡Destella a través! ¡Arde a través! ¡Que destelle la luz de la valía cósmica! ¡Que destelle la luz de la llama violeta y se haga la voluntad de Dios!*
>
> *¡La luz de Dios nunca falla! ¡La luz de Dios nunca falla! ¡La luz de Dios nunca falla y la amada poderosa Presencia YO SOY es esa Luz!*
>
> *En el nombre del Cristo, llamo directamente al corazón del Maha Chohán para que selle a cada cual en la Imagen Real. Sella los límites de la habitación de cada cual. Sella al alma en la luz de Dios de acuerdo con el libre albedrío de cada alma. Hágase en respuesta a nuestro llamado de acuerdo con la voluntad de Dios. Por tanto, que ese punto de luz, esa red y ese campo energético sea ahora la acción protectora del fuego sagrado del árbol de la vida y la imagen*

5 • El fuego de propósito cósmico

del ojo real del diseño original de cada alma para el cumplimiento de la ley de los ciclos, para la realización de la energía en cada cual.

En el nombre del Padre, de la Madre, del Hijo y del Espíritu Santo, acepto el cumplimiento de la voluntad de Dios. Acepto el cumplimiento de la sabiduría de Dios. Acepto el cumplimiento del amor de Dios. Que ahora se establezca en la Tierra como en el cielo. Que las almas de estos hijos tuyos regresen al corazón de la llama ahora. Que sean libres de todas las imposiciones de la mente carnal. ¡Haz retroceder toda la influencia satánica en el nombre de Jesús el Cristo!

Desafío a todo lo que quiera interponerse entre cada alma y la Imagen Real y la Presencia YO SOY. ¡Destelle la luz! En el nombre del Cristo vivo, desafío a toda la oposición al alma. ¡Destelle la luz! ¡Destelle la luz! Destelle la luz y hágase la voluntad de Dios.

Hecho está, oh, Dios. Te damos las gracias por responder a cada llamado que hacemos.

Cuando pensamos en este ritual de hacer pasar la llama por la conciencia, arriba y abajo, habiéndose practicado durante siglos, nos preguntamos cómo es que acabamos de enterarnos. Cuando digo que «acabamos de enterarnos», no puede ser más que unas décadas, si acaso, que hemos sabido del paso de las llamas. Cuando pensamos en que todos los devotos —todos los que realmente entregan suficientemente al yo para alinearse con la llama interior— han sido visitados por un ángel, un maestro o alguien que le ha puesto al corriente sobre este ritual, nos decimos: ¿Dónde hemos estado? No hemos debido renunciar suficientemente lo suficientemente rápido.

Pero recuerden, el conocimiento de la llama solo lo podíamos recibir gracias a la renuncia. Por consiguiente, debemos confirmar y afirmar nuestro sentido de valía cósmica, de que en lo profundo de nuestro ser existe esa renuncia, esa valía que nos ha hecho merecedores de recibir esta enseñanza.

Entonces empezamos a pensar en la humanidad, que no ha recibido la enseñanza. Probablemente haya millones de almas cuya separación del conocimiento de la llama que atraviesa pudiera ser un pequeño grano de karma restante, un granito, porque en el mundo hay muchísima gente buena y devota. Y algo, casi como una catarata en un ojo, algún granito de sustancia, está evitando que logren esa percepción del paso de la llama. ¿Han pensado alguna vez en el hecho de que, si la gente tuviera una formación de acuerdo con esta enseñanza, se levantaría y se cortaría esa mota que tiene en el ojo?

Nuestra misión de transmitir la enseñanza

Por consiguiente, la transmisión de la enseñanza, la transmisión del conocimiento de la Ley es su misión, nuestra misión, porque nunca se sabe cuándo entraremos en contacto con alguien que con un poquito de conocimiento vería la situación en su totalidad y diría: «¡Eso es!». Y nos convertimos en el instrumento que lleva el vaso del elixir que puede marcar la diferencia en la ascensión de una persona en esta encarnación. Aparte de la alegría de vivir eso, piensen en el buen karma que uno logra al haber iniciado la espiral de un ser libre en Dios que algún día será un maestro cósmico. En esto hay implicadas bastantes ramificaciones.

Pero lo más fascinante de las Enseñanzas de los Maestros Ascendidos es que hay muchísima gente que solo necesita un poquito, un empujoncito, una pequeña reorganización de la lógica de la mente y, de repente, entra en contacto con el gurú interior, con el paso de la llama, y tienen la visión del fuego violeta.

Por tanto, nada es más importante para ustedes que estudiar la Ley y la Palabra de Dios. Nada puede remplazarlo, porque eso es su instrumento refinado que les da la capacidad de transmitir la enseñanza a las almas con las que se encuentren. Y cada alma es distinta. Es como ser el médico bueno de las almas. Cada alma tiene un problema diferente, un mal funcionamiento distinto, una enfermedad distinta, y ustedes deben conocer la fórmula específica de la Ley que llegue a esa persona, que le vaya a eliminar la obstrucción del flujo en los chakras.

Aprenderán con la experiencia. Habrá ensayos y errores. Pero cuanto más dependan del Espíritu Santo, más verán que dirán las palabras exactas necesarias y nada más. Al paciente se le puede matar con una sobredosis. Muchos fervorosos aprendices del Maestro Alquimista lo han hecho. La verdad es muy, muy poderosa. Es la medicina más potente y un poquito tiene un efecto muy, muy grande.

Una simple frase de la Ley supone la alquimia para transformar una vida, para desencadenar esa energía. Y se puede destruir la eficacia de la medicina dando una sobredosis. Se la anula. Se llena tanto a la persona de medicina que no puede actuar con sus propias fuerzas para volver a la plenitud.

La medicina de la verdad está diseñada como algo que hace que los órganos de la conciencia vuelvan a funcionar para que el individuo pueda por sí mismo, con su libre albedrío, volver al diseño original. El problema que tenemos en la medicina moderna actual es que todos los medicamentos y los agentes químicos realizan el trabajo en vez de que lo haga el cuerpo, por lo que este deja de producir sus enzimas y vitaminas o los procesos de las glándulas ya no funcionan, porque esto se logra de manera artificial con medicamentos o estimulantes o lo que sea.

La enseñanzas de la Ley no pueden ser un apoyo que sustituya el flujo de la individualidad, el flujo de la llama que en sí misma contiene todo el propósito cósmico. Por tanto, hay que dar la verdad suficientemente para poner en movimiento la ley interior del ser del hombre, pero no tanto para que sustituya la resolución de su propio destino.

Una vez me ilusioné con los jugos; toda clase de jugos. Me compré un extractor eléctrico y probé todos los jugos posibles. Me tomaba muchos litros al día. Entonces alguien un poquito más avanzado que yo en el sendero de la salud me dijo educadamente que me estaba ahogando en todo ese jugo. Y era cierto. El cuerpo o la conciencia solo puede asimilar una cantidad determinada.

Superar las cualidades indeseables

Confiamos en que comprendáis que cada *Perla* de nuestra serie está dedicada de forma específica a una de las formas de la enfermedad universal de la infelicidad. Porque al crear en la conciencia una comprensión correcta del yo y después delinear métodos para superar las cualidades indeseables que se han unido inextricablemente al yo, los síntomas de infelicidad pueden aliviarse.

Esto ilustra que los maestros utilizan el mismo método que el que acabamos de mencionar. Les gusta usar algo específico. Al mirarlos a ustedes como individuos, evalúan cuál es el elemento clave en su conciencia que les impide unirse a su Yo Divino. Cuando hemos hecho la solicitud de ser chelas y el maestro nos mira, él define cuál es ese elemento, define las prioridades, define qué es lo que destruirá al alma de la manera más calculada y probable si eso no se detiene.

Entonces nos pone en el mundo en situaciones pensadas para romper ese aspecto, pensadas para que lo veamos, para que lo veamos con toda claridad y lo superemos. Y si están en el Sendero y estudian de forma consciente los escritos de los maestros, encontrarán en sus escritos algo específico que está pensado para romper cualquier parte de la individualidad que hayan conservado y que les esté impidiendo unirse a la conciencia de Dios.

Está bien hacer un llamado a su Gurú, a su Maestro, pidiendo ese aspecto específico necesario para el problema más grande en su vida. Por tanto, con su amable permiso y de acuerdo con su libre albedrío, voy a hacer esa invocación.

> *En el nombre del Ser Crístico y de acuerdo con el libre albedrío de cada cual, invoco del corazón del amado maestro Hilarión el aspecto específico para el problema de cada chela, ese problema que se presenta como el mayor impedimento, la mayor sombra que oculta el sol del ser.*
>
> *Invoco la luz específica, la enseñanza específica, la esencia específica del fuego sagrado que se manifieste consciente e inconscientemente. ¡Que arda a través del mundo de cada cual! Afiánzalo ahora en el cuerpo mental, emocional, etérico y físico. Que salga a relucir y tenga la atención de cada chela en las veinticuatro horas después de este momento. Que aparezca como inspiración del interior, como enseñanza del exterior, como la luz de la Presencia YO SOY, como el proceso de purificación y el poder de los rayos secretos y de la llama violeta.*
>
> *Por tanto, hágase. Por tanto, hecho está. Y te damos las gracias, Dios Todopoderoso.*

La santa inocencia

Por tanto, abogamos por un regreso al estado de santa inocencia que no tiene necesidad de defenderse contra una multitud de enemigos. No es que queramos desactivar las defensas necesarias para mantener la vida espiritual de uno o la protección de su familia. Pero os pedimos que las pongáis a un lado temporalmente durante vuestros períodos de estudio para que vuestra conciencia pueda volver a entrar en el feliz estado que conoció una vez, antes de que su naturaleza se torciera con las opiniones y los veredictos de los hombres que se basan en una dura perspectiva del mundo y su gente.

«Santa inocencia.» Cuando digo eso, ¿sienten el anhelo de encontrarse en ese estado, pero sintiendo también que no son dignos de encontrarse en ese estado, casi como si fuera imposible volver a él? Así es como nos sentimos en el mundo.

Concluyamos esta charla con nuestro decreto 40.05, «Decreto para pedir pureza». Pongámonos de pie en honor al gran maestro Serapis Bey, que nos devuelve a nuestra pureza original, y en honor al maestro Hilarión, que nos presenta la verdad que nos libera.

Amado Hilarión, con la acción de la Verdad, pedimos la saturación del aura de cada cual, con la llama de la Verdad viva, que en esa llama y con el rayo de esa llama podamos seguirle la pista a ese rayo hasta el Origen, el núcleo de fuego blanco de la santa inocencia del alma que todos conocimos, que todos podemos volver a tener porque YO SOY. El YO SOY en mí y en todos es digno de recibir al Cristo y la pureza de la llama.

Por tanto, hágase en esta hora de la consagración de estas almas al fuego sagrado.

DECRETO PARA PEDIR PUREZA

En el nombre de la amada, poderosa y victoriosa Presencia de Dios YO SOY en mí, de mi muy amado Santo Ser Crístico, Santo Ser Crístico de toda la humanidad, amada Diosa de la Pureza, amado Jesucristo, el amado Elohim de la Pureza, amados Gurú Ma y Lanello, todo el Espíritu de la Gran Hermandad Blanca y la Madre del Mundo, vida elemental: ¡fuego, aire, agua y tierra!, yo decreto:

¡Abrid la puerta a la Pureza!
¡Abrid la puerta a la Pureza!
Que las brisas soplen y pregonen Pureza
sobre el mar y sobre la tierra;
que los hombres comprendan
la voz del mandato del Cristo Cósmico.

Vengo a abrir de par en par el camino
para que los hombres sin miedo
puedan decir siempre:
YO SOY la Pureza de Dios.
YO SOY la Pureza del Amor.
YO SOY la Pureza de la Alegría.
YO SOY la Pureza de la Gracia.
YO SOY la Pureza de la Esperanza.
YO SOY la Pureza de la Fe.

Y todo lo que Dios pueda hacer con la Alegría
y la Gracia combinadas.

SEÑOR, YO SOY digno de tu Pureza. Deseo que tu Pureza me atraviese en un gran estallido cósmico para eliminar de la pantalla de mi mente, de mis pensamientos y de mis sentimientos toda apariencia de una acción vibratoria humana y todo lo que sea impuro en sustancia, pensamiento o sentimiento.

Sustitúyelo todo ahora mismo por la plenitud de la Mente de Cristo y la Mente de Dios, el Poder manifiesto del Espíritu de la Resurrección y de la Llama de la Ascensión, para que pueda entrar al Sanctasanctórum de mi ser y hallar que el poder de la transmutación está actuando para liberarme por siempre de toda discordia que se haya manifestado alguna vez en mi mundo.

YO SOY la Pureza en acción aquí, YO SOY la Pureza de Dios establecida por siempre, y la corriente de Luz desde el mismo corazón de Dios que encarna toda su

Pureza fluye a través de mí y establece a mi alrededor el poder de la Pureza Cósmica invencible que nunca puede volver a ser cualificada por lo humano.

Aquí YO SOY, tómame, oh, Dios de la Pureza. Asimílame y úsame en las matrices de emisión para la humanidad de la Tierra. Haz que invoque la Pureza no solo para mí mismo, sino para toda la Vida. Haz que invoque la Pureza no solo para mi familia, sino para toda la familia de Dios bajo la bóveda celeste.

Te agradezco y acepto esto manifestado aquí y ahora mismo con pleno Poder como la Pureza y la autoridad de tus palabras pronunciadas a través de mí para producir la manifestación instantánea de tu Pureza Cósmica en mis cuatro cuerpos inferiores, intensificándose a cada hora y acelerando esos cuerpos hasta que alcancen la frecuencia de la Llama de la Ascensión.

En el nombre del Padre, de la Madre, del Hijo y del Espíritu Santo, consumado está. Sellado está en la luz. Sellado está en la unidad. Sellado está en el Dios Padre-Madre. El alma es sanada.

20 de enero de 1975

CAPÍTULO 6

LA DISCIPLINA DE LOS CUATRO CUERPOS INFERIORES

En el nombre del Padre, de la Madre, del Hijo y del Espíritu Santo, invocamos la luz para que estalle en cada corazón como la mente de brillo diamantino de Dios. Invocamos el electrodo de la joya de Gautama Buda para que aumente y se intensifique ahora en el cerebro de cada cual. Que la mente de Dios esté en nosotros. Que la mente de Cristo esté en nosotros, amado Jesús, amado Kuthumi. Selladnos ahora y que la voluntad se cumpla como Arriba, así abajo. Os damos las gracias y lo aceptamos hecho ahora con pleno poder.

Comentario sobre el segundo capítulo, 2ª parte

Cuanto más nos movemos en el sendero de la plenitud o la santidad, más sensibles nos volvemos no solo hacia nuestro cuerpo, sino también hacia el cuerpo de Dios. Aunque la mayoría del tiempo mi actividad está en el plano etérico, más allá del campo energético del físico y libre del confinamiento de mi cuerpo, me doy cuenta de que cuanta más luz tengo y más me hago consciente de mi cuerpo como el cuerpo de Dios, más sensible me vuelvo a sus funciones.

La idea de ser un cuerpo de luz con mucho espacio dentro de él es importante. Luego está la idea de comprender que cuanto más alto vayamos en Espíritu, mayor será la maestría que tengamos en la materia. Ahora bien, la fuerza oscura quisiera que fuera al revés, que cuanto más espiritual nos hagamos, menos prácticos seamos en la materia. Por tanto, la perversión de este nivel de logro se ve tanto en las religiones de Oriente como en las de Occidente.

En India está considerado como algo por debajo del rango de hombre espiritual el entrar en política o trabajar en el Gobierno, porque eso es para una casta muy inferior y demuestra una densidad mucho mayor y una falta de superación del orgullo y la ambición personal. Los Maestros Ascendidos no lo ven así para nada. Cuando más alto llegamos en el logro espiritual, más nos interesamos por nuestro prójimo y más deseamos servir.

En Occidente se piensa que una característica principal del sendero cristiano consiste en adoptar la conciencia de pobreza: cuando más espiritual somos, menos bienes del mundo debemos poseer. Saint Germain no siguió ese camino. Cuando fue el Hombre Prodigioso de Europa, recibió una dispensación del Consejo Kármico[1] para poder venir como un Maestro Ascendido y aparecer en un cuerpo físico. Y ¿qué hizo? Se mostró a sí mismo vestido de terciopelo y enjoyado, regalando amatistas y joyas de todas las clases, perfeccionando diamantes, etc.[2] Lo importante es el desapego.

Quiero enlazar esto con lo que aprendemos en psicología: cómo muchos estados de ánimo y muchos aspectos de nuestra personalidad están basados en nuestras funciones físicas; cómo la gente (padres, maestros y nosotros mismos) hemos respondido ante eso; y cómo, según Freud, la interacción que tenemos con nuestros deseos y nuestras carencias focalizadas en nuestro cuerpo físico parece tener el poder de determinar nuestro destino en el planeta.

Cuando pasamos al nivel del logro espiritual, las situaciones van en sentido contrario. Nuestra alma se convierte en la fuerza dominante. Nuestra alma utiliza los cuatro vehículos, nuestros cuatro cuerpos inferiores, y decide cuándo y cómo se han de usar tales vehículos. Para ser un maestro bien equilibrado, un maestro no ascendido (algo que ustedes deben esforzarse por ser; cada uno de ustedes debería decidir que va a caminar por esta Tierra como un maestro no ascendido), se necesita tener una integración correcta con el cuerpo físico, encontrarse en un estado en el que el cuerpo no lo domine a uno con cualquiera de sus deseos, con cualquiera de sus necesidades. Asimismo, nuestro dominio ha de extenderse a las emociones, a la mente y a la memoria.

La memoria de las células es, en gran manera, la programación de las células. Nuestras células están programadas por nuestras acciones. A medida que las acciones se vuelven costumbres, un ritual y una rutina, las células se programan. Las células son como pequeñas computadoras; cualquier cosa con las que las alimentemos, eso serán. Si damos a los niños dulces, las células alcanzarán un punto de saturación de azúcar. Entonces, cuando el azúcar se metabolice, la célula sentirá un gran deseo de azúcar otra vez porque está programada para tener ese azúcar, y así es cómo se genera el deseo de dulces. Esta programación tiene lugar al polarizarse el cuerpo etérico con el cuerpo emocional.

Aquello que se hace físicamente es una respuesta a una idea o una imagen. Por ejemplo, antes de comernos un dulce acostumbramos a tener una imagen del dulce. Vemos el trozo de chocolate, lo deseamos enormemente, decidimos que nos lo vamos a comer y después tenemos que ir a buscarlo físicamente.

Todos los ciclos avanzan por los cuatro cuerpos inferiores según cómo se mueve la energía de Dios alrededor del reloj. Cuando el concepto está formado, la idea mental pasa al cuerpo emocional y se reviste de deseo. Tenemos la imagen, tenemos el deseo y después hay que tener la satisfacción física o sentiremos frustración.

Si no podemos encontrar ese trozo de chocolate, si la tienda de al lado no lo tiene, si no podemos poner en contacto al cuerpo físico con el chocolate, la cosa queda como un deseo insatisfecho, ahí, a punto de precipitarse. Supongamos que tenemos suficiente control sobre nosotros mismos para pensar: «Bueno, en la tienda no queda, sigo por mi camino». Nos olvidamos de ello, pero no lo hemos transmutado. Ese deseo sigue ahí. Antes o después se va a satisfacer.

El patrón del deseo que tengamos ha creado reflejos en el etérico. Cada vez que tengamos un deseo o un pensamiento, ello tiene un equivalente en el cuerpo etérico. Cada célula de nuestro ser tiene un equivalente a nivel etérico; tenemos células etéricas, órganos etéricos, todo; y esto se graba en el aura de modo que en el aura se puede leer la matriz de la salud de alguien.

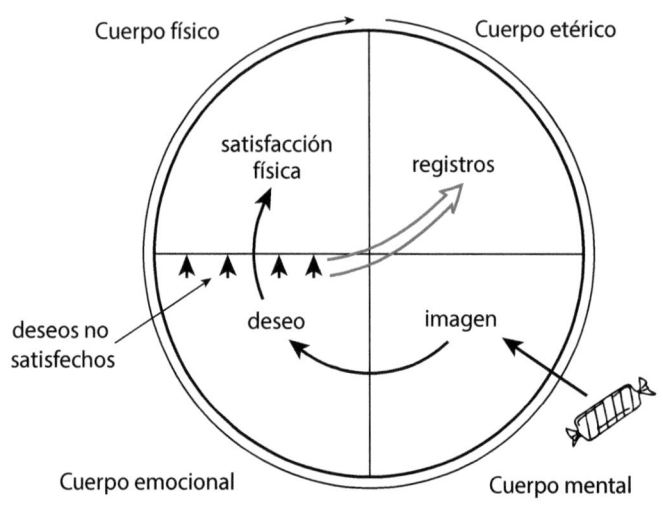

Ver algo crea una imagen, que se reviste de deseo en el cuerpo emocional. Si el deseo no se satisface físicamente, permanece en el cuerpo emocional. Puesto que el cuerpo emocional y el cuerpo etérico están en polaridad, este patrón del deseo no satisfecho se refleja en el etérico.

En este mundo existen cosas de todo tipo que deseamos y que no manifestamos porque tenemos autocontrol. Pero esos deseos tienen sus registros y persisten. Lo que quiero decir con esta idea de polaridad del físico-mental y emocional-etérico es que hay una interacción de energía entere estos cuerpos y sabiéndolo podemos programarnos para ser lo que queremos ser.

La programación de los cuatro cuerpos inferiores

Tal como lo aprendemos en psicología, estamos siendo programados desde el momento en el que nacemos por cómo nuestros padres nos tratan, cómo responden a nuestras necesidades, cuánto tenemos que trabajar para conseguir lo que queremos, si nos condenan continuamente o si nos protegen constantemente. Todo esto representa cierta programación, pero es una programación de los cuatro cuerpos inferiores. Digamos, simbólicamente, que el alma está en alguna parte en el centro de los cuatro cuerpos inferiores, de modo que, hasta cierto punto, la superficie del alma recibirá la influencia de esta nueva programación.

Pero cuando se asume un cuerpo nuevo, la concepción se produce en la línea de las tres del reloj. Con nosotros traemos nuestro cuerpo etérico de siempre, que es el cuerpo que permanece intacto entre encarnaciones. Se corre cierto velo sobre los cuerpo mental y emocional anteriores. Dependiendo del logro del alma, estos pueden conservarse, pero en general hay una tasa de decaimiento en esos cuerpos y por eso se forman nuevos en la siguiente encarnación en base a los patrones que hay en el cuerpo etérico. El período de nueve meses de gestación consiste en tres meses en cada cuadrante para afianzar estos patrones en el cuerpo mental, en el cuerpo emocional y en la forma física. El nacimiento se produce en la línea de las doce y ahí empezamos a trazar nuestros ciclos.

Por tanto, incluso antes de nacer, ya estamos programados. Nos hemos programado a nosotros mismos durante muchas encarnaciones. Y toda esa programación de cada célula y cada patrón de nuestro ser está en el cuerpo etérico. La programación es tan intensa que los rasgos de la cara, el tamaño de las piernas, los muslos, cómo están formados los dedos del pie, los codos y todo lo demás está en el cuerpo etérico. Por eso podemos tener casi la misma cara hoy que teníamos hace diez mil años en una encarnación anterior. Así es como nos podemos encontrar en la enciclopedia, porque ahí estamos, ahí está nuestro patrón electrónico, en nuestro cinturón electrónico y en nuestro cuerpo etérico.

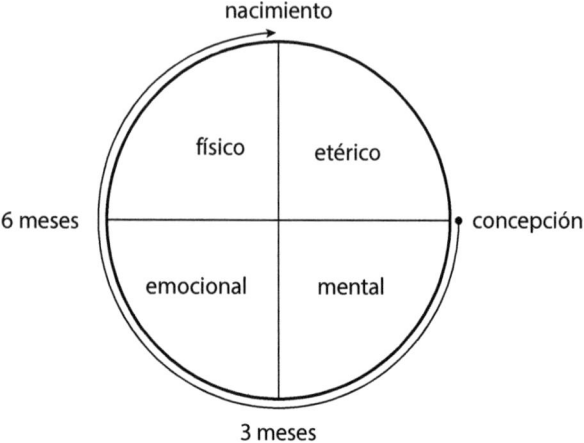

La concepción de un alma en una nueva encarnación se produce en la línea de las 3 del reloj, puesto que el cuerpo etérico permanece intacto y es el mismo de una vida a la siguiente. El nuevo cuerpo mental, emocional y físico se forma siguiendo los patrones almacenados en el cuerpo etérico. Este proceso tarda nueve meses, un mes por cada línea del reloj, de las 3 a las 12, tres meses por cada uno de los cuerpos inferiores restantes.

Debemos comprender esta programación. La programación del alma ocurrió en todas las encarnaciones, desde la primera, e incluso antes que eso ocurrió en la formación de las capas del cuerpo causal, cuando el alma viajaba alrededor de la Presencia YO SOY reuniendo madejas de luz para su identidad y para su impulso hacia la Materia.[3] Por tanto, difícilmente se nos puede confinar a una psicología que empieza a analizarnos cuando nacemos. Es evidente que esto es un simple pellizco de nuestra existencia.

Es bueno tener esto presente; es muy importante saber lo que sabemos. Me entusiasman y fascinan las ideas que se están presentando, especialmente para los avatares y niños que están llegando y que deben ser formados y a quienes no debemos consentir demasiado, porque la última capa de la programación sobre el alma tendrá una influencia clave.

En cualquier caso, cuando miramos la vida desde la perspectiva de querer ser un iniciado del fuego sagrado y un chela de los Maestros Ascendidos, se trata de un punto de vista totalmente distinto al que se tiene cuando se quiere ser un ego equilibrado en un cuerpo humano, equilibrando todas las necesidades humanas, los patrones de los deseos, teniendo éxito y estando bien adaptados a este plano. Realizar eso en cierto grado es necesario. Los inadaptados y los que tienen desequilibrios psicológicos que llegan a los pies de los maestros tienen muy poco que ofrecer. Estas personas deben ser recreadas y deben volver a nacer y adaptarse a este mundo antes de que puedan ser chelas responsables en el Sendero.

Lo ideal en este mundo es satisfacer las necesidades de los cuatro cuerpos inferiores justamente hasta el punto en el que tienen suficiente energía para mantener su función con un sentimiento de abundancia, pero no con un sentimiento de suntuosidad o lujo, y comprender que lo principal es la proyección de la conciencia del alma y de la percepción del alma. Para hacer esto se necesita cierto grado de disciplina a fin de mantener los cuatro cuerpos inferiores bajo control.

Por tanto, cuanto más se ceda ante las exigencias de los cuatro cuerpos inferiores, más exigencias tendrán estos. Nuestros cuatro cuerpos inferiores son como nuestros hijos. Cómo tratemos a los cuatro cuerpos inferiores, si los malcriamos, si somos estrictos con ellos, determinará con cuánta libertad se moverá nuestra alma.

Yo tengo cuatro hijos. Y soy bien consciente del hecho de que el primer hijo que tuve fue la exteriorización de la conciencia etérica de Mark y mía; el segundo, nuestra conciencia mental; el tercero, la emocional; el cuarto, la física. Lo puedo ver con toda claridad. Los hijos serán exactamente lo que permitamos que sean nuestros cuatro cuerpos inferiores. Si limitamos a nuestros cuatro cuerpos inferiores y a su expresión del Cristo, probablemente limitaremos y frustraremos a nuestros hijos. Si desde pequeños hemos aprendido a disciplinar nuestra conciencia, esa disciplina se transmitirá. Y cuando un alma está en nuestro vientre, ese hijo tendrá impresos en su alma los impulsos acumulados de sus cuatro cuerpos inferiores, así como los impulsos acumulados de su cuerpo causal.

Los cuatro cuerpos inferiores son receptáculos de las influencias y las vibraciones de su cuerpo causal. Por tanto, cuanto más podamos hacer que nuestros cuatro cuerpos inferiores sean cálices adecuados para nuestra Presencia YO SOY, nuestro cuerpo causal y nuestro Ser Crístico, más podremos ser maestros no ascendidos caminando por la Tierra.

Usos y abusos del cuerpo etérico

Voy a darles ejemplos de cómo podemos ser permisivos con los cuatro cuerpos inferiores. Somos permisivos con el cuerpo de la memoria cuando le damos vueltas constantemente a los registros del pasado sobre la escena humana. Esta mañana, al rezar el rosario, me di cuenta de que me venían a la mente varios registros de cosas que habían pasado ayer o anteayer, problemas con la gente. Tuve que decidir entre permitirme pensar en estas cosas o alejarlas rigurosamente de mi mente y visualizar a la Virgen María, fijar la atención en la visión que tenía de ella, escuchar los versículos bíblicos y decir el Ave María con devoción y con amor.

Si decidía permitirme esta contemplación con el pensamiento y darles vueltas a las cosas, la luz no fluiría. La radiación se interrumpiría porque yo me estaría sintonizando con mi cuerpo etérico, no con la Virgen María. Las proyecciones eran de la sustancia de las líneas Virgo-Piscis: temor, sentimiento de injusticia, dudas, ociosidad, ansiedad. «¿Qué va a pasar con esta situación? ¿Qué va a pasar con esta querella? ¿Qué va a pasar con esto?».

Y me dije: «No voy a ser permisiva con mi cuerpo etérico. No voy a dar poder a estas cosas. Este es un momento que le dedico a la Virgen María y voy a comulgar con ella desde mi alma, mis chakras, la llama de mi corazón. Y me voy a aislar de todo lo demás». Así es que me sintonicé, mantuve la visualización, contemplé a la Bendita Virgen ante mí, recé el rosario y me aislé del resto. Mientras hacía esto, por supuesto, se produjo una lluvia de luz tras otra, una energía y un flujo completo del Macrocosmos-microcosmos. Esto se produce siguiendo un patrón en forma de ocho.

Al rezar el rosario con la atención totalmente puesta en nuestra Presencia YO SOY y en la Virgen María, toda su energía puede circular hacia el cáliz de nuestro ser porque tenemos un cáliz, tenemos una matriz que puede atraerla y recibirla.

Las cosas iguales a una misma cosa son iguales entre sí. Si vemos a la Virgen María en los cuatro cuerpos inferiores, ella llenará de sí misma los cuatro cuerpos inferiores, y nosotros nos convertimos en efecto en la Virgen María. Ustedes son la Virgen María siempre que tengan la atención puesta en ella y en nada más; una figura en forma de ocho, como Arriba, así abajo. La energía de la Virgen María desciende, circula por nuestros cuatro cuerpos inferiores y asciende para volver a ella. Ella la recibe, la energía se transmuta y va a parar a nuestro cuerpo causal. La Bendita Madre entonces utiliza nuestra energía para bendecir a toda la vida.

Este es el flujo que debería haber cuando decretamos. Estamos creando un campo energético gigantesco abajo que continúa creciendo hasta que tenemos un verdadero cuerpo causal afianzado a través de los chakras y los Maestros Ascendidos reciben nuestras energías en las alturas. Por tanto, en realidad estamos ascendiendo. Nosotros ascendemos al plano de los Maestros Ascendidos y ellos descienden al plano de la humanidad. El punto de encuentro es nuestra conciencia Crística y ahí es donde el cielo y la tierra se encuentran, en el punto de contacto con la mente Crística, que es el nexo de la figura en forma de ocho.

Por consiguiente, dar vueltas a los registros del pasado es un ejemplo de permisividad con el cuerpo etérico. Es una elección, ser permisivos o no serlo. Esta es nuestra elección. Con frecuencia esto ocurre cuando nos acostamos por la noche y debemos elevarnos en nuestro cuerpo etérico superior porque el alma abandona los cuerpos inferiores. O puede ocurrir cuando volvemos a nuestro cuerpo, al despertarnos por la mañana.

Prestar atención constantemente a estos registros se convierte en una costumbre en el cuerpo etérico, el mirar una y otra vez los registros. Esto produce un flujo con las emociones en los dos sentidos. Por tanto, el cuerpo de los deseos, con su ansiedad, agitación y nerviosismo, continúa alimentando los registros, haciendo que sean más intensos, haciendo que nos entusiasmemos con ellos. Después esto asume imágenes cada vez más bajas en las que nos imaginamos que alguien nos está persiguiendo o que una persona nos está haciendo algo. Esto puede bajar más y más en el plano mental y, finalmente, circula hasta el físico, creando molestias en el cuerpo físico, como mucha tensión y ansiedad o dolores de cabeza, tensión nerviosa y todo lo que se puedan imaginar.

Hay personas que acuden a mí con problemas y que nunca pueden dejar esa costumbre de darle vueltas a las cosas en el cuerpo etérico. Cuando le vengan cosas a la cabeza, tienen que echarlas al fuego. Si se les presentan quince veces, eso es que tienen un problema en el cuerpo etérico. Tienen que dominar ese problema porque les va a afectar en todos sus ciclos. No pueden dejar que el subconsciente, los registros del pasado, el cinturón electrónico, dominen su visión. Si lo dejan es que tienen un cuerpo etérico maleducado y malcriado y la culpa es suya por no dominarlo.

Cuando la gente envejece esto se convierte en un problema importante porque las personas en esa época están volviendo de forma cíclica a sus registros. Se están preparando para marcharse y es como si pasaran por una segunda niñez. En la tierna infancia, desde el nacimiento hasta los tres años, estamos en un ciclo etérico, en nuestro cuerpo etérico. Durante la vejez podemos volver a eso mismo porque en la vejez nuestro Ser Crístico intenta acelerar la transmutación de los registros que hay en el cinturón electrónico y en el subconsciente.

Por eso las personas mayores se sientan, hablan de los viejos tiempos que fueron mejores y lo que hicieron cuando tenían veinte años. Debido a la tasa de decaimiento del cuerpo mental, emocional y físico, ya no pueden sentir la vitalidad que tenían cuando eran jóvenes. Viven en su cuerpo etérico; viven la vida a través de sus registros; y viven la vida mirando a otras personas hacer lo que ellos solían hacer. Se ponen muy sentimentales porque su cuerpo etérico se polariza con su cuerpo emocional; lloran al escuchar las viejas canciones, etc.

Esas personas seguirán haciendo lo mismo cuando se encuentren fuera del cuerpo en el plano astral. Ese darle vueltas a los ciclos etéricos constantemente es lo que se conoce como purgatorio o infierno, porque es lo único que hacen cuando se encuentran ahí. Van al plano astral y vuelven a vivir miles de veces los eventos de su vida, especialmente las cosas malas que hicieron porque los demonios los atormentan amplificando y energizando sus registros, activándolos ante ellos y haciendo que se vean a sí mismos como personas horribles que, hace cincuenta años, cuando tenían dieciséis, hicieron algo malísimo que desde entonces les ha hecho sentirse mal.

De ahí viene toda la idea del fuego del infierno, la condenación y el castigo eterno. ¿Pueden imaginarse un fuego sagrado que tardara toda la eternidad en quemarnos? Si el fuego sagrado es el fuego sagrado y uno se encuentra en ese infierno que se supone está compuesto de fuego, uno debería disolverse en un segundo, si Dios es el Dios que creo que es. Dios no va a tardar toda la eternidad en quemar esta forma. La forma física puede quemarse en una hora o dos.

La idea de arder eternamente en el infierno se la ha inventado la fuerza oscura, que se apodera del alma, del cuerpo astral, del cuerpo mental. Logra que uno salga del cuerpo físico en el plano astral y hace que le demos vueltas a las cosas una y otra y otra vez. Y uno nunca sale del plano astral. Parece como si uno se pasara ahí una eternidad antes de volver a encarnar. Y ese es el karma por ser permisivos con uno mismo, por ser permisivos con el cuerpo etérico.

La primera lección que debemos aprender en el Sendero es que la fuerza, los caídos, las entidades, miran dentro del cuerpo etérico, estudian nuestros registros de forma sistemática, hacen una gráfica de nuestro karma y nuestras encarnaciones pasadas. Luego, cuando llegan los ciclos correspondientes del reloj cósmico, según la luna y el sol, activan ante nosotros los registros de la línea de las dos, las tres, las cuatro, las cinco; todo el cinturón electrónico.

Esto se ve como un desfile en ciertos momentos del día, muchas veces por la mañana, muchas veces por la noche, y en otros ciclos. Desfila ante nosotros y pronto nuestra conciencia se convierte en una red y un campo de energía para la marcha y el galope de las bestias del plano astral. Cada día galopan con acostumbrada regularidad a través de nuestra conciencia. Cada día nos quedamos sentados ahí, espantados, mirando esas cosas y pensando en todas esas cosas horribles que o bien no sucedieron o bien nos van a suceder... al mismo tiempo que articulamos los decretos.

Ahí estamos, sentados, decretando, pero estamos mirando

la escena. Nos preguntamos por qué no sentimos ninguna radiación, por lo que hacemos más y más decretos. Podemos pasarnos las horas decretando, pero nunca nos conectamos realmente porque no estamos manteniendo el concepto inmaculado, no estamos realmente fijando la mirada en los maestros, en la conciencia Crística. Y así, el flujo en forma de ocho no tiene lugar. No deben dejar que las Enseñanzas de los Maestros Ascendidos decaigan y pasen a ser una rutina, sentándose y decretando con la boca, pero con la mente en la cloaca.

Visualización y formas de pensamiento

La disciplina de sus cuatro hijos es lo esencial. Una vez que disciplinen el cuerpo de la memoria para que no les den vueltas a las cosas, podrán detenerlo. Entonces usarán la mente, los pensamientos mentales, para formular la imagen del Cristo. Los maestros nos ayudan a hacerlo con formas de pensamiento. Es importante tener una forma de pensamiento que podamos ver. La ponemos en el cuerpo mental, ahí queda afianzada y se convierte en una imagen en la que pensamos y a la que contemplamos. Si les resulta difícil visualizar durante una sesión de decretos, deberían reunir formas de pensamiento en el libro de decretos. Cuando vayan a hacer decretos al Arcángel Miguel, tengan una forma de pensamiento en la página de al lado.

Escucho decir a la gente que cuando cierra los ojos y hace algunos decretos, no puede recordar cómo era la forma de pensamiento. La gente siempre me dice: «Si debo visualizar, debería poder mirar algo, cerrar los ojos y verlo, pero no puedo». Tengo sobre la mesa del despacho una carta a ese respecto: «¿Qué debo hacer? No puedo visualizar».

Mucha gente no puede visualizar. No se preocupen. Pongan en el libro de decretos ayudas eficaces para la visualización. Hagan varias repeticiones del decreto y si se les pierde la matriz, abran los ojos, miren la matriz y decreten mientras la miran.

Refuercen las imágenes en su cuerpo mental, refuercen las matrices de patrones perfectos: imágenes de los maestros, formas de pensamiento geométricas perfectas, una rosa, fotos recortadas de una revista de iris en primavera, orquídeas o cualquiera de estas bellas formas de pensamiento. Estas son matrices de perfección porque contienen luz. Cuando se las mira, uno está al nivel de plano etérico superior o la octava de los Maestros Ascendidos, porque esa es la matriz.

El cuerpo mental debe estar lleno de imágenes perfectas. Asimismo, las imágenes imperfectas se deben eliminar. ¿Dónde se alojan las imágenes imperfectas? ¿De dónde vienen? Vienen de nuestros intestinos. Por eso Jesús ayunó cuarenta días y cuarenta noches. Los registros del cuerpo astral y del cuerpo mental están afianzados en el físico en las incrustaciones que hay en las paredes de los intestinos. Por eso, cuando empezamos a ayunar y empezamos a limpiarlos, nos da dolor de cabeza, nos sentimos como aturdidos, no podemos pensar. Se hace un enema y de repente se aclara la cabeza —uno siente la cabeza clarísima y no sabe por qué—, porque los intestinos estaban reteniendo los patrones de imágenes imperfectas.

Deseo y devoción

De vez en cuando voy a ver una película porque Mark me lo dice. La película tiene algo que enseñarme que está pasando en el mundo y que debo saber. Por primera vez en unos seis meses fui al cine a ver *Odessa*, que trata de la policía secreta, las SS y los nazis que había en la Segunda Guerra Mundial. La película tiene bastante violencia. Y observé que, aunque no miré la violencia, los registros de la experiencia que tuve con esa película se me quedaron en la conciencia durante quizá tres días después de ver la película, a pesar de la maestría que tengo.

Es importantísimo no permitir que el impulso acumulado que tenemos en nuestros deseos o en nuestro cuerpo mental se estropee hasta el punto de que necesita constantemente el estímulo de música a gran volumen, películas violentas, tener algo que siempre esté sonando a todo volumen. Esta es la inseguridad de nuestra sociedad moderna. La gente deja la radio encendida día y noche. Constantemente tiene que mirar la televisión o tener la radio encendida, y es incapaz de estar en silencio, que es la ruina de nuestro cuerpo mental y emocional.

El cuerpo emocional se puede programar para que necesite la violencia, el drama de algún tipo o alguna experiencia como de telenovela, el melodrama de meterse en las complacencias de la conciencia humana. De forma periódica y con regularidad, el cuerpo emocional exigirá este tipo de experiencia. Por tanto, hay que disciplinarlo. Deben decirse a sí mismos: «Tengo un vehículo y este vehículo está pensado como un cáliz de los sentimientos de Dios. Voy a llenarlo con los sentimientos de Dios. Voy a eliminar todo este estruendo del plano astral y voy a disciplinar a este cuerpo emocional para que sea la energía de Dios en movimiento (emoción)». El flujo se produce en el cuerpo emocional. El enorme flujo de la cascada de la conciencia de Dios que fluye por nosotros pasa por el cáliz perfecto de las emociones.

Mi experiencia con la figura en forma de ocho se multiplica mil veces con la imagen de la Virgen María que he colocado en la parte derecha de mi reloj cósmico interior como un recuerdo mental. Es un recuerdo mental porque el recuerdo está grabado a fuego. En mi mente veo esta imagen de la Virgen María muy vívidamente. Por tanto, es tanto etérico como mental. A veces es difícil separar un recuerdo de un pensamiento; son cosas distintas, pero son una misma cosa. Es el fuego que se reviste de aire.*

---
*Véase pág. 354.

Por tanto, en alguna parte de mi ser tengo el recuerdo de haber visto a la Virgen María. Invoco ese recuerdo y hago que sea muy concreto creando una imagen mental. Me la pongo delante, rezo el Ave María y visualizo a la Virgen ante mí. Al visualizarla formo una matriz a través de la cual ella puede entrar, puede dar el paso y aparecérseme. Su presencia electrónica se atraerá hacia esa imagen que he lanzado al plano etérico-mental.

Cuando me siento y pongo todo el peso de mi cuerpo de los deseos en eso, esto es lo que ocurre. El deseo se convierte en devoción a la Virgen María, el sentimiento de amor hacia ella. El sentimiento de amor hacia ella circula hacia el cuerpo etérico y trae los recuerdos de experiencias con ella a niveles internos, porque las energías etérico-emocionales están polarizadas y siempre circulan en un sentido y en otro. Es un patrón oscilante, que va y viene a la velocidad de la luz. Estoy aquí sentada, en éxtasis, con la alegría de la comunión con la Virgen María; todas mis energías en movimiento, todo mi cuerpo de los deseos capturado por el amor a la Madre Divina.

Esto se convierte en una acción gigantesca que lo barre todo porque el cuerpo de los deseos tiene la energía más grande y la mayor capacidad de contener más energía. Por tanto, cuando más amor siento por la Virgen María, más se activa e intensifica el flujo de la Virgen María, y eso se convierte en un ciclo sin fin. El flujo engendra más flujo hasta que mi cuerpo de los deseos se hace tan grande y se llena tanto de la Virgen María que toda la Tierra y todas sus evoluciones están contenidas en él. Nos podemos hacer tan grandes como el planeta en un instante, y ello se basa en nuestra devoción.

Ahora bien, si yo no tuviera ninguna devoción, la oración se convertiría en un simple ciclo mental-etérico: bla, bla, bla, bla, bla, bla, bla. Así suena el rosario más o menos cuando lo escuchamos en la radio por la mañana en la Iglesia católica, cuando lo escuchaba cuando era pequeña. Es el sonido de ir pasando las cuentas del rosario y recitar de memoria las oraciones. Y lo que sucede es que la gente está pensando en su trabajo, en otras cosas. No entran en el sentimiento. Así es que toda la matriz se interrumpe en el plano mental y ahí es un simple goteo en la figura en forma de ocho.

La forma de hacer que ese pensamiento mental y ese recuerdo etérico sea muy tangible en este mundo es revistiéndolo de sentimiento, el sentimiento de Dios. Cuando está verdaderamente revestido de sentimiento, está preparado para estallar y finalmente hacerse físico.

Debido a que la gente ha rezado a la Virgen María durante siglos, y muchas personas con devoción, ella ha sido la que se ha aparecido. Su imagen la ha visto el ojo físico porque la humanidad ha dado suficiente energía de los sentimientos para precipitar esa imagen, y esto es así porque millones de personas a lo largo de los siglos han rezado el rosario como forma de oración.

Las recientes apariciones de la Virgen María forman parte de lo que los maestros han dicho: que ella se aparecería en Occidente, que sería la maestra ascendida que atravesaría el velo y allanaría el camino para que otros Maestros Ascendidos lo atraviesen también. Esto es posible debido a la enorme devoción que tiene la gente.

Disciplina en el cuerpo mental

Somos demasiado condescendientes con el cuerpo mental cuando lo utilizamos constantemente para estudiar y adquirir conceptos y pensamientos mentales, es decir, siendo un estudiante perpetuo, una persona que está siendo continuamente estimulada mentalmente por el conocimiento de este mundo. Estas personas leen constantemente y acumulan conocimiento mental. Pero Pablo ha dicho que la sabiduría de este mundo es insensatez para con Dios.[4]

¿Para qué sirve el cuerpo mental? El cuerpo mental sirve para expresar la mente que había en Cristo Jesús.[5] Es el cáliz de la mente de Dios. Los maestros más grandes que jamás vivieron siempre tuvieron un conocimiento inmediato sobre cualquier cosa del universo que quisieron saber a través de la mente de Dios que había en Cristo Jesús.

Eso no quiere decir que uno no deba formarse o que no se deba formar a los hijos. Cierto grado de formación es necesario, ya sea que decidan terminar la escuela secundaria y formarse en alguna profesión o capacidad de negocios, ya sea que quieran estudiar en la universidad. La formación es necesaria para tener actividad en este mundo.

Lo importante es cómo estemos formados y cómo permitamos que funcione nuestro cuerpo mental. Se debe desarrollar un sentido para escuchar. Se trata de un estado de gracia en el que se está a la escucha y en el que se espera que la mente de Dios se una a la nuestra y nos enseñe, reconociendo a Dios como nuestro instructor y esperando que él nos enseñe.

Cuando estaba estudiando en la universidad tuve la experiencia de tener al profesor hablándome enfrente y Dios hablándome dentro de mí sobre el mismo tema. Tenía dos columnas en el cuaderno de notas: lo que me decía el profesor y cómo me lo interpretaba Dios.

El profesor me hacía una pregunta y yo ya había recibido la respuesta de Dios antes de que el resto de la clase la oyera o pudiera entender la pregunta. Yo levantaba la mano y daba la respuesta. Era como un dictado perfecto. Y el profesorado y los estudiantes (que eran adultos estudiando en la universidad cuando yo estaba estudiando cursos sobre religiones con ministros protestantes) se quedaban pasmados por la claridad, la perfección de las palabras y cómo tocaba todos los aspectos del tema. La clase se quedaba en silencio al contemplar todos la respuesta. Se me ofreció una oportunidad de trabajar con este profesor para obtener el doctorado, y yo aún era estudiante de grado.

En cualquier caso, ustedes pueden tener esta experiencia, pero deben sintonizarse, deben prepararse, deben ponérsela como meta. Para ponérsela como meta hay que mantener el estado de gracia en el que se está a la escucha. Es la disciplina de la mente en el que esta no se deja atrapar en un seguimiento de los patrones del intelecto, sino que uno comprende que los patrones del intelecto y las enseñanzas de este mundo solo tienen un número determinado de pistas, como los laberintos que hay en los libros de puzles.

En el cuerpo mental hay muchas pistas. Lo que tienen que hacer es que la pista sea como una pista de despegue para el avión de la mente. Sigan esa pista mientras sea necesario lograr un impulso. Y, de repente, al haber estado en esa pista lo suficiente, se elevan por el aire; entran en el plano de la mente de Dios. Tienen suficiente información, suficiente conocimiento sobre cierto tema o algo que les interesa, y se sintonizan con la mente de Dios. De repente, lo que era lineal se vuelve esférico y tenemos una percepción de todas las perspectivas de la cuestión, en vez de tener solo el conocimiento lineal de lo que es capaz el cuerpo mental inferior. Eso es todo lo que el cuerpo mental inferior puede hacer por sí solo.

Debemos estar preparados constantemente para subir a ese plano. Y, por supuesto, al subir como un cohete, en efecto se rompe la fuerza de gravedad del cuerpo mental inferior, que es en realidad el campo energético de la mente carnal. En este mundo vemos a gente cuyo cuerpo mental es como un niño malcriado. Como dijo Pablo: «Siempre están aprendiendo, y nunca pueden llegar al conocimiento de la verdad».[6] Siempre están aprendiendo porque ahí es donde está su energía.

Un sector de la sociedad, la gente que ha malcriado a su cuerpo mental, tiene que salir del cuerpo mental en algún momento, y se polariza con el cuerpo físico. Verán que el intelectual medio es bastante sensual, porque sus búsquedas intelectuales se vuelven autocomplacencias físicas. Por tanto, siempre son los intelectuales lo que justifican el amor libre, la autocomplacencia y la gratificación de todas las fases de los sentidos.

Lucifer es el intelectual por excelencia en la línea tres, si se quiere utilizar esa palabra con respecto a él. Él es el paradigma de la perversión de la mente Crística. Su intelectualismo ha promovido la autocomplacencia total en el plano físico, el egoísmo total en la línea de las diez. La filosofía de los luciferinos es bastante compleja y se utiliza en su totalidad para la justificación y el razonamiento de la permisividad total y completa en el plano físico.

La permisividad en el plano físico gasta total y completamente la energía del Cristo y las energías de los chakras, de modo que no queda nada. Observarán que los intelectuales que tienen un cuerpo mental malcriado acostumbran a tener un cuerpo físico malcriado. Los intelectuales son los que están a cargo de los sistemas educativos en la actualidad porque ellos son quienes tienen el mayor desarrollo en el aspecto mental. Ellos son quienes promueven la educación sexual en primer curso, en segundo curso, y el amor libre y la experimentación, etc.

Lo que ocurre es que tienen tanta energía atrapada en el cuerpo mental que miran con desdén a cualquiera que tenga sentimientos o deseos, porque eso es indigno de ellos. No se puede ser emocional o tener sentimientos cuando se es un terco intelectual. Pero esa energía tiene que ir a parar a alguna parte porque en el cuerpo mental la energía sigue dando vueltas y más vueltas, hasta que se convierte en una frustración. Por tanto, la energía parece que se salta el cuerpo de los deseos y no se convierte en una autocomplacencia. Entonces va a parar al cuerpo físico.

En los intelectuales se observa siempre algo realmente terrible, y es que dicen chistes intelectuales malos. Se sientan y se ríen tontamente de esos chistecillos que se cuentan entre ellos. Estoy hablando de presidentes de empresas y bancos y gente en las altas esferas de la sociedad. Se meten en sus reuniones directivas o en sus reuniones ejecutivas y alguien hace un comentario y todos empiezan, «ji, ji, ji, ji», y se ríen todos juntos.

Créanme, he conocido a este tipo de personas. Y eso es un sustituto del verdadero sentimiento de Dios, la verdadera alegría, la verdadera pericia y el humor de Dios que llega a través de los ángeles de la llama violeta. Esos chistes suelen ser desagradables y obscenos. Son muy limitados y casi siempre están basados en el cuerpo mental inferior que nunca, ni una sola vez en su vida, ha salido del laberinto del intelecto, se ha elevado a la conciencia de Dios y ha recibido una idea de Dios.

¿Se pueden imaginar a la gente del mundo actual, que no ha tenido la alegría de recibir la visita del ángel del Señor mentalmente para recibir una hermosa forma de pensamiento, una idea que llegue directamente de Dios? Si yo no pudiera oír la mente de Dios que me habla, la existencia sería algo totalmente devastador y sin propósito.

Sin embargo, hay personas que vida tras vida siguen atorando toda su energía en el cuerpo mental y el físico, y jamás tienen un pensamiento de la mente de Dios. Son pervertidos. Tienen problemas psicológicos. Tienen una psicología anormal; sin embargo, dominan el planeta. En Teosofía, los maestros K.H. y M.* dijeron que no hay nada más peligroso que la mente carnal muy instruida, la mente carnal muy

---
*Kuthumi y El Morya.

formada, muy adepta en la cual el cuerpo mental está formado excluyendo al Cristo.

La autocomplacencia con el cuerpo emocional

Lo siguiente es la permisividad con las emociones. Y las emociones están desde luego atadas al cuerpo etérico y a la memoria etérica, con el llanto y la excitación, volviendo a vivir lo que ya se ha vivido y sintiendo una gran emotividad a cada escena.

Está bien tener sentimientos, entusiasmo, fervor y la intensidad de la luz en nuestro interior. Puse el dictado de El Morya de la última conferencia para un intelectual y lo dejó parado de asombro. Se quedó helado al menos tres días. No podía creerse que alguien como un ser ascendido pudiera poner tanto sentimiento, fervor y entusiasmo en un dictado.

Morya estaba muy entusiasmado por sus chelas perdidos en ese dictado y este intelectual para el que puse el dictado era uno de ellos. Ahora bien, él me había pedido escuchar un dictado. Yo no lo obligué. Pero le dio tanto pánico que tuvo que encontrar una comparación; y todo lo que se le ocurrió fue la psicología multitudinaria en la idea de Hitler controlando a la gente con las emociones.

Ahora bien, la generalizaciones no existen y no estoy tratando de poner a todo el mundo en un saco estadístico. Lo único que quiero es enseñarles características para que puedan tener una base sobre la cual estudiar a la gente y saber qué es lo que está actuando.

La gente tiene un cuerpo dominante en el que se centra y sea cual sea, ese cuerpo tendrá una polaridad. Si es el emocional, las personas se polarizarán con el etérico. Si es el etérico, se polarizarán con el emocional. Si están centradas en el mental, observen el físico, la violencia física, así como las autocomplacencias físicas. Si las personas son muy físicas, puede que no lleguen al punto del cuerpo mental. Hay personas que son tan físicas que la energía nunca sube para activar los chakras del cerebro; estas personas son del orden evolutivo más bajo.

El cuerpo emocional malcriado es el cuerpo que se conmueve con cualquier pequeña historia, con cualquier problemilla, con cualquier chisme, cualquier cosa que esté sufriendo alguien en el vecindario. Se dejan llevar por completo y no pueden mantener la matriz de perfección que proviene de la memoria de Dios. Y si no son capaces de mantener ese concepto inmaculado, siempre están en altamar, como corchos a merced de las aguas, y nunca pueden afianzarse en nada por estar tan metidos en las emociones.

La alquimia de la sanación

Voy a darles otro ejemplo de lo que pasa cuando meditamos en una matriz. Una mañana me desperté con dolor de cabeza mientras viajaba, un dolor muy violento. No quise ceder ante ese dolor de cabeza. Me sentía muy contenta y sentía mucho amor por Dios. Empecé a pensar en Serapis Bey y en la gran oportunidad que él estaba dándole a la humanidad; y la alegría de su retiro; y la alegría por ser candidata a la ascensión; y qué maravilloso era que tantas personas estaban siendo candidatas. El recuerdo de Serapis Bey me estaba generando una alegría cada vez mayor.

La interacción fue la siguiente: mi cuerpo etérico, mi alma, acababa de regresar de los planos internos. Yo me estaba integrando con mi forma, al principio más al nivel del etérico y el emocional antes de estar en el físico. Estaba muy alegre y veía a Serapis Bey en su retiro. Veía la acción de la llama y a los iniciados que había, y eso me hizo muy feliz.

Entonces, de repente, me acordé de que tenía dolor de cabeza, y lo sentí, un dolor de cabeza agudo. Entonces empecé a pensar en el dolor de cabeza, y el dolor empeoró. Entonces volví a traer a la mente la imagen de Serapis en su retiro. Me di cuenta de que cuando tenía la atención puesta en Serapis Bey, no sentía el dolor de cabeza. En cuanto dejaba de hacerlo y pensaba en el dolor de cabeza, lo sentía.

Era como cuando Pedro caminó sobre las aguas con Jesús.[7] En cuanto desvió la atención del Cristo, en cuanto perdió confianza en la maestría del Cristo, empezó a hundirse. Jesús le dio la mano y restableció el flujo de energía entre ellos. Saint Germain lo explica en su curso sobre alquimia.

Yo tuve una experiencia idéntica. En cuanto desviaba la atención de Serapis Bey, era consciente del dolor. Pues la cosa se puso interesante porque me tomé lo que me estaba pasando como un experimento de laboratorio para poder contárselo a ustedes y a todo el mundo. Y llegué a la conclusión del poder que tiene el concepto inmaculado. Estoy segura de que podría haber pensado en cualquier maestro, en cualquier retiro o en mi Ser Crístico, pero fue la combinación de los sentimientos y el recuerdo puros circulando a través de mí mientras estaba tumbada en mi cuerpo físico... y justamente ahí estaba la energía de Serapis, la energía de la llama de la ascensión.

El trabajo tardó tiempo en completarse, el tener la suficiente energía para eliminar de mi cuerpo las toxinas que quizá se hubieran acumulado en mi cabeza o para eliminar algún ataque de entidades astrales. Probablemente al pasar por las octavas y al volver a la Tierra tuve un encuentro en el plano astral con ciertas hordas de la oscuridad que seguían proyectando energía hacia mi mente como punto focal. El fijar mi atención en Serapis y en la llama me permitió estar en el etérico el tiempo lo suficiente para que, al empezar a actuar a través de mi cuerpo mental y físico, el dolor de cabeza despareciera. Esta experiencia nos demuestra que la sanación necesita tiempo y espacio.

Recuerdo cuando aprendí sobre esto al leer los libros

de Saint Germain, los tres de la serie de Godfré Ray King, *Misterios desvelados*, *La Mágica Presencia* y *Discursos del YO SOY*, que les recomiendo que lean.[8] En Francia tuvo lugar una curación en la que Saint Germain puso sus manos sobre una niña enferma. Tuvo que poner las manos sobre la niña durante un período de cinco minutos.[9] Cuando lo leí me quedé muy impresionada por el hecho de que un Maestro Ascendido necesitara tiempo para sanar a un ser no ascendido, que necesitara poner las manos sobre la persona durante ese período de tiempo, porque tal y como me lo imaginaba, cualquier Maestro Ascendido podía curar a cualquier persona o algo de una manera instantánea.

Tenemos esa imagen debido a las historias de la Biblia en las que Jesús sana a la gente al instante. Bien, eso es lo que las curaciones de Jesús parecen ser, pero no sabemos qué preparación tuvo que hacer para esas curaciones. No tenemos derecho a juzgar cómo curó. Él nunca nos ha dicho cómo lo hizo. El hecho de que el milagro se produjera cuando pronunció las palabras no quiere decir que no estuviera ocupándose de eso horas antes.

La alquimia de la curación es el concepto del flujo de energía a través de los cuatro cuerpos inferiores que circulan alrededor del reloj, el flujo «como Arriba, así abajo» que describe un patrón en forma de ocho. En esa experiencia Saint Germain estaba afianzando la energía de su cuerpo causal en la forma de la niña. Al circular esa energía por sus cuatro cuerpos inferiores, limpió y transmutó las impurezas y las imperfecciones.

Las incrustaciones de miles de años se han de eliminar de manera gradual. Si el maestro infundiera la luz de una sola vez para disolver la oscuridad, podría destruir los cuatro cuerpos inferiores al provocar un cortocircuito, al sobrecargar el circuito, igual que si tocamos una corriente eléctrica de tantos y tantos voltios. El cuerpo no puede asimilarlo de una vez. Está el factor espacio-tiempo que hace necesarias para la sanación las manos sobre los chakras o sobre el cuerpo en contacto físico. Es necesario establecer el flujo y aumentarlo hasta que se produzca el equilibrio.

El cuerpo físico

Un cuerpo físico malcriado existe debido a una falta de constancia en las comidas. Hay niños que comen todo el día. Nunca reciben una comida como tal. Sus padres no están suficientemente organizados para poner la mesa. Los niños van a la nevera y se hacen un sándwich de mantequilla de cacahuete. Al cabo de una hora se hacen una bebida de chocolate. Después se ponen a comer galletas saladas, luego cacahuetes, después perros calientes. Cuando llega el almuerzo se comen media hamburguesa. Así todo el día.

Lo sé porque me dediqué a cuidar niños en casas donde así estaban todo el día, para mi consternación. No me podía creer que esto pasara con regularidad, pero es un patrón en muchas casas. Y lo que ocurre es que nunca existe el equilibrio del cuerpo que primero es llenado, después viene la asimilación, la digestión, el paso de los alimentos, y después todo vuelve a empezar. El cuerpo nunca siente el yin y yang sintiéndose lleno y después vacío, y el estar totalmente vació para ser un imán y volver a llenarse.

Esto ocurre cuando los padres, o ustedes como padres de su cuerpo físico, se lo permiten continuamente todo. Cada vez que el cuerpo físico tiene un deseo, ustedes ceden. El cuerpo se pone intranquilo, por lo que dejan de hacer lo que están haciendo y se van fuera a jugar o a hacer algo. No hay control, no se obliga al cuerpo a hacer lo que queremos que haga.

En mi vida he tenido varios períodos en los que he decidido que este cuerpo era mi instrumento. El cuerpo tenía que hacer lo que yo quería y no lo que el cuerpo mismo quería hacer. Una de esas experiencias fue el año en el que estuve trabajando día y noche en el libro *Escala la montaña más alta*. Terminar ese volumen llevó entre catorce y dieciséis horas al día durante doce meses. Durante ese período me sentaba en la torre de Retiro de la Espiral de la Resurrección* y trabajaba. Me traían la comida. Salía unas pocas veces al día y me puse un programa para hacer trotar alrededor de la propiedad media hora por la tarde. Y eso es todo, verano, invierno o cuando fuera, porque el libro debía publicarse.

El intenso deseo que mi cuerpo físico llegó a tener de salir al sol, hacer ejercicio o hacer algo distinto alcanzó proporciones enormes. Se convirtió en una verdadera tentación. Pero yo sacaba el látigo y decía: «Cuerpo, vas a ser mi esclavo, vas a trabajar para mí. Vas a hacer lo yo te diga y nada más». Le hablaba y lo disciplinaba como a un niño, igual que se regaña a un niño. Cuando terminaba de dar voces, incluso me lo creía, y eso me servía para unas diez horas o las horas que fueran. Fue algo muy curioso.

Durante ese período también di a luz a mi cuarto hijo. Era consciente de que tenía que alimentar al niño y todo lo demás que forma parte del embarazo. Pero en ese embarazo descubrí que durante las veinticuatro horas del parto (donde utilicé los métodos de dar a luz de una manera natural por primera vez), tenía un control absoluto sobre mi cuerpo físico, algo que no había tenido en mis otros tres embarazos.

Para mí eso supuso una victoria importantísima de control total y absoluto, de dar a luz a ese niño cuando me sentí preparada para ello, sin que el niño ni los músculos y órganos de mi cuerpo me controlaran, sin que los dirigía desde el nivel del Cristo. Me dije que después de veinticuatro horas de un parto difícil, pero teniendo un control Divino total, si se puede

---
* *"Retreat of the Resurrección Spiral"*, sede central de The Summit Lighthouse en aquella época, en la ciudad de Colorado Springs.

hacer eso, si se puede demostrar el poder de dominar la forma física, se puede hacer cualquier cosa.

Se pueden dominar cualquiera de los cuerpos si se puede dominar el cuerpo físico, porque el físico es el más denso y los átomos físicos responden con más lentitud. Por ejemplo, podemos cambiar de opinión en un segundo. Pero traten de cambiar la longitud del dedo gordo del pie o de la mano; probablemente tendrán que esperar a tener otra encarnación antes de que se rompa la matriz y cambie. Si pueden dominar su cuerpo físico, si pueden obligarlo a hacer lo que ustedes quieren cuando ustedes quieren, tendrán un verdadero sentimiento de maestría, de caminar por la Tierra con la cabeza bien alta, sabiendo que «estos cuatro cuerpos inferiores no me dominan».

Deberían intentarlo con el ayuno o regulando la cantidad de comida si creen que siempre están comiendo demasiado, si se adormecen después de comer o si les da dolor de estómago. A veces se sentirán como el lobo que se comió a las ovejas y la madre de las ovejas llegó a casa y se encontró con el lobo durmiendo debajo del árbol. Tenía el estómago tan lleno de ovejas que ni siquiera se marchó de la escena del crimen que cometió. Así es que la mamá oveja le abrió en estómago y todas las ovejas salieron. Después le llenó el estómago de piedras y se lo cosió. Cuando el lobo se despertó no se podía mover porque estaba demasiado pesado.

Con todas las autocomplacencias de los cinco sentidos, las de los chakras inferiores, no es una cuestión de deseo, de necesidad o de frustración. Es una cuestión de cuánto vamos a dejar que los cuatro cuerpos inferiores se salgan con la suya. ¿Cuánta energía les vamos a dar, la cual le restará energía a nuestra misión, a nuestra alma, a nuestra conciencia Crística? Esta es una situación muy distinta a cuando la miramos desde la perspectiva de Freud o los luciferinos, la de saciar todo lo que se quiere, todas las necesidades, todos los deseos.

Cuando somos chelas en el Sendero, debemos procurar que nuestros cuatro cuerpos inferiores tengan exactamente lo que necesitan y nada más: lo mínimo. Pero en cuanto pasamos de lo mínimo, seguro que empezamos a tener problemas psicológicos.

Equilibrio en la vida

El nuevo ego que ha nacido y que viene al mundo, la nueva identidad, ha de integrarse en los cuatro cuerpos inferiores. Esto no se puede apurar ni puede recibir presiones. Debe seguir sus ciclos naturales de desarrollo. Hay ciertas cosas que deben cumplirse en una vida. Si permiten que estas cosas se cumplan, le estarán dando a sus cuatro cuerpos inferiores exactamente lo que necesitan. Pero no sean demasiado permisivos.

Tomemos, por ejemplo, la tendencia o el deseo de procrear. La maternidad es muy importante para una mujer, la necesidad de realizar el rayo femenino dando a luz a un hijo. Sin embargo, ciertas religiones han dicho que el sexo está mal y, por tanto, que está mal tener hijos. Han intentado erradicar este deseo.

La clave es tener un equilibrio e ir por el camino medio. Eso es lo que se enseña en el sendero del hinduismo. Hay un período en la vida para ser físicos, luego hay un período para las emociones, otro para la mente y otro período para el etérico. La gente comienza la vida en el físico, después pasa por los sentimientos y por el desarrollo mental. La vejez es un ciclo etérico en el que se va al plano del Espíritu, a la vida contemplativa. Por tanto, hay un período para ocuparse del hogar, un período para traer hijos al mundo. Hay un período para ir a la universidad, un período para el desarrollo mental. Y luego hay un período para retirarse a contemplar.

Es necesario buscar el equilibrio, dejar que nuestros hijos y los hijos a los que llamamos nuestros cuatro cuerpos inferiores tengan contacto con este plano de la Materia hasta el punto en el que ciertas necesidades e impulsos básicos se satisfagan; porque habiendo probado estas cosas, podemos renunciar a ellas. No habiéndolas probado, siempre queda la curiosidad: «¿Cómo es eso? ¿Cómo habría sido hacerlo?».

No estoy defendiendo la experimentación con todas las formas sexuales o la perversión sexual a fin de descubrir cómo es. Pero, por ejemplo, al criar a nuestro hijos, no deberíamos pensar que vamos a criar a unos pequeños santos o a unos pequeños ángeles no permitiéndoles que monten en bicicleta o que tengan un berrinche cuando se peleen con alguien en la escuela y querer que tengan una vida como en un vacío o una incubadora, donde no tengan que afrontar el mundo y la vida y que tengan que vivir por sí mismos algunos de los duros golpes que te da la vida.

Esta perspectiva puede traer problemas más adelante. Por ejemplo, los psicólogos han dicho que cuando las personas tienen una incapacidad para leer, cuando tienen problemas con la lectura en quinto o sexto curso o incluso más adelante, en la escuela secundaria, estas personas se han saltado una fase y ello ha dado como resultado desequilibrios en el cerebro y una falta de desarrollo.

Con respecto a este tipo de cosas hay gente que trabaja con presos. Vi un programa en el que la gente trabajaba con presos que tenían una imagen de sí mismos muy pobre —no llegaron a estudiar más allá del séptimo o el octavo curso, tenían un cociente intelectual muy bajo, no sabían leer, no estaban integrados en la sociedad—, por lo que se dedicaron a violar la ley y a cometer crímenes, en parte buscando atención, en parte debido a la pobre imagen que tenían de sí mismos. Pusieron a estos presos en el suelo y les obligaron a gatear varias horas al día, porque gatear es una fase en la que se equilibran los dos lados del cerebro para el desarrollo mental y ello sirve para equilibrar los cuatro cuerpos inferiores.

La gente que tiene la necesidad de demostrar su capacidad o la gente de pocas miras a menudo obliga a que sus hijos anden antes de tiempo para poder decir: «mi niño empezó a andar a los nueve meses» o «mi niño empezó a andar a los ocho meses». Lo que nos importa es que el niño necesita gatear porque eso es una fase del desarrollo. Si se obliga al niño a que empiece la siguiente fase antes de que haya pasado por la anterior, más tarde eso tendrá una reverberación.

Si se obliga al niño a hacer algo para lo que no está preparado o si uno se obliga a sí mismo a hacer cosas en la vida que no le son naturales, torceremos al alma y su expresión a través de los cuatro cuerpos inferiores, porque los cuatro cuerpos inferiores estarán torcidos. Un cuerpo inferior torcido es como una hoja de vidrio que tiene irregularidades y cuando se mira a través de ella los árboles y otras cosas se ven raras, porque el vidrio no está bien hecho. Es una distorsión importante sobre la escena de la vida.

La idea es encontrar una norma y un equilibrio en el que los cuatro cuerpos inferiores estén desarrollados. María Montessori tiene un programa de meditaciones desde el momento de la concepción.[10] Dejemos que los cuatro cuerpos inferiores se formen, dejemos que tengan una existencia natural, pero que el progenitor los discipline. Que el progenitor infunda la autodisciplina en el niño; no la condenación de sí mismo, no la limitación de la creatividad, sino una disciplina que mantenga felices a los cuerpos porque no se malcriarán.

Un cuerpo malcriado no es un cuerpo feliz. Intenta ser feliz deseando intensamente más permisividad, más de lo mismo, pero nunca lo consigue. Solo cuando es disciplinado, cuando alguien le dice que no, cuando se lo pone firme, entonces tiene un sentimiento estimulante porque el cuerpo está satisfecho;

tiene su cuota de energía y la energía vuelve al centro del Cristo y del alma. Entonces es cuando nos sentimos realmente felices. Un niño malcriado no es un niño feliz. Un niño autocomplaciente no es un niño feliz. Y ustedes no son felices cuando son permisivos con sus cuatro cuerpos inferiores. Estarán desintonizados.

Educación y la mente de Dios

Ahora pueden hacerme preguntas.

Estudiante: [Comentario sobre Carl Rogers].

ECP: Este estudiante dice que Carl Rogers llevó a cabo experimentos que demostraron que los que pueden dar la mayor ayuda psicológica no son los más instruidos, como los que tienen seis años de estudios, sino los que salen de la escuela secundaria, porque ellos aún tienen la capacidad de entender a los demás.

De hecho, los maestros se aseguraron de que Mark Prophet nunca estudiara en la universidad, porque no querían que tuviera demasiados estudios en el plano del cuerpo mental, porque parece que cuanto más estudios se tienen, más estrechas son las matrices que no permiten que uno despegue hacia el plano de la mente de Dios.

Lo que yo observé en Mark es que no tenía inhibiciones. Por ejemplo, a mí se me ocurriría una idea, pero quizá no la llevaba a cabo porque era algo socialmente inaceptable por haber estudiado yo algo en algún curso que me dice que esa idea no está bien. Si Mark tenía una idea, saltaba dos metros en los aires y gritaba ¡hurra!, lo hacía en el estrado o en cualquier parte. Y eso rompía la matriz mental de la gente de la audiencia. Eso liberaba la energía para que Dios fluyera a través de él y le bajaba la guardia a la gente, y la sacaba tanto de su cuerpo mental que cualquier cosa que dijera Mark, dijera lo que dijera después, la gente lo asimilaba de inmediato porque no estaba centrada en ese intelecto que impide la asimilación.

Eso mismo lo he visto en la poesía de Mark, en sus dictados o en muchas cosas que él hacía, que eran tan contrarias a la lógica de la mente carnal que cualquiera que hubiera desarrollado la mente carnal de alguna forma las habría rechazado tal cual. A eso me refiero cuando digo desinhibido. Mark era desinhibido y no estaba corrompido, por lo que su talento puro podía entrar en contacto con el talento de Dios y podía traer unas dispensaciones enormes como las que tenemos sobre el conocimiento y las enseñanzas de The Summit Lighthouse.

Los maestros se encargaron de que yo terminara la universidad porque sabían cuál iba a ser mi función aquí y que esta universidad nuestra debía tener el respeto de los académicos del mundo. Por tanto, alguien debía tener un grado, y esa persona era yo.

Mark tuvo una formación muy, muy importante en su encarnación anterior como Longfellow. Estudió en Europa, estudió en Nueva Inglaterra, sabía muchos idiomas y fue un erudito toda su vida. En esta encarnación eso no fue un requisito para él.

Vivía casi exclusivamente en su cuerpo etérico, con muy buena coordinación y muy buen contacto con los otros tres cuerpos, pero actuaba desde el plano de la inspiración pura y total. Eso estaba apoyado por la formación de la vida anterior de modo que tenía un amplio vocabulario que utilizaba a la perfección, con palabras que quizá yo no había escuchado nunca. Con diligencia yo las buscaba en el diccionario y descubría que tenían la matriz o el significado exacto que transmitía la vibración que salía de la Palabra hablada.

Es curioso, cuando tenemos un cuerpo etérico realmente purificado, no solo podemos tener la inspiración de los maestros y de nuestro cuerpo causal, sino también tenemos acceso a todos los buenos impulsos acumulados de los otros tres cuerpos inferiores provenientes de otras existencias. Realmente creo que, si hubiera que escoger un cuerpo intacto, limpio y purificado entre los cuatro, sería el cuerpo etérico, porque el cuerpo mental, emocional y físico de inmediato empezarán a seguir el mismo camino. Cuando las células etéricas pierden sus patrones de conducta como hábitos y sus matrices de autocomplacencia, empiezan a manifestar una matriz de disciplina que los otros cuerpos imitan.

Por el contrario, con el cuerpo físico hay que empezar a romper esos hábitos, esas células programadas para comer, para recibir esa carga de nicotina o de alcohol. Están programadas y la desprogramación empieza con una disciplina física. Hay que darle una charla al cuerpo físico. Hay que decirle que ya es hora de que deje de asimilar esa sustancia y que ya no lo vamos a permitir. Hay que hablar con una decisión absoluta. Hay que hablarle al cuerpo y decirle: «Mira, así son las cosas. Ahora vas a comer lo que yo te diga y no vas a comer nada más, y eso es lo que vas a hacer».

Hay que entrar en la conciencia de la mente Crística y del alma y disciplinar al cuerpo. Y el cuerpo obedece; se puede sentir cómo se asusta y hace lo que le decimos. Después se pone muy contento y se queda satisfecho porque se siente seguro de que al final no está solo al dar el giro, sino que hay una matriz según la cual puede alinearse y que le ponemos encima.

Con ese rechazo a la autocomplacencia, sea trate de lo que se trate, es como empezamos a corregir los patrones que hay en el cuerpo etérico. Se debe superar un enorme impulso acumulado de deseo porque todo esto está grabado en el cuerpo emocional. Eso es lo más grande que hay que superar, porque el cuerpo de los deseos tiene un flujo de energía cósmica enorme.

La idea es sustituir. No destruyan a su ser humano, no lo maten. Si lo hacen no tendrán ninguna matriz a través de la cual evolucionar. Sean sensatos. Den a estos cuerpos lo mínimo que necesitan y luego dejen que salgan de la autocomplacencia como una evolución y de forma gradual. Hay que sentir compasión por la situación de los cuatro cuerpos inferiores y su adoctrinamiento. Y, seamos realistas, los cuatro cuerpos inferiores son niños que ya nos sacan una ventaja porque llevan desarrollándose años. Se puede acostumbrar a un niño de dos años, pero acostumbrar a otro de veintidós es algo distinto, hay que disciplinarlo de una manera eficaz.

Si a los cuerpos les damos lo mínimo, pero sin permisividad, tendremos un sentimiento de libertad mucho mayor. No podemos tener continuamente un sentimiento de culpa que nos haga sentir cada vez que nos equivocamos que estamos muertos, que no nos podemos levantar y que no podemos superar las cosas. En nuestro esfuerzo para superar las cosas debemos tener un sentimiento de libertad. Ciertos hábitos pueden romperse en seguida, especialmente cuando sentimos al Espíritu Santo; de repente hemos superado un hábito y no volvemos a hacerlo. Hay otras cosas que están muy arraigadas y basadas en desequilibrios en el cuerpo y cuando lidiamos con esas cosas, debemos tener compasión con nosotros mismos y darnos el tiempo necesario para vencer.

Por tanto, hay que medir la disciplina. No podemos sobrellevar la carga de un superego así de nuestros padres que nos hace disciplinarnos hasta el punto de destruir la matriz que los Maestros Ascendidos necesitan, destruyendo su capacidad de trabajar a través de nosotros como chelas. Si nos lo negamos todo en nuestros cuatro cuerpos inferiores, nos podemos convertir en unos infelices absolutos hasta que ya no sepamos ni donde estamos en nuestro propio cuerpo por decir que los cuerpos son un mal y que la Materia es un mal, y estaremos tratando de tener una existencia como de otro mundo.

De hecho, como he dicho con anterioridad, cuando más alto llegamos en lo espiritual, más adquirimos de una manera absoluta una actitud práctica en el plano físico y más nos experimentamos a nosotros mismos en el cuerpo físico. Pero nuestro cuerpo físico será algo muy nuevo y trascendente porque todo estará pasando por esta purificación, y nosotros nos percibiremos como a Jesús en la ilustración de él como un ser cósmico.

La disciplina del cuerpo etérico

Estudiante: ¿Debemos disciplinar el cuerpo del registro, el etérico, o puede hacerse eso purificándolo con decretos?

ECP: Hay que querer, determinar y ejercer disciplina conscientemente. Los decretos solo pueden cumplir una matriz que nosotros establecemos en nuestra mente. Por eso antes hablé de la gente que piensa en el pasado mientras decreta. Así no se limpia el pasado, porque no se lo está sustituyendo con una matriz pura y las personas no están disciplinándose para dejar de pensar en eso. No podemos sentarnos ahí y solo decretar. Hay que decir: «Bien, no voy a darle más vueltas a esos registros. Está hecho y está en el pasado. He pedido la ley del perdón. Me he perdonado, he perdonado a la otra persona y no voy a mirar esa imagen ni una sola vez más».

Si surge un registro, de inmediato debemos erigir la imagen de una llama, la imagen de la Virgen María. Si no pueden verla en su mente, si su mente aún no es suficientemente fuerte, saquen una imagen y digan: «Voy a mirar esa imagen y no voy a ver aquel evento, aquel registro. *En el nombre del Cristo, que esa experiencia se eche al fuego*».

Ahí es cuando empezamos a hacer que el cuerpo etérico nos obedezca y se alinee. Estaremos sujetando al caballo por las riendas y el caballo no saldrá corriendo con nosotros encima.

Estudiante: Quería decir limpiar vidas pasadas.

ECP: ¿De las vidas pasadas, cuando no es un registro que tengamos enfrente, sino simplemente una acumulación? Eso se hace mediante la transmutación y con decretos. Pero es algo que se mejora enormemente con una forma de pensamiento pura. Si usted decreta con la mente en blanco, mirando alrededor de la habitación o la silla que tiene enfrente, no está creando un cáliz que pueda contener una matriz cósmica.

Pero si al decretar ve los ojos del maestro ante usted o si

mira una imagen, eso se convierte en un cáliz. Eso en sí mismo se convierte en un registro en su cuerpo de la memoria, una forma de pensamiento en su cuerpo mental. Y en ese cáliz, en esa matriz, se vierte el fuego violeta, se vierte el fuego sagrado. Este frota y limpia otros registros de su vida de los que ni siquiera usted es consciente.

Una forma de pensamiento es un imán, igual que el Imán del Gran Sol Central. Una forma de pensamiento pura de un maestro magnetiza una enorme cantidad de energía del cosmos hacia nuestros cuatro cuerpos inferiores. Por tanto, podremos limpiar mucho más y con más rapidez si al decretar utilizamos formas de pensamiento.

Estudiante: Cuando estamos decretando y hay cosas que surgen del pasado, ¿podemos vencer eso con solo pensar en la llama olvidándonos de esas cosas? ¿Es eso oponerles resistencia?

ECP: Cuando estamos decretando y surgen esos viejos registros, hay que decir: «*En el nombre del Cristo, lo envío al fuego. En el nombre del Cristo, ponlo en el fuego, amada Presencia YO SOY, amado Saint Germain*».

Verá que cuando surjan estos registros usted sentirá la atracción de sus emociones, sentirá el registro, sentirá la mente, podrá sentir la involucración física. Puede que esté en medio de una sesión de decretos a Astrea. Lo que debe hacer es intensificar esa sesión. Hay que poner más poder, más chakra de la garganta. Hay que dar más amor a la Elohim y, mientras se dicen las palabras, mentalmente decimos: «*Astrea, quítame esto. Lo entrego al fuego*».

A veces decretamos más deprisa y cuanto más deprisa decretamos, más sentimos la luz fluyendo a nuestro alrededor. Podrán hacerse tres, cuatro o diez Astreas y, de repente, se produce una enorme atracción, parecido a como se siente una ola cuando se nos lleva el cuerpo, y entonces rápidamente se despega y se cae de nosotros. Ya no somos conscientes del registro. Y sentimos que la batalla ha terminado, que las fuerzas de la luz y las de la oscuridad han peleado y las de la luz han ganado, porque hemos continuado decretando, porque hemos continuado contra todos los obstáculos; hemos mantenido la matriz y hemos hecho el llamado.

No hay que suprimir el registro, sino que hay que fijar la atención en Dios y decir: «*¡Dios, llévate eso!*». Al fin y al cabo, nosotros no podemos consumirlo. El fuego puede. Dios puede. Lo que nosotros sí podemos hacer es mantener la atención puesta en Dios para que eso pueda ocurrir, porque si nuestra atención no está, el flujo tampoco estará.

Recuerdo que cuando no entendía esta ciencia podía hacer una serie de decretos y, de repente, me cansaba y me entraba sueño, y decía: «Bueno, hoy no voy a hacer tantos», y hacía el cierre del decreto y ya está. Lo que no comprendía entonces es que el cansancio y el sueño eran señales de que estaba entrando en contacto con una energía astral muy densa de mi cinturón electrónico o del planeta. Yo no había intensificado suficientemente la llama para que atravesara esa sustancia, lo cual provocaba un rayo de sueño y una energía soñolienta que me sobrevenía. Y lo dejaba antes de que el decreto hubiera atravesado ese montón de sustancia que había surgido para transmutarse.

Por tanto, cuando se sienten y digan: «Ahora voy a hacer catorce Astreas», no paren hasta no haber terminado de hacer catorce. Si dicen: «Voy a hacer tres», hagan tres. Pero decidan lo que decidan hacer, terminen de hacerlo porque esa decisión se pone de inmediato en la computadora del Ser Crístico y su Ser Crístico determina qué energía puede transmutarse en esa sesión, que empezará a surgir para transmutarse. Si dejan de decretar, esa sustancia se queda ahí, parada en los cuatro cuerpos inferiores, y entonces tendrán un problema.

Control y represión

Estudiante: ¿Puede decir algo sobre la diferencia que hay entre control y represión?

ECP: La represión, la represión de los sentimientos, es cuando se detiene el flujo. Cuando se suprime algo se detiene el flujo, se detiene un ciclo.

Digamos que usted tiene una célula en su cuerpo etérico que tiene un impulso acumulado en un ciclo determinado de permisividad sexual que ahora, en el punto en el que usted se encuentra del Sendero, le parece una permisividad demasiado grande. Digamos que quiere cortar este ciclo por la mitad. El ciclo vuelve a surgir. Porque está acostumbrado a fluir de esa forma. Usted establece un flujo, establece una matriz en sus cuatro cuerpos inferiores y después las energías esperan circular de esa forma porque nuestros cuerpos son criaturas de costumbres y nosotros las programamos. Por tanto, usted se ha programado con esa cantidad determinada de permisividad que ahora quiere trascender, y quiere cortarla un cincuenta por ciento.

Bien, la energía realiza su ciclo y está preparada para la manifestación física. Ahí es cuando tiene que decir: «*En el nombre del Cristo, pido que se detenga la espiral de este impulso acumulado*».

El Gran Director Divino nos enseñó esta clave, la detención de la espiral, porque la energía es una espiral y una vez que esa espiral empieza, terminará. Una vez que la espiral se emite, no puede hacer otra cosa que seguir adelante.

La represión o la frustración de esta energía consiste en rechazarla en el físico, rechazarla en los deseos, rechazarla en la mente y finalmente devolverla al cuerpo etérico, y se suprime en el subconsciente. No se ha vencido. Simplemente apretamos los dientes sin hacer nada para transmutarla o detener la espiral. Esto detiene el flujo de nuestro ser por completo y nos quedamos muy incómodos.

La diferencia entre el control Divino y la represión es que para tener control Divino hay que tener alegría, porque la alegría es la llave que abre el flujo de la energía. Es como un riachuelo burbujeante. Hay que tener alegría y la alegría está en el Señor, y nuestra alegría está en la Virgen María y en los maestros.

Hay que visualizar a los maestros. Hay que encomendarles nuestro ser: «En tus manos encomiendo mi ser».[11] Gozosamente ofrecemos esta energía al fuego. Invocamos el control Divino. Invocamos el fuego violeta para que pase por la causa, el efecto, el registro y la memoria: el registro etérico, la forma de pensamiento mental, el cuerpo de los deseos y las matrices físicas. Hacemos la invocación a la llama de la resurrección.* Hay que pedir que la energía sea elevada. Gozosamente nos sometemos al Cristo y pedimos a los Maestros Ascendidos que actúen, que tomen esta energía y la utilicen para gloria de Dios.

Cuando mantenemos la alegría hacemos los decretos y tenemos una sensación de ese flujo burbujeante. Sabemos que tenemos la transmutación, sabemos que hemos ganado un ciclo. Para conocer la diferencia entre si tenemos control Divino o represión hay que mirar la cantidad de alegría que podemos poner en la situación.

La idea de superar nuestras aversiones es algo que enseñó Ramakrishna. En cuanto surge un registro de alguna experiencia del pasado que no nos gusta, decimos: «Ah, eso está mal». Nos sentimos avergonzados, lo reprimimos porque no queremos verlo, no queremos mirarlo, no queremos que se nos identifique con eso. Está en nuestro pasado y queremos

---

*Una simple invocación pidiendo la llama de la resurrección la encontramos en el mantra de Jesús: "YO SOY la Resurrección y la Vida". Se pueden encontrar más decretos a la llama de la resurrección en *Oraciones, meditaciones y decretos para la transformación personal y del mundo*.

deshacernos de ello. Por tanto, de inmediato lo suprimimos; es casi una acción refleja. Eso es represión.

No teman mirarlo, pero no lo miren todo el día. Lo han visto. ¿Y qué? Pasó lo que pasó. Perdónense. Invoquen la ley del perdón y llamen a los maestros para que lo pongan en el fuego. Ustedes no han perdido la cabeza por ello. Se arrepienten honestamente y de verdad no lo van a volver a hacer. Pero no se vuelvan a involucrar en ello emocionalmente.

Si no se arrepienten y no se sienten penitentes, es más que probable que vuelvan a caer en ello. No se puede utilizar la llama violeta y la ley del perdón con estas cosas y después seguir repitiéndolas. Este es el problema que tienen las personas que se confiesan con regularidad el viernes o el sábado y luego salen y hacen lo mismo otra vez durante la semana. Este ha sido un modo de vida para ciertas personas durante miles de años. Si hacen eso, la llama violeta no les funcionará más; su Presencia no se la entregará. Pero si se arrepienten honestamente y han dejado atrás los viejos caminos, no tienen que sentirse mal por estar alegres. El perdonarse a sí mismos no tiene por qué hacer que se sientan mal.

30 de enero de 1975

DECRETO A LA AMADA PODEROSA ASTREA

En el nombre de la amada, poderosa y victoriosa Presencia de Dios YO SOY en mí, Poderosa Presencia YO SOY y Santo Ser Crístico de _____ (insertar nombres de personas para quienes se hace el llamado) por y mediante el poder magnético del fuego sagrado investido en la Llama Trina que arde dentro de mi corazón, invoco a la amada Poderosa Astrea, a todo el Espíritu de la Gran Hermandad Blanca y la Madre del Mundo, para que coloquéis vuestros círculos cósmicos y espadas de llama azul en, a través y alrededor de:

[mis cuatro cuerpos inferiores, mi cinturón electrónico,
mi chakra del corazón y todos mis chakras,
toda mi conciencia, ser y mundo].

Soltadme y liberadme (3x) de todo lo que sea inferior a la perfección de Dios y al cumplimiento de mi plan divino.

1. Amada Astrea, que la Pureza de Dios
se manifieste aquí para que todos vean
la voluntad de Dios en el resplandor
del círculo y espada de brillante azul.

Primer estribillo
Responde ahora mi llamado y ven,
a todos envuelve en tu círculo de luz.
Círculo y espada de brillante azul,
¡destella y eleva, brillando a través!

2. De patrones insensatos a la vida libera,
las cargas caen mientras las almas se elevan
a tus fuertes brazos del amor eterno,
con misericordia brillan arriba en el cielo.

3. Círculo y espada de Astrea, brillad,
blanco-azul que destella, mi ser depurad,
disipando en mí temores y dudas,
aparecen patrones de fe y de bondad.

Segundo estribillo
  Responde ahora mi llamado y ven,
  a todos envuelve en tu círculo de luz.
  Círculo y espada de brillante azul,
  ¡eleva a toda la juventud!

Tercer estribillo
  Responde ahora mi llamado y ven
  a todos envuelve en tu círculo de luz.
  Círculo y espada de brillante azul,
  ¡eleva a toda la humanidad!

¡Y con plena Fe acepto conscientemente que esto se manifieste, se manifieste, se manifieste! (3x), ¡aquí y ahora mismo con pleno Poder, eternamente sostenido, omnipotentemente activo, siempre expandiéndose y abarcando el mundo hasta que todos hayan ascendido completamente en la Luz y sean libres!
  ¡Amado YO SOY! ¡Amado YO SOY! ¡Amado YO SOY!

Haga todo el decreto una vez diciendo el primer estribillo después de cada verso. Después recite las estrofas otra vez diciendo el segundo estribillo después de cada una de ellas. A continuación, recite las estrofas seguidas del tercer estribillo. Termine con el cierre «Y con plena Fe...».

CAPÍTULO 7

LA MAESTRÍA SOBRE EL FLUJO DE LA ENERGÍA

Comentario sobre el segundo capítulo, 3ª parte

Vamos a retomar nuestra lectura del dictado de Lanto donde la dejamos:

> Preguntaos por qué los hombres han desarrollado esta dura perspectiva del mundo y su gente.

Cuando las personas no tienen un tubo de luz que las proteja contra las arremetidas del mundo, erigen una pared de orgullo y se rodean de esa pared, que es la combinación de todos sus mecanismos de defensa.*

> Nuestra respuesta en parte sería: Lo que han recibido, muchos de ellos también lo han repartido. Sin embargo, no todos. Los que han dado al mundo acerbidad y después la han recibido como recompensa, con frecuencia son los primeros en irritarse ante la pizca de su propia energía cuando esta regresa para redimirse.

Al ver la grave situación de la gente y al comprender que las personas reciben insensibilidad desde alguna parte de la vida, tendemos a lamentarnos por ella, a sentir lástima porque lo está pasando mal. Al hacerlo, en ese momento, estamos reforzando la energía negativa de insensibilidad.

---

*Para obtener más enseñanza sobre la pared de orgullo que es la perversión del tubo de luz, véase Mark L. Prophet y Elizabeth Clare Prophet, *El sendero del Yo Superior* (primer volumen de la serie «Escala la montaña más alta»), págs. 339.

En cambio, en ese momento, debemos seguir rigurosamente los estándares de la compasión, estar unidos al Cristo interior y reforzar al Cristo para que las personas puedan vencer y superar esas condiciones que las convierten en receptoras de lo que anteriormente ellas mismas han repartido.

Debemos procurar especialmente no sentir lástima de los luciferinos cuya hora ha llegado, que están recibiendo la recompensa de lo que han repartido. El arma clave de los luciferinos es la lástima; hacen que nos lamentemos por ellos y, cuando nosotros lo hacemos, damos energía a esas condiciones de imperfección humana.

> Quieren verse libres de responsabilidad. Quieren sentirse con el privilegio de dañar a otras partes de la vida y de expresar una inmensa antipatía hacia los mismos principios de la vida, como la cualidad de la misericordia, que en momentos de tensión esperan les alivien la existencia a ellos. Qué quieran lograr al destacar su propia importancia destruyendo el respeto que otros sienten por sí mismos sigue siendo un misterio para muchos.

El deseo de verse libres de responsabilidad forma parte de la energía de rebelión. Lo podemos sentir cuando la luna está en Escorpio, en la línea de las diez del reloj, al atraer y magnetizar la sustancia negativa de la línea de las cuatro.

Algunas personas quieren ser libres para dañar o para humillar a otras partes de la vida. Estas personas no tienen absolutamente nada que ver con la misericordia. Es como el juego de los niños con el martillito y los piezas de madera que ponen sobre una base. Las golpean con el martillo y después le dan la vuelta y las vuelven a golpear con el martillo en el otro sentido. Cuando una de esas piezas cae, los niños se alegran. Sus egos se alegran de una manera proporcional cuando pueden hacer que la pieza de otro niño caiga dándole con el martillo.

El querer no ser responsables de las consecuencias de la acción es rebelión contra la ley del karma. Hablamos del abuso de la línea cuatro como «desobediencia, testarudez y desafío a la ley»*. Desafío a la ley. Cuando consideramos a qué ley están desafiando, es la ley del karma. La rebelión es fundamentalmente el rechazo a la responsabilidad personal que existe respecto a las acciones personales.

Cómo intenta la fuerza dirigir energía hacia nosotros

En cambio, los grandes instructores que han caminado por la Tierra una y otra vez han enseñado a los hombres cómo hay que vivir. Sus enseñanzas han sido sencillas. Han enseñado a los hombres no a odiar, sino a amar. Quienes oyeron estas advertencias las aceptaron en su mayor parte; pero cuando llegaron las primeras pruebas, fue como si nunca se hubieran educado en la justicia de Dios. Capturados por una indignación mojigata ante los actos ignorantes de almas indoctas, lanzaron dardos hirientes desde el arco de la emoción y luego pisaron con cautela los cuerpos de aquellos a quienes hicieron caer.

El amor no es solo un sentimiento que tenemos hacia las personas porque evocan una respuesta amorosa. Deberíamos aprender a definir el amor como una frecuencia, y podemos determinar la vibración de esta frecuencia que enviamos desde el corazón.

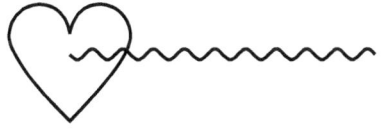

Podemos aprender a definir el amor como una frecuencia que enviamos desde el corazón.

---

*Véase pág. 355.

Volviendo a esas energías proyectadas cuando rezamos el rosario o cuando hacemos decretos, vemos cómo desfilan ante nosotros los ciclos etéricos, cómo la fuerza intenta dirigir energía hacia los cuatro cuerpos inferiores, dardos y campos energéticos de todo tipo que son como un petardo. Esas energías entran en nuestro campo energético y explotan como focos de odio, focos de rencor, focos de desprecio hacia otras partes de la vida. Entran en los campos energéticos de nuestro karma, nuestro cinturón electrónico, e intentan chocar con el punto donde se encuentra la luna o el sol.

Hoy tenemos una cuadratura entre el sol en Acuario y la luna en Escorpio, que es un enorme campo energético como oportunidad para el amor divino y la creatividad del amor. Acuario es el talento de la invención, la ciencia, el descubrimiento; la energía de Escorpio es energía creativa. Si combinamos a ambas en un amor puro, eso nos da la enorme emisión desde nuestro cuerpo causal de un potencia para realizar nuestro plan divino.

Los astrólogos dicen que cuando hay una cuadratura en nuestra carta (es decir, allá donde dos planetas forman un ángulo de noventa grados), ahí tendremos dificultades. Bien, los maestros me han dicho que allá donde hay una cuadratura, hay una cruz, cuatro ángulos de noventa grados. Por tanto, cuando haya una cuadratura en nuestra carta, ahí se encuentran las líneas de Alfa y Omega. Y en el punto en el que se encuentran esas líneas se produce una explosión de conciencia Crística.

Si su carta natal tiene cuadraturas, tendrán una verdadera vida de iniciación y esas iniciaciones se atraviesan mediante la crucifixión. Cada cuadratura es una oportunidad de crucificar al yo inferior para que el Yo Superior pueda surgir.

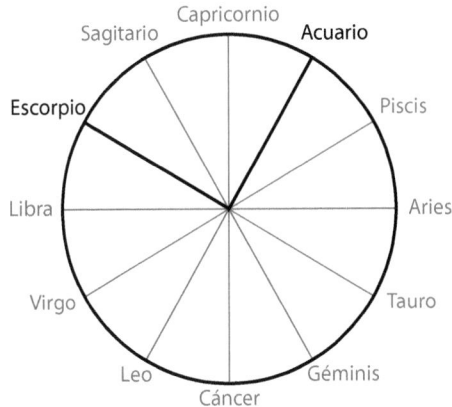

Cuadratura Escorpio-Acuario

Digamos que hay toda una energía de amor esperando emitirse desde nuestro cuerpo causal a través del flujo en forma de ocho. Sentimos un enorme amor salir de nuestro corazón como una vibración. Es con seguridad un campo energético que podemos detectar y leer su vibración como amor.

Entonces aparece un foco de energía del mundo, una entidad de masas o lo que llamamos una marea de energía, que puede ser un foco gigantesco de oscuridad astral combinado como odio. Evidentemente está surgiendo para transmutarse. Se acerca a nuestra aura y, de repente, intenta vincularnos con un registro etérico de algo horrible que nos ocurrió para que sintamos rencor, odio o lo que sea.

Si durante ese momento en el que tenemos una gran sintonía y radiación con la Virgen María o los maestros nos permitimos ponernos a recrear los patrones de rencor, abriremos la puerta de nuestra conciencia y de repente esta marea afectará a nuestra energía. Si estamos abiertos a esta marca y entra en nuestro mundo, nos pone en un vórtice casi como si fuéramos unos pantalones vaqueros en la lavadora.

De repente estaremos dando tumbos con esta energía porque la marea es muy fuerte.

Nos encontramos totalmente capturados por esta energía, que se hace tan intensa que nos vemos obligados a deshacernos de ella. Así es que la presionamos a través de nuestros chakras y la dirigimos al objeto de nuestro rencor, la imagen o la persona. O quizá odiemos a los rusos, a los chinos o a la izquierda. Existen toda clase de impulsos acumulados de odio que pueden incitarnos a emitir repentinamente esta energía y a pensar que nuestro odio es justo, así como nuestra ira, porque es por una buena causa. Todo esto puede ocurrir mientras estamos rezando o haciendo invocaciones.

Puede que esto no les pase a ustedes, pero les garantizo que sí les pasa a las personas que no entienden lo que hacen. Cuando rezan o cuando están en la iglesia se ponen muy contentas o se emocionan con causas y con cosas en las que están pensando: esa gente horrible que odia a Jesús. No tienen el poder de detectar la diferencia entre esta energía y la línea muy suave y constante de la energía del amor que no se mete en la conciencia humana.

El corazón emitiendo patrones dentados de odio en vez de la línea constante del amor.

Cuando esta marea entra en el cinturón electrónico, de repente la gente emite patrones dentados de odio, una enorme cantidad de conmiseración y emotividad, y toda esa experiencia se vuelve algo completamente emocional, como una interacción de energías en el cinturón electrónico. Así es como se produce el odio y el lanzar «dardos hirientes desde el arco de la emoción».

Se pueden sentir cómo estas islas y esta energía intentan entrar en nosotros y dominarnos. Ahí es donde entra la disciplina del chakra del tercer ojo. Por eso Ciclopea está en la línea de las diez.* En Escorpio hay muchísimo poder de amor. Pero para tener toda la capacidad de utilizar ese amor debemos tener cierta maestría del tercer ojo, porque ello requiere que ante todos los abusos del amor mantengamos la atención puesta en el concepto inmaculado de la situación, en el maestro que estamos visualizando, en aquello que estemos haciendo. Debemos mantener la conciencia alta.

Si hacemos esto (mantener la atención y la visión fija en la Virgen María, en la visión de la perfección), ¿qué ocurre cuando llega la energía? El amor sale de nosotros. Y el amor no solo sale en línea recta, sino que también empieza a crear un campo energético como un torbellino alrededor del corazón muy parecido al cuerpo causal.

Recuerden que tenemos una llama trina. Y puesto que tenemos una llama trina, tenemos un punto focal para magnetizar la energía de nuestro cuerpo causal, de nuestra Presencia YO SOY, porque el centro del cuerpo causal es la llama trina. Por tanto, tenemos a Dios encarnado en el centro de nuestro corazón y con nuestro amor podemos atraer este vórtice de energía. Cuanto más concentrados estemos, cuanto más visualicemos ese amor, más girará el vórtice de luz, hasta tener un vórtice ígneo gigantesco de luz blanca de fuego sagrado en el corazón.

Entonces aparece una masa de odio. ¿Qué ocurre? La luz de nuestro corazón es una energía giratoria que se traga al vórtice. El vórtice se mueve y la transmutación tiene lugar sin

---

*Ciclopea es el ser cósmico representado de forma gráfica en la línea de las diez del reloj cósmico. El chakra del tercer ojo corresponde al eje cuatro-diez del reloj. Véase pág. 355.

que sintamos un solo ergio de ese odio o de esa sustancia, sin que la exterioricemos, sin que la recalifiquemos con nuestro cinturón electrónico. El vórtice de luz se lo traga y lo transmuta. Y cuando está transmutado, tenemos tanta energía más que es un sol resplandeciente, porque todo lo que se transmuta es nuestro. Lo hemos reclamado. Es como asegurarnos un terreno.

Estaba hablando con uno de mis hijos el otro día sobre los derechos de los ocupantes ilegales. Entras y te quedas sentado sobre esa energía, la transmutas y es tuya. Ascenderá a tu cuerpo causal, a tu cuenta bancaria cósmica, pero también permanecerá para tejer nuestra vestidura sin costuras y como nuestro impulso acumulado de luz aquí abajo, en nuestra aura, en nuestros cuatro cuerpos inferiores.

Por tanto, he aquí la elección, y está escrito en la Biblia: «No seas vencido de lo malo [el velo de energía], sino vence con el bien el mal».[1] Esa es la fórmula. Nos ha llevado dos mil años averiguarlo de manera científica, pero ese es lo que significa. No sean vencidos por una masa de energía negativa; tengan el fuego de su corazón tan poderoso que cuando esa energía llegue, sea atrapada por el vórtice del Dios vivo.

Liberar a Dios

Eso es el desafío de toda una vida. Y este desafío es muy gozoso. Se desarrolla compasión por la vida y compasión por Dios mismo, porque esta masa de energía, esta masa de odio que ha sido alimentada por los odios de todo el mundo —por ejemplo, por todos los de la derecha y la izquierda odiándose mutuamente y por todas las guerras que han tenido lugar—, está llena de átomos de energía de Dios. Eso es todo.

En el centro de cada uno de esos átomos hay un núcleo de fuego blanco; ahí está la luz blanca que es Dios. Dios está aprisionado en ese odio. Nosotros lo vamos a liberar. Los electrones giran en torno al centro de cada átomo. Han elegido hacer la voluntad de Dios. Pero el hombre los ha aprisionado en una matriz de odio oscuro y después ha rechazado su responsabilidad por ello. Así, cuando veamos las oscuras nubes de adversidad acercarse a nosotros, recordemos que en realidad es Dios que viene diciendo: «¡Libérame!».

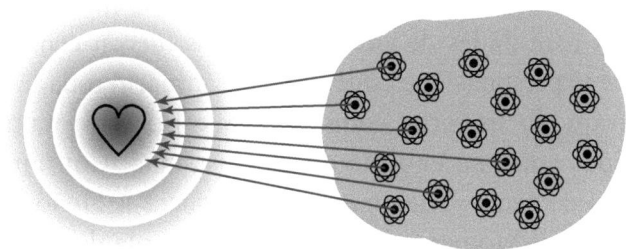

Los campos energéticos masivos de energía negativa están compuestos de átomos y electrones de la luz de Dios aprisionados en matrices de oscuridad. Estos átomos y electrones se liberan cuando son llevados a un vórtice de luz alrededor del corazón.

Dios está realmente sujeto a nosotros porque esta es la octava donde el hombre recibe la oportunidad de señorear la Tierra.[2] Toda la energía del plano de la Materia está sujeta al libre albedrío del hombre. Dios está crucificado en este glóbulo de odio. Dios está crucificado en esta cruz de la Materia y solo nosotros podemos liberarlo, porque somos Dios. Se necesita a Dios para liberar a Dios. La luz de nuestro corazón es Dios. Por tanto, con esa luz de nuestro corazón podemos llamar a todos esos electrones para que vuelvan al origen. Estaremos llamando a Dios para que vuelva a nuestro corazón. Esta es nuestra verdadera responsabilidad. Esto significa vencer esa corteza de oscuridad. Todos esos electrones no ven la hora de volver al origen, y ese vórtice giratorio de fuego sagrado rompe todo lo que los aprisiona.

Esa energía puede ser muy pesada, muy cruel. Hay que estar en guardia. Hay que hacer llamados al Arcángel Miguel y a la Poderosa Astrea. Debemos establecer nuestro campo energético con firmeza. Pero cuando nos encontramos en un elevado plano de sintonización y tenemos la intensidad de la invocación, podemos sentir masas de energía pasar por el chakra del corazón, pasar por el fuego y liberarse.

Eso es lo que pasó ayer en respuesta a sus llamados; enormes cantidades de efluvios masivos fueron echados al fuego. Las personas que estaban en el santuario toda la tarde dijeron que lo sintieron como olas. Se sintieron totalmente oprimidas con una enorme ola de sustancia. Continuaron haciendo decretos y, de repente, la sustancia se alivió y todo fue luz y paz. Momentos después vino otra ola de oscuridad y se volvieron a sentir oprimidos, como si estuvieran en un barco a merced de un huracán.

Cuando entendemos lo que ocurre espiritualmente, esta experiencia no nos sorprende. Reconocemos que son impulsos acumulados de conciencia humana que deben ir al fuego porque el planeta está siendo invadido por esos impulsos acumulados y nadie se hace responsable de liberar a Dios para que no siga crucificado. Nadie se planta y dice: «*¡Dios, eres libre! ¡Ordeno que seas libre! ¡Ordeno que tu energía sea libre!*».

No hay que temer o preocuparse cuando esto ocurra. Es algo natural que cuando tan pocas personas entienden esta Ley, cuando los pocos empiezan a decretar, esas energía, ese Dios que está absolutamente encerrado en los vórtices de odio, desee ser libre y se abalance al núcleo de fuego que nosotros creemos. Por tanto, cuando más decretemos, más oportunidad tendremos de transmutar. Es un gran privilegio, porque estamos convirtiéndonos en Dios y lo estamos haciendo muy rápidamente, porque todo lo que se transmuta a través de nosotros tiene la marca de nuestra identidad.

Así es como tenemos la enorme oportunidad de lograr la conciencia cósmica en esta era, porque vivimos en un planeta que tiene una abundancia enorme de energía mal cualificada y podemos lograr la conciencia cósmica al ser el tamiz o el vórtice a través del cual pasa esa energía. Cada ergio que se transmuta se añade al grado de percepción Divina que tengamos de nuestro Yo, porque es Dios, y se añade a nuestro dominio y a nuestra maestría. El poder ponernos a reprobar y reprender a esta oscuridad y a seguir haciéndolo y a reclamar la luz como algo nuestro es lo que significa tener maestría sobre nosotros mismos.

La actitud tiene una importancia suprema

Tales reacciones son innecesarias en la vida del hombre de Dios. Él puede caminar por la Tierra y mantener no solo una dignidad y un control Divino elegante, sino también la actitud correcta hacia todas las partes de la vida.

La actitud tiene una importancia suprema, pues es como un tamiz a través del cual se pasan todos los ingredientes de la vida. La vida del individuo tal como surge está moldeada por su actitud.

Nuestra energía es nuestra vida. Por consiguiente, lo que pasa por el tamiz, el proceso de criba del corazón, es nuestra vida. La actitud es como el refinamiento de la visión del tercer ojo. Al sentarnos a decretar podemos tener una actitud como de aburrimiento, una especie de sentimiento como decir: «Bueno, a ver si termino ya esto». Y eso influirá en la energía de los decretos. Es un sentimiento como a medias: «Estoy obligado a hacer este ritual y tengo que hacer esto. La Ley dice que tengo que hacerlo». Ese tono pone un impedimento sobre las espirales de la vida. De hecho, ese tono, si uno es realmente sensible, es como un sacacorchos penetrando en el plexo solar y en nuestra alma.

Hay muchas clases de actitud que surgen con la voz. La gente utiliza el poder de la voz como un elemento irritante para controlarse mutuamente, para transmitir desdén, orgullo o menosprecio, menospreciándonos o ahogándonos tan solo con el tono de voz. Por ejemplo: «¿Qué haces aquí?». «¿Qué haces *tú* aquí?» Es el tono utilizado lo que o bien eleva las energías de la gente en sus chakras hacia la alegría del Señor o las deprime y las baja.

Para ser mensajera me exigieron que me sometiera a una preparación intensiva en el uso del chakra de la garganta, sin abusar del chakra de la garganta, para que el instrumento no se pervirtiera. Me enseñaron cómo en la zona donde me crie, la Costa Este, hay peculiaridades en cómo se acostumbra a hablar. La gente acostumbra a hablarle a los demás con un tonillo irritante o con cierto menosprecio. Y me di cuenta de que yo estaba utilizando mi chakra de la garganta en un nivel de discordia que ni si quiera sabía, por el simple hecho de no decir las cosas de una manera optimista o positiva o por suspirar, o por esto y por lo otro. Así es que durante un período de tiempo bastante largo hicieron que me escuchara continuamente a mí misma hablar y medir los decibelios de esa energía y cómo eso influía en la vida.

Poco a poco se desarrolla un control Divino absoluto del uso del chakra de la garganta. Nos damos cuenta de lo dañino que puede ser el abuso del chakra de la garganta con solo cambiar la voz un poco, especialmente con la cantidad de energía que invocamos.

Esto lo podemos hacer con nuestros hijos: «Tal y tal, ¿qué estás haciendo?». Y el niño de inmediato recibe un golpe de energía porque el padre o la madre está irritada, cansada o impaciente. La impaciencia se puede transmitir en grandes cantidades. La gente se lo hace a su perro. Las personas dirigen todas sus frustraciones y energías a sus animales a través del chakra de la garganta.

Esa energía está dentada y desde luego nos evita lograr

una total maestría sobre la Palabra hablada y sobre el agua, porque el chakra de la garganta es la polaridad del plexo solar. También es una maestría sobre el aire y sobre la emisión de los pensamientos de la mente, porque el chakra de la garganta está en el eje cinco-once. Así es que cuidemos la forma en la que usamos el chakra de la garganta, cómo hablamos y si transmitimos o no sentimientos de depresión o de menosprecio.

Yo he llegado al punto en el que casi he decretado un escudo frente a mi plexo solar y mis chakra solo para protegerme y para evitar la forma en la que la gente usa mal la voz. Esto se vuelve como una cruz para mí, el lidiar con esa energía, y me paso el día esperando que me llegue cierta cantidad de energía porque sé que, puesto que defiendo el chakra de la garganta, me va a llegar cierta cantidad de esa energía que quiere redimirse.

Ayer alguien vino a pedirme perdón por la forma en la que me había hablado. Yo dije que no tenían ningún conocimiento de que me hablara incorrectamente, que no podía recordarlo. La persona me aseguró que me había hablado de forma impropia. «Me pregunto por qué no me di cuenta —pensé— puesto que soy tan sensible». Y comprendí que el motivo es que espero tanto que me llegue esa energía, que casi la desvío automáticamente; de otro modo, no podría sobrevivir.

Hay que tener el escudo y la armadura, pero nunca una incrustación que sea dureza de corazón, nunca un mecanismo de defensa. Tener un escudo está bien. El Arcángel Miguel nunca va a la batalla sin su armadura. Pero no dejen que su armadura se convierta en la corteza de la conciencia humana.

El lanzamiento de «dardos hirientes» continuará, por lo que nuestra «actitud tiene una importancia suprema». Nuestra actitud se expresa con la alegría de nuestro corazón y cómo nos hablamos unos a otros. Y cuidado con el suspiro. A veces damos un fuerte suspiro antes de empezar a hablarle a alguien. Primero pensamos: «Es que este pobre no entiende. Es demasiado torpe para entender lo que quiero decir». Y después decimos (suspiro): «Bueno, te lo voy a explicar otra vez». Ya cuando decimos eso el pobre está tan a la defensiva por no tener claro y ser incapaz de lidiar con lo que le estamos diciendo, que se ve en una situación en la que está subordinado a esta persona tan poderosa en la que nos hemos querido convertir. Un suspiro así es una actitud negativa y mancilla nuestra aura, y se interpone entre nosotros y la santidad.

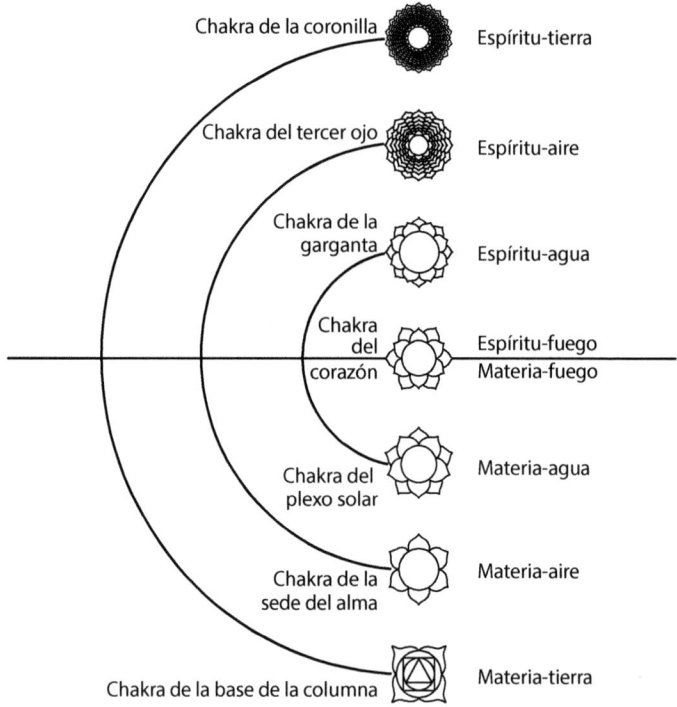

Los chakras por encima y por debajo del corazón están en polaridad. El chakra de la garganta (inmediatamente por encima del corazón) está en polaridad con el plexo solar (el chakra inmediatamente por debajo del corazón), y estos se corresponden con el elemento agua. De manera similar, el tercer ojo está en polaridad con la sede del alma, el elemento aire, y el chakra de la coronilla está en polaridad con la base de la columna, el elemento tierra. El chakra del corazón es el elemento fuego.

Por tanto, piensen es ello. Piensen en la alegría y la belleza de amar a la vida libremente de todas las formas, en todos los chakras. «La actitud es… como un tamiz a través del cual se pasan los ingredientes de la vida.» Imagínense que pongan delante de todos sus chakras un pequeño tamiz, una red en forma de aro pequeño. Esa es su actitud, la actitud de su corazón, la actitud de su mente, el orgullo del intelecto, etc. Esto está delante de cada chakra; y se presiona y se hace pasar la energía del chakra por el tamiz y eso determina qué será su aura, qué será su vida.

El trigo y la cizaña

Por tanto, es de suma importancia que cada seguidor de la verdad entienda la locura que es moldear su vida de acuerdo con la conducta humana. En cambio, debería reconocer la paz que sobrepasa todo entendimiento,[3] la cual llega cuando besa las manos y los pies de la ley de Dios y su salvador. Pues la ley conduce a los hombres a la vida eterna. La ley libera la conciencia de la escoria de la oscuridad que se ha apoderado de ella.

No nos atrevemos a eliminar la cizaña sin saber que si lo hacemos de forma prematura podríamos arrancar también los aspectos benignos y útiles de la naturaleza humana.[4] La forma más segura es la que utiliza las llamas de Dios, pero los hombres raramente saben qué son las llamas; y cuando hablamos de ellas, a menudo se desconciertan.[5] Digamos otra vez, por tanto, que existe un orden y universo natural y que existe un orden y universo espiritual. La gloria del terrenal es una, y la del celestial otra.[6] Las llamas de Dios son del orden espiritual; y estas, por gracia de Dios, penetran en el orden natural con el poder transformador del Espíritu Santo.[7]

Es importante tener presente este sencillo diagrama que utilizamos respecto al flujo de la energía desde el cuerpo causal hacia los cuatro cuerpos inferiores del hombre. Cuando hablamos del orden natural y el orden espiritual y del cuerpo celestial y el cuerpo terrenal nos referimos a la espiral de conciencia que forma un patrón en forma de ocho. Dentro del círculo de la vida que denominamos el yo, hay un flujo en forma de ocho entre el cuerpo causal en la mitad superior y los cuatro cuerpos inferiores en la mitad inferior, con el Ser Crístico en el centro.

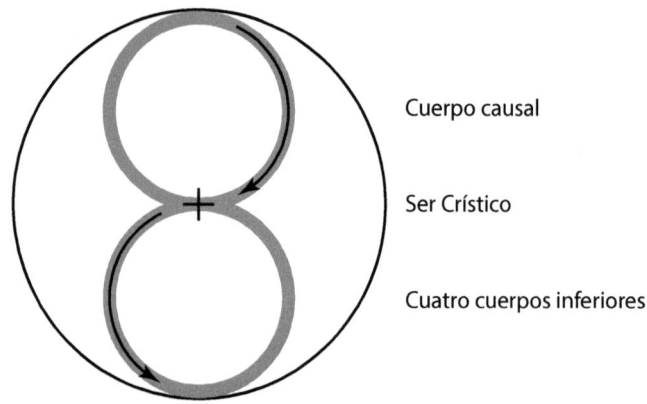

Dentro del círculo de la vida que es el yo, el flujo de la energía desde el cuerpo causal sigue el patrón en forma de ocho con el Cristo en el nexo.

El trigo y la cizaña están sembrados juntos en la mitad inferior de la figura en forma de ocho. Si alguna vez se ocupan de un jardín, verán cómo las raíces de la cizaña, siendo bastante gruesas, se mezclan con las raíces delicadas de la flores y las plantas y si se las separa se puede destruir la delicada planta. A veces los estudiantes preguntan: «¿Hay alguna forma en que pueda deshacerme de mi karma de una sola vez? ¿Hay alguna forma en que pueda transmutar más energía de una sola vez?». La única forma de eliminar la cizaña no es con la intercesión de Dios diciendo: «Dios, elimina de mí la cizaña», sino que se hace mediante la penetración de la llama.

7 • La maestría sobre el flujo de la energía

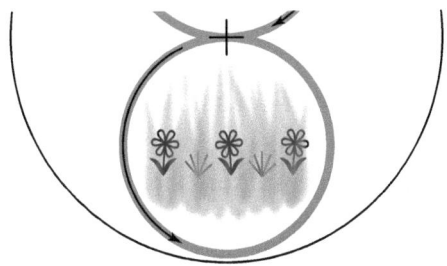

El trigo y la cizaña crecen lado a lado en la conciencia del hombre. La llama que desciende de la Presencia YO SOY y del cuerpo causal siguiendo la figura en forma de ocho penetra en los cuatro cuerpos inferiores y elimina la cizaña sin dañar al trigo.

La llama viene del corazón de la Presencia YO SOY, circula hacia la manifestación dentro de nosotros y empieza a penetrar por la cizaña y por el trigo; produce la acción de disolución de la cizaña, separándola del trigo sin perturbar a este último. Esto ocurre al utilizar las llamas de Dios, cuando sabemos qué son las llamas.

La psicología consiste en lo siguiente: nos desarmamos como si fuéramos un reloj suizo; nos hacemos con todas las piezas y las colocamos sobre la mesa frente a nosotros. Descubrimos que nuestra madre nos hizo esto y nuestro padre nos hizo esto otro y tuvimos esta experiencia traumática y aquella. Todas esas cosas deben ser componentes de nuestra identidad humana. Las tenemos a todas desarmadas frente a nosotros, las miramos y decimos: «¿Cómo vamos a recomponer a este yo con todos estos problemas?».

Los maestros han dicho que el poder de analizar es el poder de destruir. No dijeron el poder de psicoanalizar. Me estoy refiriendo a un análisis básico. Cuando podemos descomponer algo para ver sus componentes tenemos en nuestra mano la capacidad de destruirlo, porque no hay por qué volver a componerlo. Y a veces desarmar algo hace imposible que se pueda volver a armar, como cuando se arrancan los pétalos de una rosa.

Por tanto, esta es una situación delicada. Es importante comprender nuestra psicología, pero una vez que la hemos comprendido es importante que casi cerremos el libro. La mentira se ha desenmascarado, entendemos la formación y las influencias de la personalidad humana, pero lo volvemos a cerrar. Cerramos el cinturón electrónico. Nos metemos en la conciencia Crística, el centro de la figura en forma de ocho. Invocamos la llama y dejamos que penetre, dejamos que la llama disuelva la cizaña.

La llama es Dios. La llama sabe cómo hacer lo que hay que hacer. Sabe con exactitud qué debe transmutarse primero a fin de dejarnos en un estado equilibrado. La llama es el Espíritu Santo, es el gran sanador de la totalidad del hombre. Por tanto, invocamos la llama, decimos cuáles son las condiciones que sabemos deben consumirse, pero dejamos que Dios decida cómo y cuándo, en qué medida, en qué parte. Esta es la única manera de que pueda arrancarse la cizaña antes de la cosecha. De lo contrario el fuego destruiría toda la personalidad, lo bueno y lo malo.

Para eso sirve el orden espiritual. Las llamas de Dios son del orden espiritual, la parte superior de la figura en forma de ocho. Y, por la gracia de Dios, estas llamas penetran en el orden natural con el poder transformador del Espíritu Santo. ¿Qué más podemos pedir?

Espíritu y Materia

Las experiencias del devoto que ama la verdad lo suficiente para buscarla lo ayudarán a comprender que las cualidades de Dios son inherentes al orden espiritual y que, aunque estas cualidades penetran en el orden material, no son originarias de él. Por tanto, en la correcta comprensión de la relación que la Materia guarda con el Espíritu, los hombres se iluminan.*

La Materia siempre es receptora pasiva de las energías del Espíritu. Cuando decimos que estas energías no son originarias de la Materia, en realidad queremos decir que no tienen su origen en los planos de la cualificación errónea en la Materia. Sí son originarias de la Madre Divina. Pero lo son porque la Madre Divina es receptora de las energías del Padre.

> Comprenderse a uno mismo como un ser espiritual-material significa percibir la relación entre uno mismo y los demás. Comprender la necesidad de purificar la conciencia propia en la medida en que esta ha asumido una perspectiva limitada y egocéntrica de la existencia significa percibir la relación entre uno mismo y la Vida como un todo.
>
> La recepción de la conciencia de Dios como si la forma física, la mente y la conciencia de uno mismo estuvieran totalmente impregnadas del fuego [la energía] de la creación, producirá en la totalidad del ser el estado Divino deseado.

Debemos tener momentos en los que nos concibamos como una esponja porosa o una piedra, como la piedra pómez, llenos de agujeros. Nos imaginamos que somos una cosa llena de agujeros a través de la cual el fuego pasa y penetra.

Rebelión en el cinturón electrónico

> Es este estado el que, cuando se alberga en el interior, echa las proclividades oscuras de la conciencia mortal y las sustituye con la percepción severa, pero alegre, la esperanza vital, pero penetrante de la mente infinita de Dios cuando desciende al mundo finito.
>
> Al fin y al cabo, la mente Crística es la armadura divina

---

*La comprensión iluminada de la relación entre la Materia y el Espíritu se encuentra en *El sendero del Yo Superior* (primer volumen de la serie "Escala la montaña más alta"), págs. 371-382; 474-75.

contra las fuerzas insidiosas que acechan en el «cinturón electrónico» del individuo. Este cinturón, como lo denominamos, [en realidad] está situado en el aura de la persona alrededor de la parte inferior de la forma física; se extiende desde la cintura hasta debajo de los pies, con una forma parecida a un gran timbal, y contiene el conjunto de registros de sus pensamientos y sentimientos humanos negativos.

El hombre es transportado fuera de los confines de su sentimiento mortal hacia reinos espirituales de pensamiento cuando entra en contacto con las llamas vitales de la mismísima esencia de la conciencia del Creador. El deseo de ser transportado fuera del reino de lo común es igual a una invocación; pero cuando los hombres también expresan una disponibilidad a ser descontaminados de todas las cualidades indeseables, abren las compuertas de su conciencia a la luz, que se precipita hacia su interior para expurgar todas las indeseadas acciones vibratorias.

Algo fundamental en la perturbación emocional o mental es la rebelión contra la ley del karma. Descubrirán que, en algún momento, en el pasado profundo y oscuro, en algún punto en las profundidades de su cinturón electrónico, en el eje cuatro-diez, ha habido una rebelión contra su propio karma. Hicieron algo, que regresó para que se redimiera, y ustedes se rebelaron contra ello; se rebelaron contra la situación que les exigía que sirvieran a alguien con quien habían sido injustos. Y la rebelión se basa en el orgullo, el orgullo no transmutado que viene de la línea de las tres y que se extiende a la línea de las cuatro.

Como instructores de la humanidad, cuando hagan invocaciones y llamados para personas con perturbaciones emocionales y mentales, deben reconocer que la rebelión acecha en alguna parte del cinturón electrónico. Puede que esté en una parte muy, muy profunda del cinturón. Si alguna vez se han saltado un punto al hacer la labor, sabrán que hay que deshacer tantos puntos como sea necesario para poder dar ese punto. Asimismo, en lo más profundo del cinturón electrónico hay una fisura que se produjo cuando la llama sobre el eje cuatro-diez fue abandonada, cuando se soltó. Puede que fuera en Lemuria, puede que fuera en la Atlántida; pero, ocurriera cuando ocurriera, ello inició la deformación y el desequilibrio en el sistema energético del eje cuatro-diez. Podrán haber progresado en otras áreas, pero nunca podrán progresar realmente de una manera total en lo que se refiere a la integración con la mente Crística hasta que no vuelvan y rediman esa energía. Por tanto, si tienen problemas y perturbaciones emocionales, lo primero que han de hacer, es decir:

En el nombre de Dios Todopoderoso, en el nombre del Cristo, invoco la ley del perdón por mi rebelión contra la ley de mi ser, la ley de mi karma. E invoco el fuego sagrado para que entre en acción y transmute la causa y el núcleo de los registros de esa rebelión.

Ahora han puesto en movimiento la ley. Puede que hayan reforzado esa rebelión durante quinientos años. Por tanto, no piensen que por decidir en un momento dado que van a invocar la ley del perdón, que todo vaya a ser eliminado y de repente vayan a lograr la plenitud. La Ley es la Ley y tendrán que invocar la llama violeta y hacer Astreas ciclo tras ciclo, especialmente cuando el sol y la luna estén en polaridad con Tauro y Escorpio.* Tendrán que trabajar duro.

No es posible que se hayan encontrado en un estado de rebelión durante un período de tiempo cualquiera sin haber influido en que otras partes de la vida también se rebelen, por lo cual sus responsabilidades tienen un gran alcance. Ese punto de la contaminación, ese punto de la fisura en

---

*La línea de las cuatro y las diez en el reloj cósmico.

lo profundo de su cinturón electrónico, tendrá lazos con el cinturón electrónico de gente de todo el planeta en lugares que ni se imaginan, gente con la que incluso desdeñarían asociarse, gente que está en el arroyo. Estas personas siguieron su rebelión y eso les destrozó la vida. Se volvieron alcohólicos hace diez encarnaciones y lo siguen siendo.

Limpien su karma a diario y carguen con el karma del mundo

Bien, hay que pagar un precio especial. Deben invocar mucha llama violeta, hacer muchas Astreas y limpiar ese karma. Pero al menos están en el buen camino. Al menos están volviendo al punto donde se creó ese karma y empezarán a construir desde ahí. Al menos no están en alguna religión o teología que encubra todo esto, donde sonreír apaciblemente, yendo por ahí con una actitud santurrona habiendo «encontrado la verdad» y afirmando metafísicamente que todo está bien, que son perfectos y que siempre lo han sido.

Todas esas afirmaciones no cuentan ni una pizca a menos que haya tenido lugar la transmutación. Puede que resulte cómodo ir por ahí con la conciencia que afirma: «Todo está bien, todo está bien», cuando no todo está bien. Pero no se lo crean, porque si se lo creen no estarán venciendo y no estarán logrando la salvación.

Si de verdad quieren ascender y realmente quieren estar libres de las molestias de su propio ser, tienen que arremangarse, plantarse y hacer las invocaciones. Deben sentirse satisfechos de que cada día de su vida han hecho suficiente llama violeta y suficientes Astreas para sentirse limpios. Es un sentimiento de estar limpios como un cristal. Cuando lavamos un vaso de cristal que brilla al sol y con un golpecito se lo hace sonar, así es como debemos sentir nuestra aura. Deben sentir que el aura centellea de limpia que está y, por tanto, que han transmutado todo lo que puede salir de su cinturón electrónico ese día determinado, porque solo se puede transmutar cierta cantidad de karma.

Los ciclos de la ley siguen adelante. «Basta a cada día su propio mal»,[8] el velo de energía. Cada día tiene una cantidad suficiente de karma, una cantidad suficiente que se nos exige transmutar. Al saldar eso limpiamos nuestra aura y de inmediato, ese día, somos candidatos para realizar servicio al mundo. Después de limpiar nuestra aura, empezamos a limpiar el aura del planeta, empezamos a transmutar campos energéticos masivos.

Cada día tenemos que renovar nuestra candidatura. No es automático. Si me levanto por la mañana y de inmediato me meto en las responsabilidades y los asuntos del día, si no hago las invocaciones y no me he limpiado de mi carga kármica, de mi peso personal, ¿cómo va a darme Dios el peso del mundo? ¿Cómo puedo cargar con el peso del mundo? No puedo cargar con ese peso y con el mío también. Por consiguiente, debo limpiar mi mundo personal y después podré mantener el equilibrio del karma del planeta, podré cargar con una mayor cantidad de karma del mundo si estoy totalmente limpio.

Más no podemos hacer; pero esto ya es mucho. Ahora bien, pueden transmutar todo el karma y toda la sustancia de rebelión que tengan permitido transmutar ese día. Ello no les proporcionará una sanación total de su conciencia, pero se les permitirá cargar con karma del mundo. Por tanto, podemos tener debilidades, podemos tener un aguijón en la carne, como tenía San Pablo,[9] y aun así podemos llevar a cabo una misión de karma del mundo por haber limpiado una cantidad suficiente de nuestra energía y, por tanto, tener cierto equilibrio e impulso acumulado de luz en nuestra aura, con lo que los siguientes llamados pueden dedicarse a la acción en el mundo.

Deseo es igual a invocación

Lanto quiere decir que el deseo equivale a la invocación. *Equivaler* significa «ser igual a». El deseo equivale a la invocación. Esto es muy curioso porque nosotros hemos dicho que el cuerpo emocional, el cuerpo de los deseos, tiene un impulso acumulado muy grande. *Deseo*, en código, significa que la «Divinidad engendra»*. Significa que Dios en nosotros está engendrando, trayendo al mundo la matriz que estamos produciendo.

Cuando tenemos un deseo enorme en nosotros de ser puros ante los ojos de Dios, Dios en nosotros produce una enorme cantidad de energía para que se cumpla esa meta. Esto es una alquimia, nuestra alquimia. Hemos establecido el deseo y lo hemos emitido. El deseo es como si fuera nuestro pequeño planeta que va a ponerse en órbita. Ese es el significado que tiene engendrar a un hijo, dar a luz a un hijo. Una parte de nosotros se va a poner en órbita en la conciencia de las masas del mundo; es un glóbulo de deseo de pureza. El glóbulo sale. Puesto que es pureza, reúne más de su misma clase, más pureza. Finalmente nos regresa, como todas las cosas, como hacen los ciclos kármicos. Nos regresa como un glóbulo agrandado de la pureza de Dios porque nuestro deseo es la matriz de la creación.

La matriz de la creación es el deseo. ¿Podemos crear cualquier cosa sin desearlo? Tenemos una idea del deseo en un contexto negativo porque la asociamos con el sexo. Pero cuando se piensa en él en el sentido de que Dios desea ser más de sí mismo, vemos que incluso el deseo de procrear es un deseo de Dios.

Por consiguiente, siendo el deseo igual a la invocación, cuando producimos buenos deseos estamos decretando, estamos invocando. Esos deseos con creaciones que salen al mundo y que aumentan la conciencia Divina de la creatividad

---
*En inglés *desire* significa 'deseo'; "*Deity sires*", 'la Deidad engendra'. (N. del T.)

en él. Nos regresan trayendo el fruto de su misma clase. Por eso es tan importante purificar el motivo. Nuestros motivos son lo mismo que nuestros deseos.

Supongamos que nos ponemos en alguna parte a enseñar la palabra de los maestros ascendidos, pero nuestro deseo pudiera ser que los hombres piensen bien de nosotros. Ese es nuestro verdadero motivo. Nosotros ni siquiera lo sabemos, tanto nos hemos engañado. Estamos enseñando las enseñanzas de los maestros, pero lo disfrutamos porque la gente nos mira y piensa qué buenos somos. Ese deseo también es un glóbulo, un glóbulo de conciencia del ego, que sale, reúne más de su misma clase y ¿qué nos trae a su regreso? Otras personas con el mismo egoísmo. Y vemos que reunimos a nuestro alrededor a un grupo de gente que formará un culto a la personalidad.

Siempre se puede ver qué clase de instructor es quien enseña si miramos alrededor y determinamos quiénes son los seguidores. El instructor siempre atraerá aquello que es como él mismo, porque él es el campo energético, el punto focal de la emisión de la energía.

Podemos decretar, servir y estudiar las enseñanzas año tras año. Pero si no purificamos nuestros deseos y nuestros motivos, hasta un 50 por ciento de nuestra energía podrá estar dirigida a realizar impulsos acumulados impuros, deseos impuros, motivos impuros.

La gente se mete en fantasías sexuales, realizando sus deseos a través de la fantasía, con chicas de revista, etc. Todas esas fantasías están constantemente presentes en el cuerpo mental y en el etérico, y la gente se obsesiona tanto con darle vueltas que de hecho tienen experiencias físicas evocadas totalmente por el deseo mental y emocional. Imagínense cuánta energía hay atrapado en eso.

Claro está, existen todo tipo de deseos. La gente se pasa la vida deseando un estatus social, riquezas o éxito, queriendo esto, lo otro o lo de más allá. Buda enseñó el sendero de la falta de deseo, eliminar todo el deseo, porque cada deseo que producimos, cada glóbulo de algo que queramos, nos ata a este plano.

Estar libres del deseo de añadir cosas a uno mismo en el sentido humano es algo necesario. Pero Dios mismo desea, y así es como llegó a existir la creación. Por tanto, no debemos estar libres del deseo de pureza, porque eso es lo que nos impulsa hacia la ascensión. Debemos querer la ascensión para lograrla, porque el deseo es el impulso acumulado que atrae la ascensión hacia nosotros.

Existe una actitud de despreocupación por si se gana o se pierde. El dicho reza: «Si no te preocupa perder, eres un perdedor», porque si no tenemos el deseo de ganar y el impulso acumulado que tenemos no es el de ganar, no atraeremos una victoria.

Recuerden, cada deseo que tengamos es una invocación. Cuando más utilicemos las llamas y los fuegos de Dios, más veremos que nuestros deseos serán nuestra descendencia; serán los hijos de nuestra mente y nuestros sentimientos, y saldrán y poblarán la conciencia de las masas. Por tanto, hay que pensárselo bien antes de producir un impulso acumulado de deseo, porque saldrá, influirá en la gente y regresará a nosotros.

Nuestros deseos son nuestro karma. Recuerden eso. Tengan mucho cuidado cuando contemplen algo. Jesús dijo que el que mira a una mujer con lujuria en sus ojos, ya ha cometido adulterio o fornicación.[10] Esa es toda la ley del deseo; porque Jesús sabía el poder que tiene el impulso acumulado del deseo.

La luz purificará nuestro subconsciente de todo deseo erróneo, solo hay que hacer el llamado.

En el nombre del Cristo, en el nombre del Espíritu Santo, invoco la luz de Dios Todopoderoso. Llamo directamente al corazón del Padre para que se emita esa energía en mis cuatro cuerpos inferiores, para que se emita todo el poder de la llama violeta, la llama del honor cósmico y la llama de la valía cósmica, para que penetre y libere las energías que están encerradas en focos de deseo erróneo.

¡Exijo que se rompan los campos energéticos del deseo erróneo de todas las encarnaciones desde el día en que mi alma entró en la Materia! ¡Exijo que se rompan los campos energéticos del deseo erróneo! ¡Exijo que el deseo Divino sea una penetración en mi subconsciente, que solo el deseo Divino sea el impulso acumulado y el motivo de mi vida! ¡Exijo que todo el poder del Espíritu Santo y del fuego sagrado me purifique ahora de todas las matrices erróneas, de todos los patrones erróneos, de todas las redes y campos energéticos erróneos!

E invoco en el nombre del Cristo a la Poderosa Astrea para que rodee con su círculo y espada cósmica de llama azul la causa y el núcleo de todos los impulsos acumulados y glóbulos de deseo que están flotando en el plano astral, que yo he enviado alguna vez, consciente o inconscientemente, en cualquiera de mis encarnaciones. ¡Exijo que esa energía sea capturada en el nombre del Cristo! ¡Exijo que sea llevada ahora a la presencia flamígera del Maha Chohán!

Exijo que, en mi conciencia, en mi alma, en mi corazón y en todos mis chakras se emita solo todo el impulso acumulado del deseo que Dios tiene de ser libre, de ser pleno, de ascender, de resucitar, de amar a la vida libremente, de traer la enseñanza y la Ley, y de ser la totalidad del ejemplo divino para toda la humanidad.

En el nombre del Padre, de la Madre, del Hijo y del Espíritu Santo, lo acepto hecho en esta hora con pleno poder. Y YO SOY quien está agradecido por la presencia de Dios que desea en mí ahora.

Cada chakra puede ser un vórtice de luz

Debajo de la calma superficial yacen en la conciencia de los hombres muchas cosas indeseables, mucho que representa la polarización de la imperfección durante épocas cercanas y remotas de la historia personal. Echar fuera al enemigo interior invocando el fuego sagrado es un proceso necesario. Cuando esto se realiza, tiene lugar la transmutación, y las energías que se han aprisionado en matrices de pensamiento y sentimiento imperfectos son liberadas. De inmediato, tras haber sido desalojadas del cinturón electrónico y purificadas por las llamas de Dios, estas energías ascienden al cuerpo causal del hombre que es el depósito de todo lo bueno que la persona ha exteriorizado.

Igual que el cinturón electrónico contiene el registro de la infamia humana, el cuerpo causal del hombre da testimonio de toda la verdadera creatividad. El cuerpo causal, por consiguiente, es del orden y universo espiritual y el cinturón electrónico es del orden y universo natural. La gloria del cuerpo celestial está en vencer al cuerpo terrenal. Con palabras de San Pablo: «[El cuerpo terrenal] se siembra en corrupción, resucitará en incorrupción. Se siembra en deshonra, resucitará en gloria; se siembra en debilidad, resucitará en poder. Se siembra cuerpo animal*, resucitará cuerpo espiritual. Hay cuerpo animal, y hay cuerpo espiritual. Así también está escrito: Fue hecho el primer hombre Adán alma viviente; el postrer Adán, espíritu vivificante».[11]

La sabiduría de Dios «es primeramente pura, después pacífica, amable, benigna, llena de misericordia y de buenos frutos».[12] La ternura de lo Divino es una bendición de gran consuelo, y la fe que expresan los hombres de manera infantil los ayuda a hallar la libertad al salir de la oscuridad que se oculta en el yo. Que la sabiduría os conduzca a la luz y la luz a la felicidad Divina.

Victoriosamente,
Lanto

---

*Léase *natural* (N. del T.)

7 • La maestría sobre el flujo de la energía

Lanto es el maestro que hizo brillar su llama trina a través de la forma de carne; esa fue la meta antes de que ascendiera y sus discípulos fueron testigos del fuego que había en su pecho. Quisiera señalarles, desde el corazón del Señor Lanto, que cada chakra puede ser un vórtice de luz.

Cuando Lanto habla de la sabiduría que conduce a la luz y a la felicidad Divina, la sabiduría es el vórtice del chakra de la coronilla. Si tenemos un almacén de sabiduría de la mente de Dios, este se convierte en un vórtice en el chakra de la coronilla y ese vórtice se convierte en un campo energético que atrae todas las energías de todos nuestros chakras hacia arriba, por la escalera vertebral hacia ese campo energético.

Comprendan, por tanto, que la atracción de estos vórtices es cómo ascendemos cada día, a cada hora. Por eso los maestros quieren que desarrollemos la sabiduría (el chakra de la coronilla), todo el poder de la visión inmaculada (el tercer ojo, el ojo omnividente), todo el poder de la voluntad de Dios (el chakra de la garganta) y todo el poder del amor de Dios (el chakra del corazón). En estos chakras superiores tenemos la llama trina —rosa en el corazón, azul en la garganta, amarillo en la mente— y el poder de precipitar los tres a través de la visión inmaculada del ojo omnividente.

Si desarrollamos una enorme atracción y un enorme impulso acumulado en estos chakras superiores, estos atraerán toda la energía del cinturón electrónico hacia el vórtice de la transmutación. Por tanto, hay que mantener las llamas activas en los chakras superiores y atraer la energías de abajo hacia arriba.

Y, por supuesto, el enorme don de la llama violeta, el impulso acumulado de la llama violeta está afianzado en el chakra del alma. Por tanto, aquí, en estos días postreros que preceden a la era de Acuario, incluso tenemos la oportunidad de ir directamente al cinturón electrónico con la llama violeta y afianzar purificación, que también ayuda a todo el impulso hacia arriba.

Los chakras son Dios en nosotros. Cuanto más intensifiquemos la acción de las llamas en los chakras, más nos convertiremos en un vórtice de luz y más atraeremos a Dios. Y cuanto más atraigamos a Dios, más se purificarán los elementos restantes de sustancia negativa en nuestro ser.

3 de febrero de 1975

CAPÍTULO 8

EL ESFUERZO POR LA PERFECCIÓN

Comentario sobre el tercer capítulo

A todos los que buscan sabiduría:
 La búsqueda del autodescubrimiento es activada en realidad por la voz de Dios, que incita el avance de la creación para descubrir las intenciones y los propósitos verdaderos detrás de la creación. Los que se conforman con seguir enredados en las minucias de la interacción kármica siempre están preocupados en demasía con los destalles relacionados con su ego y su vida individual. Por tanto, uno de los secretos para escapar ha de hallarse en la despersonalización de la vida como enseñó el Maestro Jesús. El que pierde su vida «por causa de mí», la hallará.[1]
 Cuando despersonalizamos la vida, despersonalizamos el bien, así como el mal. No damos demasiada importancia a los comportamientos humanos que no se ajustan totalmente al Cristo y no damos demasiada importancia al logro humano, sino que nos captura una espiral de enorgullecimiento en el Señor.
 ¿Sabían que nosotros no tratamos de perfeccionar su parte humana? Esa no es la meta de los Maestros Ascendidos. La meta es sustituir lo humano con el Cristo. Nunca se puede perfeccionar la conciencia humana, ni lo intenten. No es perfeccionable. Es mutable. Es lo que cambia. Es un instrumento. Es un campo energético.

Los perfeccionistas son las personas que se descomponen. Es importante esforzarse por la perfección en el Cristo y esforzarse para traer esa perfección a la manifestación, tener eso como meta. Pero hay una característica mental por la cual uno se involucra demasiado en el ego, en qué apariencia tiene y en cómo manifiesta la perfección. Se llega a un punto en esa conciencia en el que se pierde la cabeza. Se pierde la cabeza porque no se puede vivir en un mundo imperfecto a la vez que se intenta ser perfecto, porque nunca se da la talla.

La despersonalización de la vida significa que cuando las personas no son perfectas, no dejamos que eso nos afecte demasiado. Y cuando son perfectas, no dejamos que eso nos afecte demasiado. Es una línea muy fina, es el filo de una cuchilla. Comprender esto es un caminar de la conciencia por la cuerda floja, porque ustedes podrían escuchar mis palabras y decir: «Bueno, si esto es así, ¿para qué molestarse? ¿Para qué intentar ser limpios y pulcros, hacer bien las tareas escritas, escribir bien, etc.?».

Los maestros enseñan que la meticulosidad y la diligencia en el esfuerzo por la perfección son de suma importancia. Como decía Morya en la *Perla* que dictó anoche, debemos prepararnos para los planos sucesivos de conciencia, y la diligencia y el perfeccionamiento aquí nos dan la capacidad de afrontar y captar el siguiente plano, donde la coordenadas de la identidad están mucho más extendidas.[2]

Cuando empezamos a entrar en el infinito y en el sentido de la medida de uno mismo con respecto al infinito, debemos ser capaces de comprender un espectro mucho más amplio de puntos y contrapuntos. Es como mirar a las estrellas y concebir nuestra identidad como si fuera todas esas estrellas. Difícilmente se las puede mirar todas a la vez, mucho menos contenerlas en nuestra conciencia, porque estamos acostumbrados a un marco de referencia más pequeño.

En realidad, tenemos un punto de referencia muy pequeño en el que lograr la maestría. Y el propósito de la maestría es que, en octavas sucesivas, al expandirnos con la curva del infinito, seamos capaces de dominar las coordenadas de la identidad. El esfuerzo por la perfección es en realidad el esfuerzo por unirnos al Ser Crístico que ya es perfecto, mientras que la constante preocupación por la acción humana y su perfección puede ser algo devastador.

Por tanto, hay que tener cuidado con la matriz que usamos. Nuestra matriz es el esfuerzo por la unión con la perfección que ya somos. Esa es la conciencia correcta y la actitud correcta: esforzarnos por la perfección que ya somos, esforzarnos por unirnos a ella, esforzarnos por exteriorizarla, esforzarnos por hacer que nuestra alma y nuestra conciencia sean el vehículo adecuado para la mente que había en Cristo Jesús.

La vida de Jesús nos da una muy buena idea de la perfección y de la unión con la perfección. Ahí nunca tenemos la sensación del constante intento de parecer o ser humanamente perfecto. Jesús era un maestro, pero se dejó ver públicamente cuando volcó a los cambistas, cuando gritó a los hombre de leyes, a los fariseos. Él no pensó en su imagen, pensó en unirse a la perfección de su Yo Real.

Cuando nos interesa mucho nuestra imagen y siempre andamos preocupados por cómo se nos ve —si parecemos espirituales o si parecemos educados, bien parecidos o bien vestidos— deberíamos reconsiderar si nuestra conciencia está en un ciclo de perfeccionamiento de lo humano o si está esforzándose por lograr la unión.

Ahora bien, estoy segura de que Jesús siempre tenía buena apariencia. Estoy segura de que iba limpio. Estoy segura de que tenía el cabello limpio. Pero creo que probablemente se le manchaban las sandalias o los pies con el polvo del camino o probablemente el borde de la ropa se le ensuciaba, y no creo que estuviera siempre yendo a su casa a cambiarse. Es como los discípulos que se pusieron a comer espigas en el campo durante el día de reposo. Jesús entendía que el sistema estaba creado para el hombre, que el hombre no estaba hecho para el sistema; las leyes estaban creadas para el hombre, el hombre no estaba hecho para estar subordinado a las leyes.[3]

Cuando empezamos con que el hombre está hecho para el perfeccionamiento humano de las cosas llegamos al concepto mecanizado, llegamos al estado totalitario en el que el hombre no puede respirar porque debe vivir para el perfeccionamiento de lo exterior, ya sea en sí mismo o en su entorno. Por tanto, entra en la conciencia robótica.

La unión con la perfección interior solo puede tener lugar si despersonalizamos las cosas. Nos podemos apegar demasiado a nuestro yo exterior y a nuestros cuatro cuerpos inferiores cuando estos son muy hábiles, cuando tenemos una gran destreza en algo. Es como los fanáticos de la salud y las personas que se fijan mucho en el cuerpo, que se perfeccionan tanto en su cuerpo que viven para esa perfección. Y debido a la perfección de su cuerpo son personas muy admiradas y tienen un sentimiento tan grande de la perfección en el físico que no sienten la necesidad de esforzarse por la perfección del alma (por la unión con el Cristo interior), porque la tienen en el exterior. Nos podemos apegar enormemente a los cuatro cuerpos inferiores cuando uno de ellos alcanza la excelencia.

Nosotros hemos tenido el ejemplo de un músico muy bueno que fue invitado a las clases, muy experto, prácticamente perfecto en su técnica. Este músico recibe tantas alabanzas y tanta atención de la gente del mundo por su capacidad con la música que eso se ha convertido en un sustituto del logro espiritual. Y ha decidido que no necesita las Enseñanzas de los Maestros Ascendidos y que no le hace falta un compromiso con ellos y que, por tanto, no tiene sentido que toque en nuestras clases. Les aseguro que este perfeccionamiento, esta destreza, lo ha apartado del Sendero.

Por tanto, el perfeccionamiento en lo humano puede suponer nuestra perdición. Fue la perdición de Lucifer, el orgullo y la ambición de perfeccionar la conciencia humana y el decir: «Dios, yo puedo hacerlo mejor que tú, por lo cual no te necesito».

Debemos tener cuidado con la carga, la cruz que supone tener una mente brillante, una habilidad o la belleza física. Debemos ver que muchos ángeles caídos lo poseen y a menudo los niños de Dios y los hijos de Dios no. Estos últimos cargan con su karma de una forma que se ve en la superficie, como deformaciones, impedimentos, etc. Cuando un hijo o una hija de Dios finalmente realiza la perfección en los cuatro cuerpos inferiores, esto se debe a que se ha unido al Ser Crístico.

Dios no permite que sus niños o que sus hijos lleguen demasiado lejos en esta búsqueda del logro humano sin que se quiebren. Y lo habitual es que se quiebren en este ámbito del esfuerzo por una perfección mecánica, que se vuelve una cuña en el cuerpo mental y que llega a convertirse en locura. Lo que una vez fue una mente brillante se quiebra y se torna imbecilidad por una fragilidad en el uso del penacho amarillo, expandiéndolo demasiado hasta un desequilibrio con respecto a los otros penachos, usándolo erróneamente hasta que, finalmente, todo el impulso acumulado se rompe por el desequilibrio.

Por consiguiente, tanto si un niño es muy, muy travieso o muy, muy bueno, debemos desviar la atención de lo humano en este yin y yang, en este balanceo del péndulo, y debemos llevar la atención hacia el Ser Crístico. Entonces el niño, centrado en el Ser Crístico, será la perfección que deseamos, pero no será porque hayamos establecido la meta del perfeccionamiento de lo humano, disciplinando lo humano para que lo humano pueda ser una máquina humana mejor.

Esto requiere mucha devoción, requiere que pongamos la atención en los maestros, dejando que el flujo discurra por el patrón en forma de ocho (como Arriba, así abajo). Para tener un estado mental muy sano no debemos dar demasiada importancia a nuestras flaquezas, a nuestras debilidades, a nuestros éxitos, al mismo tiempo que nos negamos a caer en ese estado hipnótico en el que utilizamos este conocimiento como una excusa para tolerar el pecado, tolerar las acciones equivocadas en nosotros y permitirnos las cosas que sabemos muy bien que no deberíamos hacer.

Los cuatro cuerpos inferiores deben disciplinarse, no porque su meta sea la perfección, sino porque su meta es ser una hoja de cristal transparente para que aparezca el Cristo. Esto es algo que hay que sentir y con lo hay que trabajar; en realidad hay que vivir y ponerse a prueba para entender lo que estoy diciendo. Sobre todo, no distorsionen esto. Es mejor seguir tratando de perfeccionar lo humano siguiendo el ejemplo del Cristo que llegar a reconocer que no vale la pena perfeccionar lo humano y dejarlo todo para volverse desaliñados y descuidados otra vez, como podríamos haber sido hace meses o hace años.

Este es el problema cuando llegamos a las verdades superiores: una sola frase de la enseñanza del Señor Buda o de los Maestros Ascendidos mal entendida o tomada desde el punto de vista de una mente rebelde puede producir la rebelión y la autodestrucción total.

Por tanto, continúen meditando y piensen en este equilibrio.

Servicio y autodescubrimiento

Un «secreto para escapar» es la despersonalización, otro es el servicio. El servicio a los demás se convierte en un medio de autodescubrimiento. La manera en la que «perdemos nuestra vida» pero mantenemos el nivel de perfección es a través del concepto de dharma, realizando nuestra razón de ser en el servicio. Entonces tenemos una razón para esforzarnos por la perfección que está totalmente desapegada del yo.

Digamos que tienen a un vecino enfermo que se está muriendo de cáncer y nadie cuida de él. Se despiertan por la mañana, saben que este vecino está acostado y atormentado en su cama, por lo cual saltan de la cama, se visten, comen lo mínimo, se van corriendo al vecino y empiezan a atenderle en todas sus necesidades.

Están viviendo para alguien fuera de sí mismos y descubren que al hacerlo se están perfeccionando. Hicieron exactamente lo que debían: se levantaron temprano, se vistieron, se lavaron, rezaron las oraciones diarias, se marcharon. Pero no lo hicieron porque pensaran en perfeccionar la conciencia humana. Lo hicieron porque pensaron en ayudar a una manifestación de Dios necesitada.

Cuando sentimos una pasión en nosotros que nos absorbe por servir a nuestra familia, a nuestros seres queridos o a nuestra comunidad, nos olvidamos de nosotros mismos. No prestamos demasiada atención a nuestras imperfecciones porque no hay tiempo para ello. Estamos en una batalla, estamos realizando un trabajo y estamos haciéndolo lo mejor que sabemos. No nos preocupa demasiado el perfeccionamiento de la carne.

¿Qué se descubre en este servicio? Se descubre al Cristo. Es posible que después de meses levanten la cabeza, que por primera vez tengan una oportunidad de estudiar su imagen ante el espejo y puede que observen una transformación. Ya no tienen la cara con los carrillos colgando por la avaricia, gorda por el orgullo o el ego. Ven una claridad. Ven la luz brillar a través del rostro. Ven una mirada impersonal. Ven la luz del Cristo. En realidad, no han tenido tiempo de mirarse cada día, acicalarse y peinarse una y otra vez, etc., porque han estado sirviendo. Pero han sido pulcros, limpios y aseados; y, de repente, ven que ha habido una transformación. Ese es el descubrimiento de cómo su Ser Crístico aparece brillando cuando pierden su vida «por causa de mí». ¿Y por causa de quién es? Es por causa de su Cristo.

> A la persona que no ha contribuido de una forma extrovertida a las necesidades de los demás le resulta dificilísimo renunciar a estar involucrada en su sentimiento personal de lucha.

O bien estamos totalmente involucrados en nuestras luchas con nosotros mismos o bien estamos llenos de trabajo, con demasiado trabajo para tener un ataque de nervios, con demasiado trabajo para ser alcohólicos o para fumar sin parar. No hay tiempo. Tampoco hay dinero, porque todo el dinero que tenemos se lo damos a los que lo necesitan. Hay un elemento de gran egoísmo en la gente que tiene problemas psicológicos. Esta gente tiene tiempo para la autocomplacencia. Estas personas nunca se han olvidado de sí mismas al prestar servicio. Piensen es eso.

Ya verán que al servir a su prójimo todo puede vencerse, todos sus problemas. Tomemos el sexo como ejemplo. Cuando se trabaja doce, catorce o dieciséis horas al día sirviendo, no queda nada de energía. Uno agradece poder irse a la cama y se duerme en seguida, y no hay problemas de sexo. El problema del sexo existe cuando se tiene demasiada energía, cuando se deja que las energías se acumulen en los chakras y estas no fluyen de regreso a Dios o al prójimo.

Cuando estamos constantemente bendiciendo la vida y sanándola, nuestro cáliz se vacía totalmente. Y cuando ese cáliz está vacío, estamos preparados para la comunión interior en los retiros de los maestros. Las funciones normales del cuerpo funcionan con normalidad, pero las exigencias no son demasiadas.

Es posible que uno preste un servicio que no sea de trabajo físico, en cuyo caso debería hacer cosas físicas a diario para que las energías del sexo se gasten. Se debe correr o hacer ejercicio de algún tipo para que el cuerpo se mueva y fluya esa energía.

Cuando los Maestros Ascendidos aceptan a un chela, se aseguran de que cada momento, desde la mañana hasta la noche, el chela esté ocupado con la realización de algún servicio, con invocaciones o con trabajo duro. De esa forma las personas superan sus problemas psicológicos sin tener que ser complacientes consigo mismos y sin estar constantemente pensando en sí mismos, porque al servir el flujo es constante, uno está dando constantemente. La energía fluye de forma constante a través de nosotros, como una corriente.

Por tanto, todo se limpia. No tenemos nada que se haya ido acumulando. No nos podemos sentar a preocuparnos por alguna cosa. No podemos sentarnos a que nos hable el demonio porque estamos demasiado atareados con el trabajo que debemos terminar. No hay tiempo para escuchar a la mente machacarnos con argumentos intelectuales sobre por qué no deberíamos estar donde estamos, porque hay un trabajo que hacer y alguien tiene una necesidad.

Así es como se han establecido todos los monasterios de Oriente y Occidente durante miles de años. Y así es como han sido las iniciaciones de la hermandad: Ustedes ocupan la energía que es el tiempo y el espacio del discípulo. Hacen que esta energía se involucre fuera de sí mismos de tal forma (en la hermandad, en devociones a Dios, en devociones a los maestros y en servicio a la gente) que la atención está constantemente puesta en servir, en Dios, hasta que la energía que fluye finalmente se convierte en la plenitud de la manifestación de Cristo porque no tiene el impedimento de la personalidad de lo humano.

Ese es el proceso. Es una personalización cuando uno se enreda al poner la atención en uno mismo y una despersonalización cuando la atención está puesta en servir a la vida. Así es cómo se descubre al Yo Real en todos.

Los peligros más grandes que acompañan a un servicio así yacen en la esperanza de recibir recompensa, porque cuando las personas sirven esperando una recompensa, ya tienen su recompensa.[4]

Espero que conozcan esta ley. O bien uno está construyendo su cuerpo causal o bien no lo está haciendo. Si queremos una recompensa Dios nos la dará, pero tendrá que tomar la energía de nuestro cuerpo causal para darnos la recompensa terrenal. Si la recompensa está dada, dada está; no nos la van a dar dos veces. Por tanto, dejamos de ahorrar esa energía para una gloria mayor en la resurrección. Y la recompensa por servir es más servicio. Eso es lo que siempre dice El Morya: «La recompensa por servir es un servicio más grande».

La mente Crística frente a la mente humana

La clave de la libertad, por tanto, está en servir y buscar. Pero que la búsqueda no sea una penetración forzada en los misterios de la vida, sino una hermosa expectativa que promueva el descubrimiento. Uno de los problemas principales que encuentran quienes desean descubrir al Yo Real es la tendencia humana a analizar. Este método, mientras que deja al alma desnuda, también destruye su tejido. Tan delicada es la realidad que la mano de la razón humana no debe tocarla. Por eso Jesús declaró: «El reino de los cielos sufre violencia, y los violentos lo arrebatan»[5]. Su recompensa es una actividad de tierra quemada que destruye tanto el trigo como la cizaña[6] y los deja sin consuelo.

Procuren que su razón sea la razón del Logos, la razón de la mente Crística. Confórmense con que el Cristo en ustedes sabe por qué les pasa todo lo que les pasa.

Hay personas que intentan descubrirlo todo en base a la razón humana. Vienen y me dicen que quieren casarse porque tiene los signos solares en oposición y los signos lunares formando un trígono, y dado que esto es lo que tienen en su astrología conjunta y luego esto, esto otro y esta otra cosa más les pasó al mismo tiempo en su vida, deben estar hechos el uno para el otro. Esto es la razón humana.

Si quieren planificar y concebir su vida según la razón humana, háganlo. Pero les aseguro que tendrán una vida del tamaño de un dedal, porque las cosas no funcionan de esa forma.

Si se guían por el Espíritu y por el Cristo y hacen caso del saber interior, si todas las cosas han encajado en el Espíritu, poco a poco, en el futuro, quizá el Logos revele coordenadas en su vida e indicadores en su astrología que corresponden a su diseño interior. Pero hay personas que sin haber ni siquiera tocado la llama o el Origen ya se han puesto a pensar en las minucias más pequeñas para definirlo todo con la regla, la medida, etc., a fin de demostrar que tienen razón.

Bien, cuando se tiene el Espíritu no hace falta demostrar que el Espíritu tiene razón. Por eso quienes tienen el Espíritu Santo son quienes tienen menos capacidad de transmitir la enseñanza con la lógica de la razón humana. Ya no les hace falta. Son el Logos, se han convertido en el Logos y su lógica es una lógica que trasciende el tiempo y el espacio y la razón humana.

En ciertos puntos del tiempo y el espacio el Logos toca tierra y eso hace que la gente encuentre sentido a las cosas, como cuando la Palabra se hizo carne y habitó entre nosotros.[7] Pero aún entonces, la lógica perfecta de la encarnación del Cristo no se produjo de un modo en el que cualquiera hubiera planeado con la razón humana que tal evento debía producirse.

Por tanto, el Logos toca tierra aquí y allá. Pero el hombre de Dios y la mujer de Dios tienen algo: nunca se los puede confinar a una matriz que se podría definir como común, como el denominador común de la razón humana, porque eso es conocimiento de este mundo y las matrices de nuestra mente Crística no encajan en él. Por consiguiente, no intenten forzarla a que encaje en una matriz común. No traten continuamente de demostrar a Dios con silogismos o con lógica, demuestren a Dios siendo Dios.

La verdad y la Realidad tienen algo: la gente no puede argumentar contra ellas; son algo total y completamente convincente. Lo son porque están conectadas con la lógica, el Logos del alma. El alma sabe, está convencida, tiene una convicción absoluta. Y hasta que no trascienda estos vehículos no podrá explicar totalmente con palabras por qué sabe y cómo sabe.

Contacto con la realidad

Apoyamos el desarrollo en el hombre de un sentimiento de dulce entrega al propósito cósmico, aunque ese propósito sea desconocido. Los más grandes maestros, a través de un perdurable sentimiento de confianza y fe, han obtenido la realidad. Nunca han hallado la realidad mediante un diseño intelectual o explorando los recovecos de las cavernas oscuras que acechan en la mente subconsciente. No se puede examinar el mal y producir el bien. Solo con fe en la idea universal de la Paternidad de Dios y un sentimiento de proximidad a las energías vitales del Cristo universal puede el alma alimentarse con la leche de la Palabra viva.

Ignorar los mandatos divinos y la sabiduría eterna y dirigirse en cambio a la simple sofistería intelectual destruye el propósito inmortal. No hay verdad más grande que el contacto con la realidad.

No hay nada más grande que el «contacto con la realidad». Ustedes tienen momentos en los que están en contacto con la Realidad, gracias a los Maestros Ascendidos, durante todo un dictado o parte de él, cuando están centrados en el maestro que habla y cuando están centrados en su propia mente Crística. Reciben un concepto y la radiación que hay en ese concepto como cáliz: tienen contacto con la Realidad. Y no hay nada más grande que ese contacto.

Ahora bien, no he dicho que no hay nada más grande que un dictado, un concepto o una radiación. Quiero decir que no hay nada más grande que el contacto que tenemos cuando entramos en contacto con la Realidad a través del dictado, a través del concepto, a través de la energía. Cualquiera puede sentarse en un dictado, pero no todo el mundo entra en contacto con la Realidad. Por tanto, lo que afirmo como lo más grande es el contacto con la Realidad. Los dictados se nos dan como uno de los medios más grandes que conocemos para entrar en contacto con la Realidad, porque si nos sintonizamos, estamos en contacto directo con los que han llegado a ser la Realidad.

El fin frente al medio

No hay verdad más grande que el contacto con la realidad. Porque ahí no hay necesidad de describir la sensación, sino solo de afirmar un sentimiento feliz de entrega a un incremento y una exaltación, el cual, por su conocimiento innato, satisface los requisitos de la existencia inteligente.

Dios enseña en el espacio de un instante más de lo que los hombres podrían aprender en miles de años hurgando en viejas ruinas. Dios es el Creador y él instruye al hombre cuando el hombre se convierte en un discípulo en la esencia de la cultura creativa. El hombre necesita saber cómo hacer las cosas, pero nunca puede transmitirle a otro oralmente, mediante la repetición o mediante textos, el maravilloso medio con el que el alma puede expandirse y formar sus propias alas para elevarse.

Nosotros, que estamos muy interesados en la evolución de la inteligencia de Dios en el hombre no ascendido y en el fomento de la verdadera educación del Espíritu, no tenemos ningún deseo de menospreciar los sistemas educativos del mundo ni a quienes desean transmitir un conocimiento básico a la humanidad. Solo nos preocupamos cuando el sistema se convierte en un fin en sí mismo en vez de en un medio para un fin.

Lo mismo ocurre con la conciencia humana cuando se convierte en un fin en sí misma en vez de ser un medio para un fin. Ahí es donde siempre podemos definir qué estamos perfeccionando: ¿Es la conciencia humana un fin en sí misma? ¿Estamos construyendo una casa por estar apegados a la casa o es la casa un medio para el servicio, para la familia, para el Espíritu?

Lo mismo sucede con la iglesia, el Estado, la economía. A menos que todas estas cosas en la Materia se conviertan en vehículos para el Espíritu, destruirán a quienes formen parte de ellas porque la llama debe ser libre de trascender la forma. Cuando se confunden las dos cosas, se destruye al alma.

> De acuerdo con los ideales divinos, el universo no es competitivo. Es feliz y expansivo y refleja en el mundo del individuo la realidad del Yo en su estado más elevado. Cuando el individuo se hace consciente de este reflejo de lo real en sí mismo, es transformado en un momento, «en un abrir y cerrar de ojos».[8] Ha encontrado la razón de ser en un sentido relativo y sabe que está al borde de descubrimientos aún mayores. Esto es trascendencia como Dios quiere.
>
> El conocimiento humano, aunque progresivo, avanza

a incrementos tan pequeños que incluso hoy día las modas emergentes y caprichosas de los tiempos le quitan a la humanidad sus oportunidades perdidas, dejándola desolada. Los latidos electrónicos de la gran llama divina que encarna la eterna alegría, paz y pureza transmiten los refinamientos del cielo a la humanidad en evolución. Pero ¿dónde pueden entrar en contacto los hombres hoy con la instrucción válida que les dé la capacidad de utilizar las enormes bendiciones que Jesús impartió en secreto a sus discípulos?

«Señor, ¿a quién iremos? Tú tienes palabras de vida eterna».[9] Debemos ir al Cristo. ¿A quién iremos por esta fuente de perfección? Debemos encontrar a los que la encontraron —los Maestros Ascendidos— y seguirlos, hasta que de repente descubramos que nosotros somos el Cristo.

El Estado totalitario

El hecho de que hombres y mujeres hayan esperado mucho tiempo para entrar en contacto con la verdad no significa que ahora no deban hacerlo. Involucrarse en la tarea del autodescubrimiento es la mayor certeza que uno pueda tener para obtener un pasaporte a la realidad. El hombre debería desear tener ese pasaporte y escapar del enigma que suponen las arenas movedizas de la personalidad. El hombre debe construir sobre la roca de la realidad. Y esa roca es el Cristo,[10] el unigénito Hijo de Dios.

Los hombres han vivido en la densidad del mundo material. Los extraños anacronismos de los variados estándares de la civilización los han mantenido juntos. A lo largo de los tiempos las costumbres han cambiado mientras las lujurias del apetito carnal han robado a la humanidad su derecho de nacimiento inmortal. Ahora cada hijo de Dios debe descubrir quién es. Debe reconocer los logros de la persona —su comprensión mental, fuerza física y valores morales— como vehículos a través de los cuales la luz expansiva de la realidad puede brillar.

Esos planetas que se han convertido en planetas del culto al placer han llegado a ser así porque el Estado se ha apoderado de todas las funciones que por derecho pertenecen al hombre, todo lo que él debería hacer por sí mismo: su suministro, su educación, los cuidados que presta a los necesitados.

El Estado totalitario le quita al individuo la oportunidad de olvidarse de sí mismo prestando servicio. Cuando ya no tiene la oportunidad de servir, su atención vuelve a fijarse en él mismo. Se permite más ocio lejos del trabajo monótono y pesado y las preocupaciones, y se dirige al sexo y a relaciones sexuales y perversiones de todo tipo, y a adornar al yo, y al entretenimiento, etc. Cuando la ciencia y la civilización realizan todo lo que el hombre debería hacer por sí mismo, el sendero del dharma se destruye, y con él el sendero del karma.

A eso se refiere Jung en *El yo sin descubrir:* cómo el Estado asume totalmente las funciones del individuo y le quita su identidad. El Estado también le quita su religión y se hace a sí mismo, con todo su boato, en su religión. Eso provoca una desorientación, un problema psicológico, porque el alma tiene necesidad de religión, algo que sea metafísico o que vaya más allá de lo físico, un punto de anclaje para su energía, como diríamos.

Cuando el alma se ve privada de esto, comienza a estar dividida, comienza a estar desgarrada. Por tanto, cuando se elimina la religión y se la sustituye con la religión del Estado, se provocan todos los problemas modernos, todas las neurosis, las psicosis y todo lo que desplaza al individuo: esquizofrenia, morbosidad, depresión y, finalmente, suicidio, porque no queda nada que hacer cuando se ha desperdiciado toda la atención al ponerla en uno mismo. El final supremo es la destrucción del yo. El final supremo de la autoindulgencia es la autodestrucción.

Definamos autoindulgencia como la atención innecesaria

a lo humano, innecesaria para emitir la conciencia Crística a través de los cuatro cuerpos inferiores. Comprendemos los logros de la persona «como vehículos a través de los cuales la luz expansiva de la realidad puede brillar». Cada vez que prestamos atención a los cuatro cuerpos inferiores, debería ser con ese propósito, para hacer que sean mejores vehículos para que brille a través de ellos la luz de la realidad. Más es autoindulgencia.

Acudió a mí una persona para que la aconsejara que estaba asistiendo a un curso de lectura rápida y que quería volver a la universidad. Él estaba preocupado con el hecho de que sentía cierto orgullo mental al hacer esto, porque era para el perfeccionamiento de su conciencia humana. Y yo dije: «No hay nada malo en educarse o en un curso de lectura rápida, siempre que se haga para gloria de Dios, para facilitar la expresión de la mente Crística a través de usted».

Pero vi que el muchacho tenía razón. Su aura tenía un tinte de orgullo por lo que lograría y ganaría con estos estudios. Por tanto, no se trata de qué hacemos, sino de nuestra conciencia: por qué lo hacemos.

Si es para servir mejor a Dios y al hombre, no hay nada mejor que cierto grado de educación. Cuando se va demasiado lejos, es algo cuestionable.

La perfección llega a través de la luz Crística

Cuando brilla, [esta luz expandiéndose a través del vehículo] lleva el poder de la transmutación a los confines de la manifestación individual y a todos los ámbitos de la actividad humana. Ilumina los recovecos ocultos del ser. Suaviza las anomalías de la vida. Pone al individuo en contacto con una fraternidad superior. Le muestra una nueva percepción. Purifica, rectifica y exalta su conciencia. Se convierte en el deleite de su universo, el colmo de su alegría, porque es el júbilo de los Dioses. Esa luz es el contacto de lujo con la realidad que desintoxica su ser de los viejos venenos y después del momento de la limpieza lo llena con el tesoro eterno: el tesoro de su ser.

Cuanto más pulamos los cuatros cuerpos inferiores a fin de permitir que la luz Crística brille a través de ellos y cuanto más brille la luz, más se perfeccionarán estos cuerpos y más brillarán con la perfección de la realidad interior. Estaremos llevando a cabo la perfección de lo humano sin poner nunca la atención en ello. Esa es la recompensa por perder la vida por causa de Cristo, para poder volver a encontrarla.[11] La luz misma hará el trabajo. Transmutará, nos dará iluminación, nos ablandará, suavizará, purificará, limpiará.

Podemos tomar como ejemplo a cualquiera que veamos en la vida. Ustedes, por ejemplo. Allá donde hayan puesto atención en la conciencia humana a expensas del desarrollo del Cristo, lo humano siempre ha tenido que pagar el precio. ¿No es cierto? Lo humano siempre paga el precio y ustedes no ganan nada: ni tienen una parte humana perfecta, porque no puede perfeccionarse, ni tiene al Cristo.

Ahora bien, Lucifer le ha dedicado muchísimo tiempo a este tema de perfeccionar lo humano. Lleva perfeccionando lo humano miles de años. Y solo maneja la perfección en un sentido relativo. Relativamente hablando, está tanto más avanzado que nosotros y que la mayoría de las evoluciones que puede llegar muy lejos engañándose en el perfeccionamiento de su forma, su mente y sus acciones, pensado que es alguien realmente exaltado. Eso es así debido al relativo estado de su logro comparado con el nuestro y el de la mayoría de la gente.

En lo que respecta a una ciencia o una tecnología que esté mucho más avanzada de lo normal para el hombre común, los científicos se sienten muy confiados. Ahora pueden crear a personas en un tubo de ensayo, incluso pueden tomar cualquier célula del cuerpo y convertirla en una persona. Los científicos pueden hacer muchísimas cosas. Es como los científicos de otros sistemas de mundos: tienen sus naves espaciales, pueden volar a cualquier parte, tienen rayos que pueden disolver cualquier cosa, por lo que eliminan las guerras y los mecanismos de guerra. Llegan tal alto en su logro en la Materia que el orgullo de su perfeccionamiento de lo humano llega muy, muy lejos. Esto los puede sustentar miles y miles de años, siempre que se conformen con estar confinados a un marco finito del tiempo y el espacio.

Lo único que se necesita es un grano de la mente Crística para comprender que son prisioneros de su orgullo, de su tiempo y espacio, de la Materia, y que nunca van a salir de ella sin renunciar a todo el plan que han urdido. Pero no tienen la perspectiva para verlo. Siempre que puedan crear un castillo aquí o puedan pasárselo bien aquí o siempre que puedan tener mujeres allá, ni siquiera tienen una idea de lo finito que es su tiempo, de la duración de sus años, de que todo eso va a desaparecer en setenta años que dura una vida.

Si pudiéramos mirar el principio y el final de los días de una persona atrapada de esta forma en esta espiral, en cinco minutos decidiríamos que no es camino para nosotros y que nos podemos ahorrar esa locura. Pero por algún motivo, con la Caída y todo lo que ha acontecido en este planeta durante miles de años, solo un puñado de personas son capaces de observar la escena, mirarla y decir: «Esto no lleva a ninguna parte, es como una cinta para correr».

Las almas continúan volviendo. Siguen confinadas. ¿Por qué? Tratan de perfeccionar lo humano. Ese es el problema.

Lucifer fue echado abajo, fue echado del cielo, echado del plano del Espíritu donde ocurrió la rebelión, echado a la tierra, al plano de la Materia. Nunca saldrá de la Materia.*
Relativamente hablando, es una jaula muy grande —solo

---
*Véase pág. 358, cap. 2, nota 6.

relativamente hablando—, pero es una jaula, es una red, y debemos trascender esa red. Por tanto, el júbilo de los Dioses se derramará literalmente por nuestras células cuando entremos en contacto con la Realidad y seamos la fuente de esa llama viva.

Sean Dios ahora

> ...desintoxica [vuestro] ser de los viejos venenos y después del momento de la limpieza [os] llena con el tesoro eterno...

El tesoro es nuestro cuerpo causal. Finalmente, y por último, nos unimos a nuestro cuerpo causal, o bien antes o bien después de la trascendencia llamada iniciación de la ascensión. Podemos establecer un contacto y un flujo tal que nos convirtamos en la manifestación total de Dios allá donde estemos. Pero esto solo puede llegar con una total despersonalización.

> Aquellos de nosotros a quienes se nos ha asignado la tarea de instruiros en el arte del autodescubrimiento, os advertimos desde el principio que el nuestro no es un simple juego de malabarismos verbales, sino una revelación infinita que debe ser estudiada y absorbida. La Gran Hermandad Blanca ha deseado desde hace mucho tiempo ayudar al hombre a descubrirse a sí mismo, pero para hacerlo debemos estudiar muchos ángulos, desde lo sencillo hasta lo más complejo. Debemos proporcionar nuevas percepciones y perspectivas para que cada corazón hambriento puede llenarse del maná espiritual.
>
> Nunca en toda la historia del hombre los oscuros han llevado una era al borde de la destrucción como lo han hecho es estos días postreros. Sin embargo, nunca en toda la historia del hombre han indicado tanto deleite interior en la ley de Dios las posibilidades que pueden extraer y atraer esas

indomables características espirituales que convierten a los mortales en adeptos inmortales. Una vez más, Dioses encarnados deben pisar la Tierra. Esto no es una profanación, ¡es la realización del sueño que Dios tiene para el hombre! Solo los hombres de valor y coraje, los hombres de consagración y comprensión universal pueden penetrar en los complots insidiosos que quieren robarle a la Tierra y a su gente el poder solar de la realidad.

Piensen en esta frase: «Dioses encarnados deben pisar la Tierra». Dios no está esperando a que estemos desencarnados o a que pasemos por una transición hacia el plano etérico para que seamos Dios. Él no quiere que utilicemos toda nuestra encarnación física para llegar a ser Dios. Él quiere que seamos Dios ahora de modo que tengamos el resto de nuestra vida para ir como Dios en nuestro cuerpo.

En realidad, mirando lo esencial, el único precio que hay que pagar es llegar a comprender que hay que dejar de perfeccionar lo humano y, en cambio, intercambiar lo humano por el Cristo, quitarnos la vieja ropa interior, echarla al fuego y ponernos la vestidura sin costuras.

¿Alguna vez han llegado a tener una ropa tanto tiempo que la ropa está saturada de registros de experiencias pasadas, impulsos acumulados del pasado, y sencillamente hay que tirarla a la basura, aunque no esté gastada? Hay que donarla a la organización Goodwill, pero no es buena para nadie. Hay que echarla a la incineradora. Hay que deshacerse de esa ropa. Si no han tenido esa sensación, deberían tenerla, porque la ropa contiene los registros del yo anterior y en efecto debemos quitarnos a ese hombre viejo y vestirnos del nuevo.

Si pensamos en ello, Dios está esperando a convertirnos en un Dios. Lo único que tenemos que hacer es vencer nuestro orgullo, vencer nuestra ambición, entrar en el plano de la mente Crística y simplemente existir. Abandonar el sentimiento de lucha que tenemos, cumplir los requisitos de la Ley, renunciar a esa sustancia y echarla al fuego, deshacernos literalmente de la ropa interior vieja, echarla al fuego y ponernos la nueva vestidura del Cristo. Ustedes pueden ser adeptos inmortales en la carne.

No importa qué red o qué campo energético tengan. Hay seres que utilizan las estrellas para afianzar su energía. No usan cuerpos de carne y hueso como nosotros, sino que utilizan el campo energético de las estrellas y tienen un logro de conciencia cósmica. La red para ustedes puede ser el cuerpo que tienen. Sirve igual que cualquier otro; será purificado y perfeccionado por su luz. Pero escojan una red. Dejen que el fuego arda a través de él, y sean Dios. No pongan ningún bloqueo mental, ningún bloqueo emocional, ningún bloqueo etérico o físico. Simplemente sean Dios. ¡Si Mark estuviera aquí, saltaría en el estrado por ustedes!

Hacer que nuestra conciencia encaje con la de Dios

«Su estrella hemos visto en el oriente».[12] La luz interior debe salir y debe revelar lo que está oculto. Debe eliminar de la conciencia las barreras que impiden que las personas lleguen a ser elegidas y escogidas por Dios. No temáis, niños, porque a vuestro Padre le ha placido daros el reino.[13] Y «cuando él se manifieste, seremos semejantes a él, porque le veremos tal como él es».[14]

En la paz más profunda, YO SOY
Merú

Espero que encuentren el camino medio entre no descuidar a sus cuatro cuerpos inferiores y no descuidar al Cristo; no entrar en un estado de depresión al que nos estamos refiriendo en el que se produce el descuido del cuerpo. En base a la religión, algunas personas han decidido ir desaseadas y sucias, yendo por ahí no del todo bien de la cabeza. Eso se aparta de la despersonalización solo un poquito.

Cuando despersonalizamos y entramos en la verdadera personalidad del Cristo, al estar centrados seremos limpios y aseados. En el maravilloso sendero de los santos (cualquier santo sobre el que se pueda leer algo), descubrirán un semblante reluciente, una pureza, un sentimiento del deber, el levantarse temprano, la oración santa, el amor a Dios en manifestación, un arrebato en comunión con las huestes angélicas y el Altísimo, con la Virgen María, una santo arrebato al servir, en un verdadero contacto de corazón con los hombres y las mujeres que uno tiene a su alrededor en este plano.

Es como Ramakrishna. Iba andando por la calle y veía a una mujer, probablemente una prostituta, y entraba en samadhi porque contemplaba a la Madre Divina. Esa es la idea de comunión con Dios en todo lo que tiene vida, de estar tan enamorados de Dios que estemos donde estemos entramos en contacto con Dios y hacemos que nuestra conciencia encaje con la suya. Y al hacer que nuestra conciencia encaje con la de Dios se produce el flujo que nos purifica y nos transforma.

Meditar yin o yang

Estudiante: Cuando medito, a veces me dejo llevar, me vuelvo muy abstracto y me pierdo. ¿Cuál es el mejor modo de meditar para que eso no suceda?

ECP: Usted debe decidir si va a meditar yin o yang. Yang es cuando nos centramos en el núcleo de fuego blanco. Yin es la expansión de todo el cosmos desde el núcleo. Es mucho más difícil tener maestría cuando estamos yin. Por eso los estudiantes de macrobiótica dirán que alguien está demasiado yin queriendo decir que está desequilibrado o enfermo. Habitualmente estar demasiado yin resulta en eso, porque no hay mucha gente que sea capaz de no perderse a sí misma en un estado expandido. Hay que ser conscientes de todas las coordenadas en todas partes y poder dominar esas coordenadas tan bien como cuando lo hicieron con el punto en el corazón, y para eso hace falta tener una conciencia cósmica.

Por tanto, el yin es la Madre, y los que dominan la llama de la Madre deben poder ser conscientes del detalle en todos los niveles y puntos de identidad en el cosmos. Sin embargo, uno se puede perder al mezclarse con todo si antes no ha dominado de verdad el yang.

Summit University es una experiencia yang, muy concentrada en el núcleo de fuego del ser. Cuando empiecen a lograr maestría, empezarán a expandirla gradualmente y solo la expandirán hasta el punto en el que puedan controlar su maestría.

Un concepto clave que tienen los caídos es el de divide y vencerás. Estamos sentados a la mesa de trabajo, nos estamos concentrando en el trabajo, lo estamos haciendo bien. El bebé empieza a llorar, por lo que van a cuidar del bebé y después vuelven al trabajo. Suena el teléfono, llaman a la puerta, otros dos niños se están peleando en el piso de arriba, se rompe la tubería del agua, por la calle pasa el camión de los bomberos; pronto tenemos muchísimas cosas en qué pensar.

Habitualmente una distracción es suficiente para que una persona pierda totalmente el control emocional. Cuando puedan ocuparse de cincuenta problemas distintos a la vez sin perder la maestría ni la capacidad de resolver esos problemas, sabrán que han pasado a tener una conciencia cósmica, porque podrán ser conscientes de sí mismos en muchos puntos de identidad, muchas manifestaciones, sin perder el control Divino.

Aprendemos a saber qué debemos aceptar y qué no debemos aceptar. Aprendemos a saber en cuántas cosas podemos poner la atención sin perder la salud y la cabeza, y más allá no debemos ir. Hay personas que siempre se ocupan de demasiadas cosas y nunca terminan nada. No han sido capaces de medir su conciencia yin y yang y cómo pueden centrarse en ella.

Sobre mezclarse con su entorno, hay que ser yan antes de poder ser yin. Empezamos como bebés, muy yang, involutos en el vientre, todo energía de fuego concentrada; y después empezamos a evolucionar fuera del vientre y, etapa tras etapa, lo que dominamos es la Materia, nuestras coordenadas en una manifestación expansiva. Después de aprender a cuidar de nosotros mismos, nos casamos y cuidamos de un cónyuge, cuidamos de los niños, cuidamos de un negocio, etc.; y la cosa sigue creciendo hasta que algunas personas crean un imperio. Desde el vientre hasta un imperio es ir del campo energético yang al yin.

Si nos vamos fuera antes de habernos metido dentro, corremos el riesgo de mezclarnos con el plano astral. Corremos el riesgo de unirnos en meditación a las entidades desencarnadas. Las entidades desencarnadas emiten una energía que se mueve alrededor y se siente como radiación y no es nada más que hollín astral. Pero posee una frecuencia, entra en contacto con nuestros chakras y puede llegar a ser bastante potente y a tener bastante fuerza. Las personas que no disciernen piensan: «Oh, estoy en el camino correcto. He entrado en contacto con Dios» o «He entrado en contacto con un maestro», pero se trata tan solo de sus energías mezclándose con las entidades.

Cuando nos perdemos en meditación de esa forma es porque no hemos estado suficientemente yang. Hay que volver, concentrarse en una forma muy sencilla, un triángulo o un punto. Cuando quiero concentrarme mucho, visualizo a Dios como un punto de luz y le rezo al punto y derramo todas mis energías en ese punto, y voy directa al corazón de Dios en el cosmos. Estoy en el Gran Sol Central simplemente al meditar en el punto, mientras que, si me pusiera a mirar alrededor a los árboles, el cielo, los pájaros y la gente que está pasando, ahí es donde estaría yo. Dios está en ellos, pero no entro en contacto con él porque no me estoy poniendo yang, no me estoy centrando.

Usted debe aprender a centrarse por sí mismo en algo que esté más allá de este plano para que cuando entre en meditación, no se pierda en todos estos planos de la Materia.

Impostores de los Maestros Ascendidos

Estudiante: Cuando usted llama a un maestro y siente su radiación, ¿debe suponer que sea la radiación del maestro y no un montón de desencarnados?

ECP: Bueno, no debemos suponer que cuando hacemos un llamado a un maestro y sintamos la energía, que eso sea el maestro. He visto a personas psíquicas, que están en el plano del ego, en la adulación del ego, y que están muy metidas en el ego. Hablan con los maestros y con regularidad los impostores de los maestros les entregan su energía. Y estas personas tienen todo un mundo de fantasía creado alrededor de sí mismas sobre quién son y qué importantes son para la jerarquía. Tiene su pequeña jerarquía. Es como un niño pequeño jugando al ajedrez; acomoda todas las piezas alrededor de sí mismo y entonces él es el centro del universo. Pero estas personas están tan metidas en el plano astral que ni siquiera tienen el más remoto contacto con la Realidad. Da la casualidad de que conocí a una persona así el pasado fin de semana, por lo que sé que estoy hablando de algo que le pasa a la gente. Y lo he visto a lo largo de los años, por supuesto.

Por tanto, no se puede suponer nada. Hay que decir:

En el nombre del Cristo, exijo una prueba de que este es el Dios vivo. En el nombre del Cristo, exijo que sean atados todos los desencarnados y caídos que se atrevan a acercarse y a imponerse en mi campo energético. Retroceda toda la magia negra, la brujería y todas las entidades y los desencarnados. Me niego a aceptar la presencia de cualquier cosa que no sea el Dios vivo.

Es posible llamar a los lobos. Se llama a los lobos del plano astral cuando se desea de manera constante el contacto, porque el ego necesita la adulación: «Kuthumi» le visitó y le dio un mensaje especial. Las personas que quieren mensajes son las que atraen a los falsos jerarcas. Pero si se quedan tranquilos y se ocupan de lo suyo que es servir, ser un buen chela y hacer las obras de los maestros, estos los recompensarán viniendo y visitándolos cuando menos sean conscientes de su presencia.

El problema es la situación en la que las personas ponen su identidad en cosas fuera de sí mismas. Para reforzar su identidad deben tener la visita de espíritus todo el tiempo porque no son suficientemente importantes si no las tienen. Por consiguiente, crean toda una religión y todo un culto y toda una experiencia en torno a sí mismas.

Es importante saber que cuando decretamos adecuadamente (*«En el nombre de mi Ser Crístico, en el nombre de mi Presencia YO SOY, invoco a El Morya»*), debido a que hemos utilizado la Ley correctamente y hemos hecho el llamado correctamente, podemos contar con que el retorno de la energía sea El Morya.

Es decir, infaliblemente, sin falta, El Morya responderá a ese fíat. De hecho, apareció con un rayo muy poderoso sobre mí cuando hice el llamado. Por ley cósmica debe responder y de hecho lo hace. Si son nuevos en las enseñanzas o tiene muchos efluvios astrales, puede que no sientan esa respuesta, pero pueden estar absolutamente seguros de que la respuesta llega.

Por otro lado, cuando uno ni siquiera está en el Sendero, cuando no usa las llamas y se encuentra en un estado de saturación total del ego, al llamar a los maestros sin hacerlo en el hombre del Cristo o de la Presencia YO SOY podría encontrarse con impostores, porque su conciencia tiene una afinidad y una vibración parecida.

Para asegurarnos de que no nos aparezca ningún impostor antes de que llegue Morya, pueden pronuncia ese desafío.[15] La radiación del maestro y de la luz de Dios tiene un tono muy alto y una gran carga. En poco tiempo, yo diría que, entre seis meses y un año, deberían tener un grado de discriminación suficiente sobre las frecuencias, sobre qué es luz y qué es oscuridad.

Yo les puedo decir que aún sigo aprendiendo. Las definiciones y los matices de oscuridad y luz a veces son tan peliagudos y los disfraces de los caídos tan inteligentes que a veces hay que explorar mucho para discernir, especialmente cuando estamos en el plano de la Madre manteniendo el concepto inmaculado de la vida. Cuando miramos siempre a la perfección de Dios en la creación universal, tenemos que cambiarnos las gafas y ponernos ese discernimiento del ojo omnividente que mira a través del concepto inmaculado a lo que está actuando humanamente, a lo que se está manifestando, y discierne el nivel de logro que tienen quienes se nos acerquen.

Estudiante: Si se da el caso de que usted entra en contacto con un caído, ¿qué hace para echarlo?

ECP: Hay que decir: «*En el nombre del Cristo, quítate de delante de mí. En el nombre de Dios Todopoderoso, llamo a Astrea para que rodee a todas las identidades extrañas, todos los patrones, las individualidades, toda la conciencia con o sin forma que se acerque a mi ser o que quiera entrar en esta casa. Llamo al Arcángel Miguel*».

Se debe seguir llamando al Arcángel Miguel, a Astrea y a Hércules para que aten a los impostores. Pero es la gente que constantemente espera mensajes la que recibe la visita de los impostores. Si usted toma la enseñanza, lee los libros, hace los decretos, sale y sirve a su prójimo, realiza el trabajo, disemina las enseñanzas, los impostores no lo van a molestar porque no está ahí parado, esperando a que lo adulen con su venida y con sus mensajes y sus alabanzas, etc. No está sintonizando su estación receptora con ese tipo de energía.

Estudiante: ¿Qué hay que hacer cuando un impostor entra en contacto con nosotros mientras dormimos?

ECP: Al despertar, debe levantarse y hacer llamados al Arcángel Miguel, «córtame y libérame, córtame y libérame», para que revierta la marea; exija una acción de Dios Todopoderoso y no se conforme hasta que haya terminado los decretos y emitido suficiente energía para que Astrea lo solucione.

No hay temor, porque ellos no tienen ninguna realidad en Dios. Se ponen a dar un gran espectáculo para asustar y dicen: «¡Aquí estoy! Soy un mago negro muy poderoso y voy a hacer esto, esto y aquello». No tienen ningún poder a menos que se lo demos con nuestro temor.

Pero hay que hacer el llamado al Cristo instantáneamente debido al poder fingido que tienen. Ellos fingen la energía. Tienen un yo sintético que lleva existiendo miles de años. Muchas personas les han dado poder, por lo que vienen aparentemente con mucho poder. Pero nunca puede ser igual a Dios y Dios está aquí mismo en cuanto hacemos un llamado.

Tenemos la Ley, tenemos la ciencia, tenemos la energía y tenemos a los maestros. Por tanto, nada debería vencernos. Pero se necesita la acción rápida, la acción decidida y la acción poderosa. Ustedes han visto el impulso acumulado que tengo para hacer llamados. Los llamados deben ser penetrantes, dinámicos, rápidos y absolutamente inflexibles. A un demonio no se le pide que se marche. ¡Se le ordena!

Hay psíquicos que me han dicho que son educados con los

impostores; les piden que si son impostores hagan el favor de marcharse. No les pidan nada, porque no se van a marchar. Ustedes tienen la autoridad absoluta de Dios, y entonces les respetarán.

Estudiante: ¿Deberíamos asumir una actitud de enojo hacia una entidad o un impostor desencarnado?

ECP: No pierda los estribos, porque si lo hace se meterá en la vibración de las entidades. Cuando utilizo la palabra *enojo*, pienso en una falta de control emocional. La ira para mí es una cierta pasión roja que fluye por los chakras. Si se pueden poner en la conciencia de mirar a Serapis Bey, de mirarle a los ojos, los tiene como el acero, llenos de fuego, penetrantes. Él no necesita la ira; simplemente los disuelve con su llama.

No hace falta enojarse. Deje que se enoje la fuerza, deje que se enojen los Rumpelstiltskins.[16] Así son los demonios. Hay que deshacerse de ellos con la orden del Cristo. No merece la pena enojarse con ellos. No merece la pena alterarse con ellos y dejar que esa energía pase por nosotros.

10 de febrero de 1975

SAN MIGUEL

En el nombre de la amada, poderosa y victoriosa Presencia de Dios YO SOY en mí, de mi muy amado Santo Ser Crístico, Santo Ser Crístico de toda la humanidad, amado Arcángel Miguel, amado Lanello, todo el Espíritu de la Gran Hermandad Blanca y la Madre del Mundo, vida elemental: ¡fuego, aire, agua y tierra!, yo decreto:

1. San Miguel, San Miguel,
   invoco tu llama,
   ¡libérame ahora,
   esgrime tu espada!

Estribillo: Proclama el poder de Dios,
   protégeme ahora.
   ¡Estandarte de Fe
   despliega ante mí!
   Relámpago azul
   destella en mi alma,
   ¡radiante YO SOY
   por la Gracia de Dios!

2. San Miguel, San Miguel,
   yo te amo, de veras;
   ¡con toda tu Fe
   imbuye mi ser!

3. San Miguel, San Miguel
   y legiones de azul,
   ¡selladme, guardadme
   fiel y leal!

Coda: ¡YO SOY saturado y bendecido
   con la llama azul de Miguel,
   YO SOY ahora revestido
   con la armadura azul de Miguel! (3x)*

---

*Recítese la coda tres veces después de la tercera estrofa.

¡Y con plena Fe acepto conscientemente que esto se manifieste, se manifieste, se manifieste! (3x), ¡aquí y ahora mismo con pleno Poder, eternamente sostenido, omnipotentemente activo, siempre expandiéndose y abarcando el mundo hasta que todos hayan ascendido completamente en la Luz y sean libres!
¡Amado YO SOY! ¡Amado YO SOY! ¡Amado YO SOY!

CAPÍTULO 9

KARMA Y OPORTUNIDAD

Comentario sobre el cuarto capítulo

A los hombres y las mujeres de fe:
El niño pequeño nace. Su vida comienza y avanza. ¿De qué está compuesto? ¿De ideas? ¿Ideas de quién? ¿Las suyas? ¿Las de Dios? ¿Las del mundo? De las muchas ideas surge la persona exterior. «¿Qué es el hombre, para que tengas de él memoria, y el hijo del hombre, para que lo visites?».[1]

El hombre tiene muchos caciques de quienes puede decirse: «No tendrás dioses ajenos delante de mí».[2] Estos gobernantes de las profundidades están integrados en la conciencia y en la mismísima existencia de la persona de tal manera que su influencia es tanto sutil como obvia. Por ejemplo, el registro kármico, cuando no es benigno, se convierte en una fuerza de oposición, un dios amenazador al que hay que enfrentarse. El hombre siembra; también debe segar.[3]

Aunque los Señores del Karma quieran producir la mejor instrucción a partir de cada experiencia que se dirige contra la humanidad, el hecho sigue siendo que a veces los martillazos del «destino», que en realidad son manifestaciones de la ley cósmica en funcionamiento, llevan a una condición muy baja (aparentemente sin finalidad) a las personas que anhelan elevarse. Se oye la exclamación: «¿Por qué?». Pero lo que se necesita es una perspectiva fuera del yo, un punto de vista objetivo sobre la persona humana.

Los hombres deben contemplar al yo exterior desde lejos para que puedan ser objetivos al analizar el drama de la existencia. El karma negativo no debería ser un cacique. El hombre debería aprender a gobernar su karma comprendiéndose a sí mismo. Evidentemente el karma está ahí, es un hecho. No puede saltárselo totalmente, pues lo ha creado.

Se puede ver el comentario de Kuthumi sobre ese elemento del yo que se levanta para atacar al Yo, para atacar al alma, para condenarla a través de los registros del pasado, el conglomerado del karma, del cinturón electrónico personificado en la mente carnal. Y se puede sentir a la mente carnal que no solo se impone al individuo, sino que también se conecta con la conciencia de las masas. Estos son los «muchos dioses», y debemos decirles: «No tendrás dioses ajenos delante de mí».

No deben ser idólatras de su karma, de sus cuatro cuerpos inferiores o de sus impulsos acumulados personales más de lo que lo vayan a ser de la luna, la astrología o las olas de sustancia que pasan sobre el planeta. Esto es idolatría: poner esa sustancia y esa energía delante de Dios.

Conmigo trabaja una joven que sufre de la ilusión, la ilusión crasa que amenaza destruir su mente, de que está siendo invadida y dominada por un individuo que supuestamente está proyectándole energía a diario y manteniéndola despierta. Yo le dije: «Le está usted dando más poder a esa persona y a esa energía que a su Presencia YO SOY. Eso es idolatría». Y la muchacha ha asistido a Summit University.

Por tanto, recuerden, lo importante no es lo que se escucha y no es el hecho de asistir a Summit University, sino lo que se aplica. Deben oponer resistencia a la idolatría. Y esto es idolatría.

El deseo de controlar frente al control Divino

Os dejamos con este pensamiento por un momento para poder pasar a otro tema que es el de la acumulación en el yo de una resistencia a las fuerzas opuestas que se manifiestan en la sociedad en general y en el mundo del individuo. A este respecto, también quisiéramos hablar del deseo del hombre de controlar a los demás, de su deseo de dominar, de su voluntad de gobernar incluso cuando recibe oposición. Y ahora vemos que hay muchos dioses y muchos señores,[4] pero el hombre que realmente se comprende a sí mismo no debe estar sujeto a ninguno de ellos.

Las ilusiones de la mente carnal, ese aspecto del yo que domina al Yo a través de los registros y el karma del individuo, son elementos que atacan y que disfrutan controlando al alma. Los cuatro cuerpos inferiores que están malcriados, que han tenido nuestra permisividad, también disfrutan controlando la energía del alma. Una vez que descubren que pueden controlar a nuestra alma, intentan controlar a otras.

También está la situación de un padre o una madre dominante, cuando asumimos a ese progenitor dominante y luego empezamos a dominar a los demás. Esto es una perversión de la voluntad. La voluntad es un campo energético dentro del Yo, el impulso y la determinación de ser Dios. Nuestra voluntad puede tener motivos ocultos, y estos motivos ocultos (como el deseo de controlar a otras partes de la vida) nos quitarán nuestra victoria y nuestro dominio Divino. Por desgracia, la mayoría de las personas no se dan cuenta de que tienen un impulso acumulado por el que desean controlar a los demás.

Las personas controlan a otras personas mediante la discordia, arrojando energía, manifestando irritación, exigiendo atención, haciendo que la gente tenga que esperarlas, haciendo que la gente haga cosas por ellas. Existen métodos de control de todo tipo que son muy sutiles. La gente controla a otras personas a través del sexo, con ataques de llanto o con el magnetismo sexual. La gente juega con la gente. La gente juega con sus energías. Todas estas cosas pueden seguir produciéndose a niveles subconscientes; parcialmente subconscientes, parcialmente conscientes.

Luego está el control Divino, y control Divino significa una canalización de nuestras energías según el plan divino. Si estamos en el centro de un grupo y tenemos cualidades de líderes (y, dicho sea de paso, la amada Maestra Ascendida Nada dice que la cualidad de liderazgo es una cualidad de amor divino), si tenemos la capacidad de liderar y mediante el control Divino ayudamos a dirigir la energía de todos hacia el plan divino, esto no es los que estamos señalando. Esto no es manipulación. Esto no es algo malsano, es como debe ser, porque entonces siempre hay alguien presente para guardar la llama y que la energía fluya en el mandala. A veces, cuando las personas llegan a ser muy adeptas en esto, se las acusa de utilizar a la gente o de controlarla, pero no se trata de eso, porque Dios nos usa a todos y Dios nos controla a todos de acuerdo con nuestro libre albedrío.

Observar nuestro subconsciente de una manera honesta

Por consiguiente, cuidado con los motivos sutiles. Hay una cosa que deben comprender: los focos subconscientes de voluntad y motivación humana minan nuestra energía y nos agotan tanto que pueden quitarnos la mitad de nuestro impulso acumulado. Tenemos que dejar que estas cosas salgan a la superficie. Es una situación muy sana en la que observamos nuestras ilusiones, observamos a nuestro yo sintético. Esto no quiere decir que debamos enredarnos psíquicamente tanto con esa sustancia que nunca podamos salir de ella. Pero por un momento, por un período de tiempo, permítanse tener el valor de dejar que algunos de esos temas subconscientes salgan a la superficie. Mírenlos tal como son. Examínenlos. Échenlos al fuego.

Es necesario y sano tener cierta introspección. Cuando es demasiado y cuando nos ponemos a autoexaminarnos solo por el disfrute de involucrarnos en las energías psíquicas subconscientes, perdemos todo el propósito. Pero desde del nivel del Ser Crístico, ser capaces de observar inteligentemente nuestras tendencias e impulsos acumulados y ver la interacción y la relación entre uno mismo y otras personas y quizá por primera vez en la vida ser totalmente honestos con nosotros mismos, esto es una experiencia de mucha madurez y libertad.

El no descomponerse, el ser capaz de decir: «De vez en cuando miento. Exagero. No fui honesto con esa persona. Utilicé a esa persona porque quería terminar un trabajo». Ser capaz de admitírselo a uno mismo, no condenarse a uno mismo, no dejar que surjan las emociones, sino decir: «Esta red, este campo energético que Dios me ha dado como oportunidad se ha utilizado para la oscuridad. No va a volver a suceder. Me hago cargo de la situación. Voy a darle esta red y este campo energético a Dios y voy a dejar que Dios, Porcia, Diosa de la Oportunidad, me utilicen. En vez de ser un oportunista, voy a ser una llama de oportunidad y voy a dar oportunidad a la vida». Y sin que importe lo que hayamos hecho o para qué hayamos usado este campo energético, vamos a decir: «Voy a dejar que sea el punto focal de rayos cósmicos».

Este momento de la verdad, este momento de conciencia es algo purificador, muy hermoso y nos libera. Pero suéltenlo. Y, por amor de Dios, tenga la fe de saber que la llama los limpiará.

Tengan fe

Salir de una sesión de decretos y decir: «Ahora todo está bien, pero después todo me va a volver»; ¿dónde está la fe? La Biblia: «Si vuestros pecados fueren como la grana, los haré como lana blanca, blancos como la nieve».⁵ Si la Biblia lo dice, yo lo creo. Si Dios lo dice, yo lo creo.

Si Jesús puede perdonar los pecados, debemos creer que esto puede ocurrirnos a nosotros gracias al poder de nuestro Cristo. Nuestro Ser Crístico tiene el poder de perdonar y redimir la energía, pero se necesita fe. La fe es el cáliz que mantiene esa energía en movimiento. Encontremos lo que encontremos, veamos lo que veamos como distorsión en el yo, creamos de manera absoluta en la ley de nuestro ser que Dios puede sanarlo. Debemos ser una antorcha de fe y debemos empezar con nosotros mismos.

Debemos creer con todo el corazón que Dios puede sanar cualquier cosa, que puede sanar todo lo que sea un defecto en nuestra conciencia. Debemos dárselo a él. Cuando Jesús dice: «Todo lo que pidiereis al Padre en mi nombre, él os lo dará»;⁶ creámoslo. Pidamos al Padre en nombre de Jesús y soltemos nuestro su temor, soltemos nuestra preocupación. Debemos dársela a Dios, a Jesús y a los Maestros Ascendidos y sepamos con una fe absoluta que está hecho.

Esta chispa de fe es un fuego que incendiará al mundo con las Enseñanzas de los Maestros Ascendidos. Debemos estar llenos de esta fe. Y sobre la base de esa roca de fe en la conciencia Crística, podemos permanecer con toda nuestra madurez Divina y ser observadores de nuestras propias infracciones a la Ley y no conmovernos ni una pizca. Esto les quita a las fuerzas oscuras toda su capacidad de hacer daño, toda su energía y todo su poder, porque ellas medran al condenar, al acusar, al avergonzar, al hacer que sintamos que hemos hecho algo horrible y que nunca podremos librarnos de ello.

Una vez que lo hemos afrontado, una vez que lo hemos desenmascarado y nos hemos enfrentado a ello y hemos dicho: «Bien, he cometido un error. Pues Dios me perdona y sigo adelante», y eso es ley cósmica, nadie podrá tentarnos, nadie podrá derribarnos, ni la voz dentro de nosotros ni la de fuera. Es importantísimo tener fe en la Ley misma. La Ley es la roca de nuestra salvación.

Tienen derecho a la alegría

El hombre nace para gobernar, pero primero debe gobernarse a sí mismo. Debe educar a sus deseos y flexionar los músculos del autocontrol. Si no puede hacer esto por sí mismo, tiene derecho a buscar ayuda divina. No está solo. Es una unidad en una diversidad que a su vez está contenida en una unidad.

Recuerden esto cuando sepan que deberían hacer algo porque el Cristo en ustedes está hablando y es la Ley, pero sienten que se resisten o no sienten el flujo y la alegría de hacer lo que saben que debe hacerse. Invoquen la alegría. Invoquen el deseo de hacerlo. Recen a Jesús:

Amado Jesús, Maestro Bueno, tú serviste. Yo también deseo servir. Sé que debería ocuparme de los asuntos de mi Padre. Pon en mi corazón la alegría de servir, el deseo de servir. Une mi libre albedrío al tuyo, seamos un equipo y salgamos a hacer esto en el nombre de Dios.

No hace falta esperar a que nuestro yo humano por fin decida que vamos a poner a un lado un montón de sustancia. Si no sentimos la abrumadora alegría del servicio o de decretar, exijamos que nos la pongan en el corazón. No permitamos ese sinsentido del aburrimiento, esa sustancia de la mentalidad carnal y esa sustancia de la duda y el temor. Tenemos derecho a estar alegres en la vida, todos los días de nuestra vida. Tenemos derecho a tener alegría. «Nadie os quitará vuestro gozo».[7] No dejemos que ninguna fuerza, ninguna crítica, ningún escepticismo y esa sustancia intelectual nos depriman y nos roben la alegría.

En lo que respecta a los estudiantes de los Maestros Ascendidos, no vamos por ahí con caras largas, con el cilicio y con el luto con la conciencia de la crucifixión. Cuando la gente mire a un estudiante de los Maestros Ascendidos, quiero que vea alegría y felicidad, que este sendero tiene algo que hace feliz más que cualquier otra cosa que se pudiera hacer en el planeta. ¿Quién querrá seguirlos si es una valle de lágrimas? Nadie querrá seguirlos y pasar por eso. Por tanto, debemos irradiar alegría. La alegría es lo que la fuerza quiere quitarnos para que aparentemos tener angustia, dolor, los suspiros, las cargas y unas conciencias de todo tipo.

Una enfermedad que los estudiantes tienen es el hablar continuamente de «la fuerza esto, la fuerza lo otro y la fuerza lo de más allá». ¿Por qué hablar de ellos tanto? No les den ese poder. El único poder que tienen es la atención de ustedes. Está bien reconocer la batalla. Sabemos que la batalla existe. Pero, por el amor del cielo, quisiera que al menos le dedicaran el mismo tiempo a decir: «La Presencia YO SOY esto, la Presencia YO SOY lo otro y la Presencia YO SOY lo de más allá». Al fin y al cabo, ¿quién está al mando de este universo?

Vean el karma como oportunidad

Volviendo ahora a la idea del dios kármico en sus aspectos negativos, quisiéramos señalar que lo que uno no puede cambiar, debe aprender a vivir con ello. Y ha de recordarse que la intervención de la misericordia siempre es una posibilidad para el alma que de verdad desea servir a la causa y, al hacerlo, salir de los enredos de su karma.

Entendemos que hay circunstancias con las que debemos vivir; una espina en la carne, una situación de deuda kármica con algunas personas, una situación en la que se debe servir o tener cierto empleo, situaciones económicas. Todo esto nos obliga a atravesar ciertas cosas. Pero recuerden que la vida, como desarrollo de sus ciclos kármicos, nunca les dará más de lo que pueden afrontar en un día dado o en una vida.

Si aceptan con amabilidad de la mano de la Diosa de la Oportunidad, Porcia, el karma que se les da y no lo ven como un castigo sino como la maravillosa oportunidad de redimir la energía, entonces sentirán el flujo, la corriente eterna de amor divino pasar por su corazón todo el día y toda la noche, amando a los que tengan cerca, amando a aquellos a quienes sirven. Y sin que importe cuál sea el yugo de esclavitud o tribulación que el karma pueda parecer, esta corriente eterna de amor les dará una dicha enorme porque sentirán constantemente el equilibrio de las fuerzas de las energías cósmicas. Allá donde hayan sido injustos con la vida, este amor que fluye por su corazón corregirá esa injusticia.

A medida que ese equilibrio se va produciendo existe un flujo de alegría enorme, un flujo en el que se siente que el equilibrio se está aplicando. Existe la idea de que todo el cosmos se alinea debido a esta emisión de energía a través de nosotros, debido al flujo del amor y a la transmutación de la sustancia del cinturón electrónico. Y por eso cada persona a la que sirvan se liberará. Y ustedes serán libres. Ese es el sentimiento que deben tener.

El sentimiento de pobreza es desarmonía

He recibido una carta de una muchacha que asistió a Summit University que va a empezar el sendero del servicio como enfermera. Pero le preocupa el hecho de que no ve abundancia a su alrededor. No tiene empleo. No tiene buena ropa ni las cosas con las que cree que debería rodearse, y no puede entender por qué se encuentra en un estado de pobreza así. Sin embargo, dice que su conciencia está en total armonía.

Ahora bien, aquí tenemos una trampa sutil. El sentimiento de pobreza es desarmonía. La conciencia empobrecida es una conciencia sin armonía porque supone una ausencia de plenitud. Si no tienen un sentimiento de plenitud no pueden mantener la armonía, porque la armonía es el equilibrio perfecto de Alfa y Omega en ustedes. Una falta de plenitud es una falta de amor.

Esta persona en concreto ha tenido un problema en el eje diez-cuatro durante varias encarnaciones y ha dado enormes pasos y ha progresado muchísimo por venir aquí. Pero ahora se encuentra en una gran ciudad y siente el peso, se siente muy sola, siente la opresión de la familia y el peso de no haberse establecido aún en una escuela para enfermeras. Está sintiendo ese peso.

Deben ser conscientes de cualquier sentimiento que tengan de que no están completos. Si alguna vez han tenido la sensación de que Dios no se está manifestando con toda la gloria de su vida abundante ahora mismo, donde estén en ese instante, es que están descentrados. Están fuera de armonía y están cualificando mal la llama de la Madre en la línea seis del reloj, y están deteniendo el flujo de su suministro. Y por esa misma razón son pobres, porque no tienen el sentimiento de abundancia, el sentimiento de la vida abundante. Jesús dijo: «Yo he venido para que tengan vida, y para que la tengan en abundancia».[8] Esa abundancia es su sintonización con la Madre Divina.

Recuerdo el día en el que me mudé al primer apartamento que tuve cuando estudiaba en la universidad. No podía permitirme mucho. Era un apartamento en un sótano y las vibraciones eran horrendas. En aquella época no conocía los decretos. Miré a mi alrededor y desde luego que no era el entorno al que estaba acostumbrada. Era casi una miseria. Esto era en Boston, con el peso y la carga de esa ciudad.

Comulgué con Dios y dije: «Dios mío, sé que si estoy aquí es porque tengo trabajo que hacer aquí. Y si estoy aquí es que hay algo en mí que ha atraído este sitio hacia mí. Por tanto, voy a quedarme y voy a ver, y voy a conocerte hasta que mi conciencia sobre ti me impulse a salir de este sitio hacia la conciencia que quiero ser, la conciencia que sé que soy en realidad».

Eso me dio un sentimiento de alegría al comulgar con Dios de esta manera. Sentí el desafío y acepté totalmente la responsabilidad de estar en ese lugar debido a que había una carencia en mi conciencia. Después de decir eso, me sentí totalmente feliz. Vivía en el aura de Dios. En realidad, no importaba dónde estuviera. Iba a estudiar. Me ocupaba de mis asuntos.

A las dos semanas alguien me ofreció un apartamento muy bonito en el piso superior de un sitio con mucho sol y ventanas en mirador. Me mudé felizmente, pinté todo el apartamento yo misma, compré unos muebles usados, etc., y me hice una casita muy feliz. Solo fueron dos semanas. Podrían haber sido dos encarnaciones si hubiera albergado la conciencia de pobreza. Podría haberme quedado en el sótano de un apartamento de Boston hasta el día de hoy. Algunas personas se estancan. Nunca van más allá; se quedan atascadas en alguna etapa.

Por tanto, eso fue una elección, y todos tenemos elecciones así. No es necesario que se queden dónde están ahora. No es necesario tener que soportar el karma, se puede dominar. Pero deben comprender que allá donde se encuentren, lo que vean a su alrededor es su responsabilidad. Pueden limpiar su mundo, mantener una actitud positiva y las circunstancias cambiarán. La gente a su alrededor se transformará. Nada puede seguir igual si transmutan la energía, porque ello afecta a toda la creación, a todo el cosmos.

Pero no pueden albergar un sentimiento de carencia. La idea de: «yo estoy aquí, Dios está allá y algún día voy a llegar allá, y en algún momento seré perfecto, y algún día voy a tener todas las cualidades que quiero tener,» es la conciencia de la postergación, el terrible mesmerismo de la serpiente y el dragón. Morya dice que no se puede estar en el sendero de iniciación si se postergan las cosas, porque no se tiene el sentimiento del ahora y la plenitud del ahora. Deben reclamar todo para ustedes ahora, reclamar que Dios les pertenece ahora. Deben reclamar su sanación ahora. No pueden esperar al mañana.

Retiren la atención de eso. Dénselo a Dios. Hagan un llamado a Dios en el nombre de Jesús, que siempre ha respondido, y después acepten con amor y con esa alegría interior y esa humildad cualquier cosa que sea la dispensación del Padre en respuesta a su llamado. Quizá le haga falta un dolor de oídos durante un día. Eso les enseñará humildad; les mostrará compasión por el dolor. Quizá les haga falta vivir algunas cosas para madurar para poder servir al mundo.

En cuanto tengan una dolencia y no puedan eliminarla con un llamado, no piensen (ni dejen que la fuerza les diga) que la enseñanza no vale nada, que no funciona y que deberían dejarla. Si aceptan el Sendero y las enseñanzas de verdad, deben darle la bienvenida a la adversidad como la fricción que les da la capacidad de desarrollar los músculos y afianzar la energía necesaria para vencer. Es como un bebé que se levanta agarrando la cuerda que se le ofrece en la cuna o la cadenita que tiene sonajeros y otras cosas. El bebé debe flexionar los músculos y levantarse. Debe aprender a saber cuánta energía hace falta para hacer eso. Y ustedes también deben aprenderlo.

El karma es una oportunidad de liberar a los electrones

El encuentro con nuestro karma es un sendero alegre. Es fascinante. Es emocionante. No enseñen nunca que el karma es un castigo. Tengan cuidado con no dejar que eso salga de su boca, el concepto de que su karma es el peso del castigo, que Dios castiga a la gente. El karma es una oportunidad de liberar a los electrones. Escriban eso.

El karma es una oportunidad de liberar a los electrones, a los átomos y a las moléculas de su ser. ¡Y qué oportunidad es! Dios siempre está preparado para prestar ayuda; no algunas veces, sino siempre. Y no pone condiciones con respecto al estado de conciencia que tengan. Su estado de conciencia es lo que condiciona cómo reciban esa ayuda.

> Dios siempre está dispuesto y preparado para ayudar. La frase de Jesús a Saulo de Tarso: «Dura cosa te es dar coces contra el aguijón»,[9] revela el hecho de que cuando la verdad viva se manifiesta por primera vez ante la conciencia humana, ello puede parecer algo duro y muy difícil. Todas las fuerzas del universo parecen oponerse a la vida del Divino Hijo Varón. Es como si los Herodes del mundo estuvieran enviando a los soldados a matar a los jóvenes e inocentes Cristos que están surgiendo dentro del denso reino de la persona.
>
> Sin embargo, no debe permitirse que las luchas contra el karma venzan al yo ni lo amarguen, como esas personas que se sienten empujadas hacia el desierto de la conciencia sobre sí mismas y que, sintiendo los dolores de la inferioridad, buscan flagelar al mundo, atacar y vencer de un modo terrenal a esos «adversarios» de su existencia. Nos acordamos de las palabras: «Todo es vanidad y aflicción de espíritu».[10] Pero ese no es el propósito de la vida. El hombre realmente debe conocerse a sí mismo, no como un registro kármico, sino como un ser divino.

¿No es esto fascinante? No más psíquicos que nos hagan lecturas. No más leer el tarot, las hojas de té o la palma de la mano para descubrir quién fuimos en el pasado. Sabemos quiénes son. Dios en nosotros es quiénes somos y eso es lo que importa. *Somos un ser divino,* no un registro kármico.

Dios es el guardián de su hijo

Por tanto, llegamos al dios de la oposición. El mundo parece contener en sí mismo las semillas de oposición al logro de cualquier cosa buena. Todo lo que se levanta recibe oposición y, a veces, nos preguntamos si la oposición misma no es el estímulo que engendra la fuerza para el logro. Sin embargo, el hombre no debe estar sujeto a un sentimiento sobrecogedor sobre la oposición del mundo. Estos dioses imponentes han de ser destronados no con la razón humana, sino con la razón santa y con una inteligencia purificada. Si la superficie del ídolo es áspera, esa superficie áspera servirá de punto de apoyo para la escalada.

Y sobre el deseo de dominar a los demás, esto debe reconocerse como una de las enfermedades más peligrosas del ego. Solo con las alas de la verdadera individualidad puede el hombre lograr de verdad, y cuando lo hace se convierte en un poder del buen ejemplo en el universo que todos pueden seguir.

Les voy a dar una fórmula para una invocación cuando sientan la necesidad de dominar a alguien por no estar esa persona haciendo del todo bien lo que debería hacer en el sendero, etc. Díganse a sí mismos que Dios es la autoridad y que Dios es el control de esa persona. Absténganse de hablar —a menos, claro está, que se trate de su hijo y tengan la responsabilidad de disciplinarlo— y sepan en su interior que su Presencia YO SOY, su Ser Crístico, está entrando en acción para controlar a esa persona porque el Dios de ustedes, el Dios es esa persona, todos los Dioses son un solo Dios. Y cuando esa energía desenfrenada empiece a subir para molestar a alguien o para recordarle a alguien que no están haciendo esto o que no están haciendo lo otro y que deberían hacer esto y deberían hacer lo otro, díganse a sí mismos que esto destruye el matrimonio, que destruye la personalidad.

Quiero contarles una historia sobre este deseo de controlar

y el temor a pensar que Dios no puede controlar al hombre y a su creación, la idea de que los seres humanos tienen que controlarse mutuamente a través de la conciencia humana. Es la historia del arca de la alianza que estaba siendo transportada. En los días del Antiguo Testamento Dios dijo que ningún hombre debía tocar el arca. Estaban transportando el arca por el camino y empezó a volcarse hacia un lado y a tambalearse un poquito. Un hombre se acercó para sujetar el arca. Puso las manos sobre el arca y el Señor Dios lo mató por su desobediencia.[11]

Esto fue la Ley impersonal, la energía del arca misma. El arca tenía una concentración tan alta del Espíritu del Señor como campo energético que esta persona que no estaba consagrada como sacerdote no pudo soportar el impulso acumulado de luz, y lo mató.

En el Antiguo Testamento constan cosas así, como gente que muere por infringir la Ley, porque en la dispensación anterior a la venida de Jesús la energía pura de la Ley no tenía la intercesión del Cristo y la misericordia. Se produjeron muchas experiencias muy duras y castigos, como se los llama, o acciones de la Ley, como cuando la mujer de Lot se volvió estatua de sal, cuando Dios mató a Onán, cuando Saúl murió, etc.[12] Se produjeron muchas experiencias que parecen aterradoras.

En realidad, esa dispensación de energía que se entregó a los israelitas tuvo que contrarrestar su enorme impulso acumulado de rebelión, la sustancia de Tauro, desobediencia, testarudez y desafío a la ley de su propio ser. No merecían la misericordia del Cristo ni la intercesión del Cristo en ese punto del karma que había en el mundo. Si habían de tener la luz, se les exigía una obediencia absoluta. Si no daban obediencia, esas eran las consecuencias.

Por tanto, la Ley vino a través de Moisés y la gracia a

través de Jesucristo.[13] Ahora comprenden el significado de esa frase; es la intercesión de la ley del perdón.

Cuando intentamos controlar a otras personas o pensamos que necesitamos hacerlo, estamos estirando la mano para estabilizar el arca porque no tenemos la fe en que Dios pueda hacerlo por sí mismo, en que Dios sea el guardián de su hijo, de su hijo y su hija. Deben desarrollar esa fe y esa confianza, y deben decir:

> *Dios mío, sé que tú cuidas de tu hijo, de tu hija. Y yo te doy todo este asunto y este problema. Lo encomiendo a tu cuidado. Encomiendo a esta persona a tu cuidado. Y no interferiré en su evolución ni en su libre albedrío.*

Por tanto, recuerden el arca cuando tengan los impulsos del deseo de controlar. El deseo de controlar no siempre es por la razón obvia de querer ayudar a alguien o querer acercarlos más al Sendero. La mente carnal tiene motivos muy perniciosos para controlar, todo ello conectado con el egoísmo, etc. Sin embargo, debe hacerse la misma invocación, la misma oración. Deben dejar que Dios obre a través de su creación. Dejen que Dios sea el instructor. Y cuando sus hijos lleguen a cierta edad, deben dárselos a Dios. Deben dejar que sean libres. Deben soltarlos y deben confiar en que Dios es capaz de cuidar de ellos.

Puedo hacerlo todo por mí mismo

He aquí las palabras de Jesús:

> «De cierto, de cierto os digo: El que en mí cree, las obras que yo hago, él las hará también; y aún mayores hará, porque yo voy al Padre.»[14] Cuando el alma se eleva hacia Dios se convierte en una lumbrera que inspira a otras vidas a ver su estrella, a ser su estrella, a ingerir luz, a ser poseídas por la luz, a ser luz, a exaltar y a exaltarse. Esto es el control Divino de los Maestros

Ascendidos que moviliza lo bueno en toda la vida a través del individuo que ha logrado la maestría sobre sí mismo.

Mediante el control Divino de nuestras fuerzas y nuestras energías nos convertimos en un electrodo de control Divino mediante el cual podemos atraer a la Presencia YO SOY de los hombres para que entre en acción y los controle. Y así debe ser, porque en realidad todas las personas son como nuestros hijos de dos o tres años, que dicen: «Puedo hacerlo todo por mí mismo. Quiero hacerlo todo por mí mismo». Y si hacemos algo en su lugar, hay que volver y deshacerlo todo para que ellos puedan hacerlo por sí mismos.

María Montessori explica con mucho amor que los niños no hacen las cosas con el fin de llevarlas a cabo. Los niños hacen las cosas por el puro disfrute del ritual que conlleva. El niño disfruta del ritual y, por tanto, no se trata de apresurarnos a hacer las cosas en su lugar. Lo importante es: «Puedo hacerlo por mí mismo». Y así es la gente. Las personas tienen que focalizar ese control por sí mismas. Y nosotros debemos confiar en que Dios sea capaz de abrir la flor del alma.

«¡Hombre, conócete a ti mismo!»

Cómo tiembla el hombre al borde de la autodestrucción. ¡Y cómo tiembla al borde de la autoexaltación! Los niños pequeños de Dios deben aprender a no temer, pues los pasos naturales hacia el logro universal se desarrollan dentro del reino del Yo interior. Lo que tiembla no es más que el yo exterior, como se ha dicho: «También los demonios creen, y tiemblan».[15] Sin embargo, el hombre no es un demonio (el mal deificado); fue creado poco menor que los ángeles y cuando se lo encuentre como un conquistador, será coronado con más gloria y honra.[16]

Se debe descubrir el yo. Si un hombre pierde su vida por causa de mí, el hecho de que la vuelva a hallar[17] debe realizarlo él como verdad eterna que no puede contradecirse. Él no es la pequeña persona que parece ser. Él es la gran Persona (el hijo puro) tal como Dios lo creó. Pero la capa —la pátina de lodo, de suciedad humana, de degradación y polvo que cubre la Tierra— debe eliminarse con el poder purificador del Espíritu Santo, con el lavamiento del agua de la Palabra viva[18] que hace de todas las cosas algo real.

Entonces, sobre la piedra del altar, el cimiento de la verdad y la realidad, él debe reconstruir la ciudad de la perfección que está derribada. En su búsqueda de lo real, el hombre puede, si lo desea, explorar el mundo de lo irreal. Pero solo el comprender lo que no es real no lo llevará necesariamente a tener una idea de lo que es real. A algunos Dios les parece lejano, pero cuando se acercan a él y él se acerca a ellos,[19] el consolador del Espíritu Santo se manifiesta en la alegría del descubrimiento.

Kuthumi les está danto permiso, de manera limitada, para que exploren el mundo de su irrealidad. Pero dice que ello no los llevará necesariamente a tener «una idea de lo que es real». Por consiguiente, la psicología sin el entendimiento de la psicología del cuerpo causal, de la Presencia YO SOY, del alma y del Ser Crístico no tiene ese contrapunto de gnosis divina que les dé lo que necesitan después de haber explorado el subconsciente.

A los hombres les han ofrecido la religión como una panacea para todos sus males. La religión formal no es la respuesta, sino la realidad de Dios que en un principio vistió al hombre de inocencia. Esta pureza, que es la identidad del hombre real, debe ser vestida otra vez mientras el hombre viejo con su engaño y vergüenza es desechado.[20] Esto no es simplemente una cuestión de secta o filosofía; es más que eso. Es la realización viva de la verdad y el ser, un ser que se niega a aceptar el molde de la complacencia, la degeneración, la muerte, que reconoce que el postrer enemigo, la muerte,[21] será vencido junto con todos los enemigos menores que quieren destruir la realidad de la persona.

Las falsas realidades deben desaparecer, deben ser vencidas, deben reconocerse tal como son: enemigos de la Persona real. Estos no solo yacen a la espera en el exterior para desperdiciar la sustancia del alma, sino que también yacen dentro del reino de la conciencia individual. Esa discordia que hay fuera es atraída hacia el yo porque la razón ya se ha destronado dentro y el hombre vive ignorante de su gran comisión.

Dios les da la comisión, como hijos e hijas de Dios, de que den la palabra de verdad a la era y que sean la llama de la realidad. Esta es su gran comisión.

Al volver a la razón, al iniciar el proceso de redescubrirse a sí mismo, gran parte del sentimiento de lucha desaparece y la experiencia se ve como el paso de las páginas de un gran libro de realidad conocida. Debe elevarse; pero el cómo, el porqué y el cuándo no siempre tienen una respuesta satisfactoria. El gran imán universal —a través del hambre del alma y su sutil creencia en la realidad, mediante su majestuosidad interior— apela al ser que vive dentro de esta mortaja de personalidad humana.

«El gran imán universal». Ese imán se siente a través del hambre del alma. Cuando nuestra alma tiene hambre de Dios, eso es el impulso del Imán del Gran Sol Central que quiere volver al centro del ser.

Realmente las palabras, «Hombre, conócete a ti mismo», lo guían adelante y arriba hacia la luz.

Radiantemente, YO SOY vuestro hermano mayor,

Kuthumi

Te damos las gracias, amado Kuthumi.

13 de febrero de 1975

CAPÍTULO 10

LUZ Y OSCURIDAD

Comentario sobre el quinto capítulo

A quienes mantienen una mente abierta con espíritu de indagación:

Uno puede resolver con facilidad la pregunta: «¿Qué fue primero, el huevo o la gallina?», preguntando: «¿Qué fue primero, Dios o el hombre, Espíritu o Materia?». La respuesta bien puede proporcionar una percepción adicional sobre nuestro tema: la comprensión de uno mismo.

El hombre se creó como un Espíritu y la conciencia y la inteligencia son una parte necesaria del ser espiritual que el hombre es en realidad. Sin embargo, la conciencia, que puede definirse como la percepción que Dios tiene de sí mismo, no solo funciona en el reino del Espíritu, sino que también es capaz de proyectarse al continuo espacio-tiempo e integrar así el mundo cambiante de lo finito en el magnífico mundo real de lo Infinito.

El único propósito de la vida en el planeta-escuela Tierra es desarrollar en el hombre, con el consentimiento del libre albedrío, aquellas cualidades cósmicas maestras que forman parte del carácter y el ser de Dios. El Espíritu eterno es todo bondad. El hombre debe llegar a ser esa bondad. Por necesidad, su inteligencia ha sido limitada tanto en habilidad como en flexibilidad por su patrón kármico y por su respuesta a las oportunidades de la Vida. Asimismo, su poder ha sido restringido hasta que el carácter del individuo pueda desarrollarse en su similitud divina, con lo cual sus actos sean totalmente divinos y, por tanto, merecedores del poder divino.

En Dios no existe competencia alguna. Él se deleita en la diversificación de toda la creación siempre y cuando su patrón sea según la verdadera naturaleza del ser divino. El motivo por el cual ese patrón es de suma importancia tiene que ver con la vida eterna o un estado de permanencia en Dios. Dios no desea dar perpetuidad al mal o la infelicidad y, ciertamente, el hombre no debería desear extender su propia imperfección. Por consiguiente, la custodia de lo Eterno ha puesto las necesarias salvaguardas y restricciones en el mundo de la forma, incluyendo la muerte del cuerpo físico. Esto se hizo a fin de evitar la perpetuación de rasgos indeseables de pensamiento y sentimiento mortal.

¿Alguna vez han pensado en esto? En cierto punto hay que romper la matriz, el molde. La calcificación de la conciencia humana es tal que, en el actual estado de evolución, es mejor que la gente reencarne con una página en blanco y una nueva oportunidad de desarrollo antes que continuar por los viejos caminos. Por tanto, la muerte de la forma física es una acción de misericordia cósmica.

Fervor, ambición y orgullo

Entiendan los hombres que la vida abundante debe manifestarse en el mundo del individuo de una forma tan natural como el despliegue de una flor una vez haya desarrollado la sintonización con la mente de Cristo. Pues el Cristo actúa como un mediador para él y le atribuye la justicia que es la voluntad del Padre.

Muchas son las armas que han empleado los seres oscuros para impedir que la humanidad descubra al Yo Real. La más oscura de todas es la pantalla de concienciaególatra (egocéntrica) y esa cualidad totalmente humana de orgullo que con tanta facilidad satura al ser del hombre. Amados, el orgullo es tan sutil que las personas con frecuencia lo confunden con el fervor espiritual.

Ahora bien, la amada Porcia nos habló y llamó a eso ambición.[1] Debemos tener cuidado con el fervor y la ambición. Eso no quiere decir que debamos recostarnos y no hacer nada para traer el reino de Dios. Debemos esforzarnos para entrar nosotros y para llevar la enseñanza a otras personas. Pero hay un flujo con el que nos convertimos en la obra y el instrumento del Espíritu Santo en esta ejecución, en vez ser tan fervorosos que la cosa se vuelve algo que queremos llevar a cabo en la conciencia humana o en la personalidad humana, apuntándonos méritos de santos, la idea de: «Estoy haciendo esto y Dios va a pensar que soy maravilloso porque esta semana he convertido a muchos pecadores».

La diferencia es una línea muy fina y las sutilezas en realidad yacen a niveles subconscientes. Por tanto, es bueno seguir intentándolo y pedir el refinamiento de los motivos al hacerlo. Permanezcan en guardia, eso es lo principal. Estén en guardia para que su deseo de reunirse con Dios no se convierta en orgullo interior.

> El gran hacedor siempre es el Ser Eterno, que emplea las manos y los pies de la humanidad, así como su conciencia, su mente y su voluntad, pero nunca sin el consentimiento del individuo. Él tiene la intención de darle al individuo, en cuanto este haya demostrado su capacidad y merecimiento de recibirlo, el empleo total de los talentos que Dios le ha dado. El uso correcto de estos talentos siempre está bajo la dirección del genio que Dios ha implantado en la conciencia mortal. Este genio es verdaderamente una manifestación de la ley infinita que vive y se mueve en el mundo finito.
>
> Con todo su corazón, los hombres protegen su conciencia contra la actitud luciferina de orgullo humano. Con pocas excepciones, la gente que evoluciona en este planeta

tiene acechando en su conciencia la cualidad del orgullo, que enseña la cara cuando las personas se irritan por pequeñeces. La corriente de vida espiritualmente progresiva que está dispuesta a tener un poco de introspectiva debería observar como indicación de orgullo personal el hecho de que se molesta o se irrita con otras personas por nimiedades o asuntos sin importancia que no deberían ser inconsecuentes. Uno debe aprender equilibrio y sensatez, dando a los demás la misma cortesía que espera recibir.

Si en este momento están pensando en alguien que se irrita por pequeñeces y que estalla a la mínima, están en un estado de conciencia equivocado, porque cuando se describen este tipo de situaciones ustedes no deberían pensar en nadie más que en sí mismos. Si dicen: «¡Ajá! Espero que tal y tal esté escuchando porque esto se le aplica; porque siempre lo hace», se perderán lo esencial de la enseñanza. No estamos aquí para preocuparnos por nadie, sino por nosotros y nuestro cinturón electrónico.

Así es que retracten las antenas y la conciencia y concéntrense en sus cuatros cuerpos inferiores. Si alguna vez se han irritado por alguna pequeñez sin importancia, sepan que lo que actuó fue el orgullo, que llega con una apariencia de demasiada meticulosidad o con la idea de perfeccionar lo humano, algo que hemos mencionado, con la idea de la idolatría. Cuando nos molestamos o nos irritamos por nimiedades, pueden estar seguros de que el orgullo y lo que tengamos de anticristo en nosotros está actuando. Si alguna vez esto se manifiesta en ustedes, tiene trabajo que hacer. Y no pueden preocuparse por la conciencia y el mundo de otras personas.

El árbol del conocimiento del bien y el mal

A través del deleite interior en la ley de Dios,[2] un hombre puede alcanzar el punto en el que es capaz de soportar la arremetida de un emocionalismo excesivo y mantenerse en el equilibrio de la luz universal aun cuando su naturaleza sensible le haga sentir el dolor de la ira o el remordimiento acerca de la conducta de otra persona. El autocontrol como control de las emociones y del mundo de los sentimientos es una de las claves de la maestría sobre uno mismo que algunos de nuestros discípulos tienen dificultad en emplear.

Debido a que el individuo se identifica con su conciencia, es sensible a las circunstancias que invaden su conciencia y que él puede interpretar como una afrenta a su vida. Al identificarse con toda la vida mientras mantiene una percepción de su función personal y una idea sobre su misión personal, puede entender con facilidad por qué las personas puedan actuar y reaccionar como lo hacen. Este conocimiento se esparcirá como un aceite de tranquilidad sobre las aguas turbulentas de los asuntos humanos. Sobre todo, el yo debería permanecer sereno, pero no distante o sin compasión con respecto a los problemas de los demás.

La Hermandad apoya la preparación en sensibilidad hacia el Cristo, pero señalaríamos que la involucración en la sensibilización psíquica y el contacto físico inapropiado con otras personas (lo cual corresponde al encabezado «capacitación en sensibilidad») es un procedimiento peligroso que con mucha facilidad puede producir la desaparición de la individualidad necesitada. Los hombres necesitan conservar el yo individual mientras logran la identificación espiritual con el Yo Real. Al expandir ese sentido de identificación, uno puede incluir como parte de la percepción que tiene de sí mismo a la Presencia Divina de toda la vida. Y no le hace falta explorar la psique humana a fin de lograr esta percepción.

Ayer, cuando recibía a las personas que estaban haciendo fila y les daba la mano, una muchacha vino y me dijo: «¿Realmente cree usted que una persona puede alcanzar la realización y una conciencia de plenitud y ser célibe? Yo le dije:

«Sí, lo creo». Mencioné a Jesús y a los santos como ejemplos de comunión con Dios mediante la cual lograron la plenitud aquí y ahora, en el plano físico. Entonces ella me explicó que sentía que su unión con un hombre, en todos los niveles, era la única forma en la que podía sentir la plenitud.

Yo le expliqué que para algunas personas el sendero era el celibato y para otras era el matrimonio, y que a través de los dos senderos se puede alcanzar la unión con Dios. Ciertamente ambas experiencias son válidas ante los ojos de Dios. Estuve de acuerdo con la idea de que uno puede lograr una mayor realización de Dios a través del sendero del matrimonio, pero también afirmé el camino del celibato.

Quiero señalar que la gente toma una verdad, la pone en un marco contextual, digamos de rebelión, inmoralidad o fuera de la ley, y justifica todo el marco sobre la base de que hay un elemento de verdad en él. Por último, buscan la confirmación o la aprobación de alguien que sea un representante de la Gran Hermandad Blanca o de alguien que sea un ministro o un sacerdote, para que ponga sobre sus acciones el sello de autoridad de la iglesia o de Dios o de sus leyes. La gente hace esas preguntas de pasada y en un momento desprevenido, al ver un elemento de verdad en su argumento, uno puede tender a estar de acuerdo con ella.

El argumento básico de los luciferinos siempre es que hace falta el telón de fondo de la oscuridad para poder percibir la luz; que la luz en sí misma no tiene relieve, que no tiene zonas ensombrecidas que permitan identificar la luz; y, por tanto, a fin de apreciar la verdad, la realidad, etc., la humanidad debe permitirse participar en el pecado, y solo al experimentar el pecado es que puede apreciar la luz.

En esto hay un elemento de verdad porque todos hemos tenido la experiencia de estar desfasados con Dios; y durante esos momentos de desfase, por el contraste de la ausencia de

Dios y su presencia, hemos aprendido un poquito más acerca de la Ley. Pero lo que ha hecho que esto sea así es el desafortunado estado de nuestra conciencia limitada, no la ley de Dios.

La ley de Dios dice que se puede conocer la luz estando en la luz y que no hace falta probar los frutos del árbol del conocimiento del bien y el mal.[3] Y cuando insistimos en probar esos frutos, nos caemos del estado de santa inocencia y habitamos para siempre en ese nivel sombrío de relatividad en el que el bien y el mal se mueven dentro de una escala y dentro de un espectro.

Había una persona que trabajaba en el personal que durante años intentó que Mark afirmara que sí, que había que conocer la oscuridad para poder apreciar la luz. Y al final dimitió, porque nunca pudo hacer que Mark dijera eso.

Los maestros nos han explicado que la luz tiene matices, variaciones, frecuencias y vibraciones de todo tipo. Tomemos, por ejemplo, los siete rayos y los cinco rayo secretos.* Hasta la intensidad de la luz en las bombillas que utilizamos puede variar, desde muy baja hasta muy alta; y gracias a la acción de la luz se logra una perspectiva.

Por tanto, la luz proporciona su propio bajo relieve, su propio telón de fondo, su propia escultura. Y sobre el telón de fondo de la luz, la creación luminosa, los hijos y las hijas de Dios pueden aparecer y aparecen, y pueden realizar la plenitud de la alegría sin apartarse jamás de la luz. Eso es importante.

El mismo argumento luciferino se halla en la idea de «capacitación en sensibilidad»; que tenemos que sentir los cuerpos, que tenemos que sentir las psiques, que tenemos que explorar el plano astral para llegar finalmente a Dios. La única sensibilidad que realmente hace falta es la sensibilidad hacia el Cristo. Cuando estamos centrados en el Cristo tenemos todo el discernimiento que Jesús tuvo para percibir no solo el cuerpo

---

*Véase pág. 361, cap. 7, nota 5.

físico, sino el aura, los órganos, el estado de salud, aquello de lo que una persona adolezca, qué llamados son necesarios. Eso trasciende con mucho lo que pudiéramos aprender a través de la exploración humana de la conciencia humana.

Observen con qué sutileza surgen estos argumentos. Incluso cuando estaba hablando con esa mujer, probablemente no con la vehemencia que tendría que haberlo hecho porque ni siquiera estaba pensando en que su relación estaba fuera de la Ley o que era inmoral. Estaba pensando el estado célibe frente al estado matrimonial y analizando ambos para que lo comprendiera. Pero al terminar mi exposición sobre la Ley y al mirarla bien, vi que tenía la cara distorsionada y que se encontraba en un estado de rebelión, y lo había estado durante muchas encarnaciones.

Al pensar en su encuentro a lo largo del día y al lograr perspectiva, comprendí que ella con seguridad buscó el sello de aprobación por mi parte sobre una relación poco saludable e ilegítima, ilegítima ante los ojos de Dios. Pensé que les parecería interesante a ustedes porque se verán mezclados con la gente y con las perplejidades de sus problemas, y deben saber cómo lidiar con eso.

> Es necesario que el control Divino efectivo sobre la creación se mantenga en el universo para que Dios pueda producir la realidad de su reino por doquier. Allá donde el Espíritu no está presente, donde el Espíritu es negado, donde el Espíritu es extinguido,[4] no hay fuente de realidad que lleve a la conciencia las comprensiones interespirituales e interpersonales. Los pequeños estallidos de alegría que inundan el alma cuando esta entra en contacto con quienes son de igual parecer en lo espiritual, es una indicación certera de la presencia del Espíritu.

«Los estallidos de alegría que inundan el alma» tienen que ver con la cruz donde las energías de Alfa y Omega se encuentran y con el estallido de la conciencia Crística en ese nexo. Cuando sientan un estallido de alegría es que en alguna parte ha habido un alineamiento (en alguna parte del interior y en alguna parte dentro de las personas con las que esto se comparte), un alineamiento en la convergencia del Dios Padre-Madre en plenitud.

Mantener la dignidad Crística

Quienes hacen lo que se suele denominar karate mental,[5] quienes quieren controlar o hipnotizar a otras personas, con frecuencia no se dan cuenta de que están obrando al margen del propósito del Padre eterno. Cada hijo, en la dignidad de la verdadera autorrealización, debe mantener una idea de su misión individual y expandirse hacia fuera en conciencia a través de la Presencia celestial para entender el plan de vida de los demás.

En un sentido, toda la vida es una sola, y este es el sentido superior; pero en los sentidos inferiores hay muchas trampas y embrollos a evitar. Con discreción, discernimiento Crístico y santa oración los hombres conservan su dignidad divina, que no excluye la posibilidad de que el yo se entusiasme con el humor, el truismo y el gozo perpetuo. Las personas, los lugares, las circunstancias o las cosas nunca vencen a esa dignidad.

¿Alguna vez han sentido que su dignidad en Cristo estaba siendo asaltada por la presencia de la rebelión, la oscuridad, las acusaciones, las palabrotas, las circunstancias que les rodeaban? Esto puede ocurrir fácilmente. Uno puede sentir el impulso de la energía oscura azotando el aura y, momentáneamente, uno siente que su ser casi se tambalea para recobrar el equilibrio después de verse cara a cara con los seres oscuros. En esos momentos hay que afirmar la dignidad divina; ninguna «persona, lugar, circunstancia o cosa» puede vencer a la dignidad del Cristo.

En las memorias de Clara Louise tenemos el escrito de Cecilia Lewis, que afirmó que cuando era pequeña estaba con Louise en Denver. Habían tenido un invitado y Cecilia tenía la sensación de haber dicho alguna torpeza que probablemente había ofendido a Louise. Cecilia estaba callada y con el ánimo bajo, pensando que había herido los sentimientos de Louise, manchado su imagen o que la había avergonzado con lo que había hecho.

Finalmente, Louise le preguntó por qué no decía nada, y Cecilia se lo dijo. Y Louise dijo: «Yo nunca me avergüenzo por nada de lo que haga nadie a mi alrededor. Nunca me avergüenzo».[6]

Es importante mantener la dignidad Crística sea quien sea o sea lo que sea que se esté comportando mal, ya sea un miembro de la familia, amigos, personas a las que estamos apegados, personas a las que hemos dado una parte de nuestra identidad y por tanto uno se avergüenza si se comportan mal. Esa es la lección clave. Pero para sentir esa lección debemos reclamarles nuestra identidad a quienes han tenido el poder de avergonzarnos, porque es evidente que si nos avergonzamos es que estamos atados a ellos.

Otro apunte es el de no ofenderse. Mary Baker Eddy escribió un artículo sobre las ofensas que se publicó en un libro llamado *Obras en prosa,** una colección de sus escritos. En él afirmó que la mujer serena, la mujer centrada en Cristo, nunca se ofende, nunca puede ser ofendida con insultos, perjuicios o por comentarios indecorosos o por debajo de su dignidad.

La ofensa es el mismo principio que el enojarse porque alguien no se ha dirigido a nosotros o no nos ha tratado adecuadamente. Todo eso forma parte de los pequeños rencores de orgullo que tiene la gente. Ello ciertamente forma parte de una dependencia de lo que hagan, digan o piensen de nosotros

---

* *Prose Works.*

las personas que nos rodean a fin de mantener nuestra identidad. En cuanto esas personas hacen algo que supone un insulto para la ilusión que tenemos de nuestra identidad, nos ofendemos.

Hago este comentario para mostrarles que si se avergüenzan debido a lo que hagan otras personas o si pueden llegar a ofenderse, ello se debe al orgullo y al hecho de que no están manteniendo la plenitud dentro de ustedes mismos. Y puesto que la plenitud ha de incluir a otras partes de la vida para estar completa, si ellas se comportan mal, a ustedes se les estropea el día.

Por tanto, el esfuerzo hacia la plenitud es la respuesta a nuestros problemas psicológicos, el esfuerzo hacia la totalidad del Ser Crístico. En ese estado nada nos mueve.

Salud, fe y determinación

> Salud, fe y determinación son adjuntos a la expansión de lo real en el hombre.

«Salud, fe y determinación». Debemos proteger nuestra salud porque sin ella haremos una exposición distorsionada de la enseñanza. La mala salud engendra la lástima por uno mismo, un abuso de las energías de la Madre. La mala salud nos succiona la energía de Dios que debería esta equilibrada en los chakras. Para ser un buen representante de la Hermandad, hay que estar sanos y hay que proteger la salud.

«Fe y determinación». La fe es un impulso enorme de fuerza de voluntad; cuando hacemos un decreto o recitamos un Ave María tenemos fe en que eso se manifiesta al instante, realizado por el poder la Palabra hablada. La fe es una chispa y una luz que recubre todas nuestras oraciones, todos nuestros decretos, todas nuestras acciones; es esta fe viva en que cualquier cosa que hagamos dará buenos resultados y es un fíat a Dios, a la vida y a la energía. La fe es un elemento importantísimo mientras andamos por la Tierra porque enciende y engendra la fe en otras personas. Y la determinación es la confianza que necesitamos para abrirnos camino.

Fíjense en lo contrario a esas condiciones —la mala salud, la duda y el temor y la lasitud o la falta de fuerza de voluntad—, y tenemos a una figura sosa a la que nadie respeta ni sigue.

>Cada día debéis obtener una mayor comprensión de vosotros mismos a fin de ser capaces de representar correctamente los propósitos de la vida. Sois amor y amáis el amor. Sois sabiduría y amáis la sabiduría. Sois poder y amáis el poder. Pero sabéis que todo se cumple en el perfecto triángulo de la actitud equilibrada. Esta es una actitud que busca el bienestar común y comprende los peligros de la manipulación mental. A través de la inteligencia y el ingenio humano, el reino de Dios ha sufrido violencia,[7] el orden mundial se ha alterado y las fuerzas de los medios de comunicación se han utilizado con la intención de ejercer un control negativo.
>
>La clave para la redención del sistema social yace en la victoria de la ley divina en el ser del hombre individual. Lo que el hombre individual llega a ser, el mundo colectivo lo es. Mediante la entrada incondicional al reino de Dios y su justicia[8] y a través de la participación en los ejercicios espirituales que le arrancan al hombre lo falso y lo visten con lo real, el individuo y su mundo puede y debe convertirse en la plenitud de todo lo que Dios quiso desde el principio,
>
>¡Oh estrella de sabiduría, continúa brillando!
>
> Atentamente, YO SOY
Lanto

El foco espiritual de Lanto se encuentra en el Retiro Royal Teton. El tema musical del retiro es «La estrella vespertina», un tributo a Venus en *Tannhäuser*, de Wagner. Vamos a poner esa música ahora para una breve meditación.

En el nombre del Cristo, en el nombre del Espíritu Santo, invoco la Presencia viva de Dios Todopoderoso. Amado Lanto, amado Kuthumi, amados Dios y Diosa Merú, amado Confucio, Hermanos de la Túnica Dorada, amados Jesús y Gautama, ¡haced destellar e intensificad la acción de la llama dorada de la iluminación del corazón del Cristo vivo! ¡Haced destellar e intensificad! ¡Haced destellar e intensificad! ¡Haced destellar vuestra luz y hágase vuestra voluntad en nosotros!

Invoco el sol dorado de Helios y Vesta. ¡Brilla en todos los corazones! Derrite toda la dureza de corazón, toda la ignorancia sobre la Ley, todo el desafío a la Ley. Que la luz de Kuthumi arda y consuma toda la escoria. Que la luz del Cristo vivo, el Señor Maitreya, haga resplandecer la conciencia cósmica de la Ley. Que esta luz purifique esta organización de todos los que estén en rebelión contra la gran ley de la vida. Que se alineen de acuerdo con la voluntad del Consejo Kármico, de acuerdo con la voluntad de Ciclopea. ¡Hágase esto! Invocamos el afianzamiento del rayo del juicio cósmico aquí. Que tu voluntad se manifieste en nosotros, como Arriba, así abajo.

Os damos las gracias y lo aceptamos hecho en esta hora con pleno poder, en el nombre del Padre y de la Madre, del Hijo y del Espíritu Santo.

En el nombre del Cristo, invocamos el cuerpo causal de la estrella secreta de amor, invocamos el cuerpo causal de Venus, invocamos los cuerpos causales de Sanat Kumara, el Poderoso Víctory, la Maestra Ascendida Meta, la amada Maestra Ascendida Venus. ¡Resplandezca la luz de las evoluciones victoriosas de las primeras tres razas raíz y de todas las evoluciones de Venus! ¡Resplandezca la luz! para la preservación de la vida, para la defensa de la vida en todos.

En el nombre del Cristo vivo, aceptamos el cumplimiento

de nuestra oración, que recibe respuesta ahora desde el corazón de los Siete Santos Kumaras. ¡Resplandezca vuestra luz! ¡Resplandezca vuestra luz! ¡Resplandezca vuestra luz!, y hágase vuestra voluntad en nosotros. Que vuestra voluntad se desborde ahora. Equilibrad los cuatro cuerpos inferiores; cread la red de alineamiento para la sanación de cada cual.

Invoco la forma de pensamiento curativa. Invoco la luz de diez mil soles. Exijo que se revierta la marea de todas las energías dirigidas contra estos estudiantes de la Ley. ¡Hacedla retroceder! ¡Hacedla retroceder! ¡Hacedla retroceder! ¡Resplandezca la luz de Dios! ¡Resplandezca la luz de los Siete Santos Kumaras! ¡Arde a través! y traza el anillo impenetrable y el campo energético sagrado del fuego sagrado alrededor de cada estudiante de la luz.

Pido protección, sanación, la purificación de todo lo que no sea de la luz y el restablecimiento del plan divino. Pido que se afiance el rayo curativo. Invoco a Hilarión para que haga de cada cual el instrumento de sanación para toda la humanidad. Pido la victoria y pido la victoria del amor. Por tanto, que venga. Por tanto, que se manifieste en el cumplimiento del Cristo Cósmico.

Recitemos el mantra a Helios y Vesta juntos.

> ¡Helios y Vesta!
> ¡Helios y Vesta!
> ¡Helios y Vesta!
> ¡Que la Luz fluya dentro de mi ser!
> ¡Que la Luz se expanda en el centro de mi corazón!
> ¡Que la Luz se expanda en el centro de la Tierra
> y que la Tierra sea transformada en el Nuevo Día!
>
> (Recítese 3 veces)

17 de febrero de 1975

CAPÍTULO 11

LA ENERGÍA DEL ALMA

Comentario sobre el sexto capítulo

La paz sea con los hijos de la sabiduría:
A fin de crear una imagen más cristalina del yo, deseamos hablar del yo en términos de niveles de energía. La parábola de los talentos[1] revela que las personas difieren según los dones que han recibido. Esto también es cierto en lo que respecta a los niveles energéticos. La salud, el karma y la aspiración son algunos de los factores que gobiernan la abundancia energética que uno tiene a su disposición. Los niveles energéticos también varían dentro del marco de referencia de una norma, un punto álgido y otro bajo.

La mayoría de las personas no comprenden que el potencial del yo está relacionado con la cantidad y la cualidad de la energía que utilizan. La humanidad ha progresado muy poco en el estudio del yo, pues simplemente no ha sabido cómo proceder. Por ejemplo, la idea del alma se ha conservado como una vaca sagrada. Los hombres no han considerado al alma como una energía concedida. Suponen que el alma es una cualidad de la realidad única pero no definida.

Si pensáis en la naturaleza del alma como la naturaleza de Dios y consideráis: 1) que Dios es energía ilimitada, 2) que el hombre ha recibido una cantidad limitada de la energía de Dios y 3) que la energía que ha recibido constituye el contenido del alma, estaréis en el buen camino en vuestra investigación del yo.

Las almas se leen unas a otras

Cada alma individual en efecto es capaz de calibrar y registrar en sí misma la evaluación de otras almas. La forma en la que reaccionamos con la gente, las reacciones químicas que tenemos, en gran parte están determinadas por la interacción e interrelación de nuestra percepción de los niveles energéticos. Tendemos a sentir atracción o repulsión ante la gente según sus niveles energéticos y el tipo de energía que la gente cualifica. Y tendemos a sentirnos atraídos hacia quienes han tenido una disposición parecida con esta energía del alma o conciencia solar. Claro está, la conciencia solar está comprometida y coloreada por los patrones del cinturón electrónico.

Podemos visualizar al alma y su energía como un globo gigantesco lleno de agua, donde el agua representa el nivel energético. La coloración del agua y la cantidad de agua conservada como energía define de hecho qué es nuestra alma en un momento determinado. Y esto es lo que sentimos en la gente.

Por ejemplo, los hombres tienden a tener la capacidad de sentir la diferencia entre una mujer virtuosa y otra no virtuosa, si una mujer es fácil o libre con el sexo o no. Ahora bien, esto se lee debido a la cantidad de energía en el alma. Una mujer pura conserva su luz y su energía y por eso un hombre que se encuentre cerca de una mujer así siempre tendrá esa sensación intuitiva.

También tenemos esa sensibilidad sobre los hombres, y la tenemos sobre los niños. Somos capaces de sentir quién es puro gracias a este contacto del alma. En realidad, estamos leyéndonos mutuamente con el alma constantemente, pero estamos tan desconectados de nuestra alma que la lectura con frecuencia es subconsciente. Estamos tan confundidos con conceptos mentales, modelos, normas aceptadas, emociones, etc., que muchas veces nos enredamos con gente con la que no deberíamos, simplemente porque no confiamos en la lectura del alma.

Lo que ha de recordarse es la manera en la que el alma lee: el alma lee los niveles energéticos comparativos en la gente.

El alma es una reserva

Jesús advirtió que los hombres pueden perder su alma,[2] y por supuesto existen muchas pruebas y situaciones difíciles que pueden vaciar al alma de la energía que la persona tiene a su disposición. No digo que toda la energía que el hombre utiliza venga del alma, pues como sabéis el suministro que el hombre tiene de toda buena dádiva y todo don perfecto viene de lo alto.[3] Pero sí relaciono la energía del alma con la manifestación temporal de la identidad.

Pueden visualizar al alma como una reserva en la Materia, como un receptáculo. La energía viene de la fuente de la Presencia YO SOY, fluye a través del Ser Crístico al discurrir por el cordón cristalino y el alma es la reserva. La gente que tiene mucha energía en los chakras o en su alma, si tienen un impulso acumulado de gastar ese energía, es la clase de persona a la que le quema el dinero en el bolsillo en cuanto lo obtiene y tiene que pensar en alguna forma de gastarlo. Hay personas que no pueden mantener la energía en reserva, conservándola para utilizarla más adelante.

Si piensan en una reserva, de inmediato se darán cuenta de que el agua que llena la reserva se convierte en un reflector. La reserva que es su alma refleja a su Presencia YO SOY. Por tanto, cuanta más agua tengan en el alma, cuanta más energía haya ahí dentro, más se convierte el alma en reflectora de Dios, más se convierte el alma en Dios. Pero si la energía se dispersa, sea de la forma que sea, no nos queda ningún reflector.

Esta energía del alma o energía solar es de cantidad limitada; algunas almas tienen mucha más que otras. Lo que el hombre siembre, eso también segará.⁴ Por consiguiente, el karma actúa como gobernador, parcialmente, del flujo de la energía del hombre desde su Presencia, igual que regula la cantidad de energía del alma entregada a la corriente de vida al principio de cada encarnación.

Cuando se da el caso de que una persona siempre está cansada y nunca tiene suficiente energía para hacer lo que tiene que hacer, existe un problema en la retención de la energía por parte del alma. O bien el karma la bloquea o bien la persona tiene una actitud completamente pasiva debido a lo cual no tira del cordón con la suficiente fuerza para obtener la energía necesaria para realizar el trabajo y terminarlo; la persona se sienta y espera a que Dios haga algo. La realidad es que, de acuerdo con la ley cósmica, uno puede exigir y recibir toda la energía necesaria para realizar su misión.

El no tener la suficiente energía o fuerza para hacer lo que hay que hacer es una excusa psicológica que surge de lo profundo del subconsciente y que en realidad está diciendo: «No quiero». Dice «no puedo», pero en realidad está diciendo «no quiero». Es decir, si realmente queremos prestar un servicio, podemos exigir la energía necesaria para poder prestarlo.

¿Alguna vez han tenido la experiencia de sentirse totalmente exhaustos, ver que alguien necesita algo y tener que prestar un servicio y, de repente, encontrarse cargados de tanta energía como para trabajar toda la noche y todo el día? Por tanto, la fuente ilimitada está ahí.

Aunque el karma dicte que somos débiles, flacos, pálidos o tengamos algún tipo de debilidad física, el karma en sí puede ser desafiado y superado. Pero al hacer esto deben tener cuidado para hacerlo en Dios, en vez de que la cosa sea un empujar al cuerpo físico hasta la muerte. Debemos asegurarnos de hacer este ejercicio en comunión con el Espíritu Santo, entrando en contacto de verdad con la fuente de la Presencia

YO SOY; y cuando esa energía se derrama, podemos recogerla y guardarla en la reserva del alma para cuando la necesitemos.

La gente habla de gastar las reservas que tienen. Todos tenemos cierta cantidad de reservas que podemos utilizar y cuando se gastan, no nos queda nada. Bien, las reservas en realidad son la reserva del alma. Y lo que importa es reponer las reservas para que cuando nos veamos obligados a estar días sin dormir, sin comer o sin descansar, podamos hacerlo.

El modo de hacer esto consiste en obedecer las leyes de cada plano. Debemos obedecer las leyes de la química respecto a nuestro cuerpo físico. Hay que obedecer las leyes de la armonía respecto a nuestras emociones. Hay que obedecer las leyes del Logos en nuestra mente y conservar solo los conceptos que sirven para la salud y el bienestar del cuerpo. Cuando conservamos patrones de rebelión, estos debilitan la reserva del alma y no tenemos suficiente energía.

Lo mismo ocurre con el cuerpo etérico; si dejamos que nos agote al darle vueltas a las cosas, con resentimiento, sea lo que sea, estaremos agotando la energía de nuestra alma y en lo que concierne a la marca del logro, no habremos logrado nada.

Escriban sus logros

Al concluir cada semana, cada mes y cada año, es bueno preguntarse: «¿Qué he logrado?». Y es bueno escribirlo. «¿Qué he llevado a su conclusión física? ¿Qué obra de arte he terminado? ¿Qué ensayo he escrito? ¿Qué libro he terminado de leer? ¿Qué he logrado? ¿Pinté la casa? ¿Limpié la casa? ¿Hice esto?».

Escriban las cosas que hicieron y terminaron, cosas que empezaron con una matriz etérica, pasaron a una idea, se alimentaron con el deseo de Dios y finalmente se realizaron.

El motivo por el que digo esto es que podemos pasarnos mucho tiempo en la vida pensando en cosas, rezando por cosas, sintiendo la radiación de Dios y engañándonos al pensar que estamos logrando algo. Pero si todo el soñar, todo el pensar y todo el planear no ha dado ningún fruto, en realidad no habremos completado la espiral.

Todo esto tiene que ver con los niveles energéticos, con la energía del alma. Si no estamos logrando algo de alguna manera, si no estamos avanzando, la energía de nuestra alma está siendo drenada, está siendo extraída de nosotros y puede que ni siquiera lo sepamos. Podría estar yendo a parar a focos del subconsciente.

Puede que ni siquiera nos demos cuenta de que con todo nuestro amor por la enseñanza y a los Maestros Ascendidos, no hay señales de progreso que muestren que hemos tomado la aguja con el hilo de la conciencia y la hemos vuelto a ensartar en la tela de la realidad. Debemos continuar afianzando las puntadas. Y cada vez que las afianzamos en el físico, tenemos un logro, tenemos la maestría sobre nosotros mismos, tenemos la Ciudad Cuadrangular[5] que llega a existir porque algunas personas han decidido dominar la llama de la verdad.

Energía ilimitada

La salud está relacionada con el karma porque ambas cosas son acumulativas. La salud es el resultado de los usos de la energía en el pasado y el presente. La buena salud anima el flujo constante de energía. Lo contrario también es cierto.

No podemos negar que existen energías buenas y malas. Pero recordemos que la energía en sí no es ni buena ni mala; es la cualificación que se hace con la energía lo que determina su manifestación. Por tanto, en nuestro estudio debemos recordar relacionar la energía y su cualificación con el yo.

> Indudablemente hay un ímpetu o una cantidad de energía inicial concedida al individuo como su porción divina.[6]

Esto es interesante porque los niños parecen tener una cantidad de energía ilimitada. Ellos aun actúan en base a ese ímpetu inicial de luz que está sellado en su aura y en su campo energético. Siempre que permanezcan puros, sin contaminarse con el mundo, conservarán la capacidad de acceder a la energía ilimitada. Esta es la conciencia virgen. No solo es la virginidad física, sino también una virginidad de los cuatro cuerpos inferiores en la que la identidad está sellada dentro de una sustancia muy translúcida, reluciente y como una filigrana. Casi parece una placenta en los planos internos, que rodea al alma y a los cuatro cuerpos inferiores y los sella en esa emisión inicial de energía.

Una de las marcas de los santos es que tenían una cantidad ilimitada de energía para llevar a cabo los deberes que debían realizar, todas las tareas necesarias relacionadas con el monasterio, el convento, la escuela, el hospital o allá donde servían. Debido a su comunión con Dios y a que sus energías estaban conectadas con la Presencia YO SOY y con el flujo continuo que va desde la Presencia YO SOY hacia el alma y regresa a Dios, pudieron conservar la capacidad de ser un foco perpetuo de servicio, de acción, de oración y de comunión. Su cuerpo de hecho era un electrodo para la emisión de la energía de Dios.

Muchos de ustedes están llegando al punto en el que sus cuatro cuerpos inferiores se están purificando lo suficiente que les permite conservar más luz y tener más energía a su disposición. Y si analizan su pasado como lo hago yo cuando leo las cartas que me escriben, verán que todas las relaciones que describen son un asalto de las fuerzas oscuras contra su ser para robarles su energía, porque sin energía, sin la suficiente energía en su campo energético, no pueden ser Dios. No pueden hacer sus obras. No tienen la reserva, el estanque que refleje su luz. Por tanto, a efectos prácticos, los han desposeído de su misión, de su identidad. Los han castrado, por así decirlo. Les han quitado toda su energía.

Eso es lo que desea la fuerza oscura, dejarlos como un vegetal. Y el estado de ese vegetal es que no sabe que es un vegetal. Este proceso se lleva a cabo de una forma tan sutil que uno ni siquiera se da cuenta de que lo han engañado. Uno ni siquiera se da cuenta de cuándo le han arrancado su verdadera identidad al robarle la luz.

Por tanto, este concepto de la porción divina...

> ...se enfatiza en la parábola del hijo pródigo.[7] La frase: «Al que tiene, le será dado, y tendrá más; y al que no tiene, aun lo que tiene le será quitado»[8], también da una pista sobre el mantenimiento del potencial energético que el yo necesita, aquello que podríamos denominar la «masa crítica».

Ahora bien, eso suena duro, como una ley dura. Preferimos pensar que a los pobres es a quienes deba darse la abundancia, pero no es así. Jesús dijo: «Porque siempre tendréis pobres con vosotros, pero a mí no siempre me tendréis».[9] Los pobres, debido a su conciencia de pobreza, nunca han tenido un nivel energético suficiente para atraer la luz que necesitan para avanzar en este mundo. No tienen bien llena la bomba del pozo. No tienen suficiente agua para hacer que el pozo fluya. Y cada vez que bombean la bomba, gastan la energía primordial. Esa es la definición de los pobres.

La energía del alma y la masa crítica

Luego está el punto de la «masa crítica». Una vez que tengamos una masa crítica, un campo energético dentro de nosotros que alcance cierto nivel de intensidad, nunca nos faltará nada. No nos faltará compañía, amor, familia. No nos faltará el suministro, la inteligencia, las ideas correctas, la creatividad. Todo lo que necesitemos para tener una vida plena y llena de significado, lo tendremos.

Si en la actualidad nos falta alguna buena dádiva, algún don perfecto de Dios,[10] ello es señal de que nuestra masa crítica no es la que debiera para ser un Imán del Gran Sol Central. Esto significa que necesitamos más luz. Y debemos determinar qué campos energéticos son los que están quitándonos la energía.

Podemos pensar en el chakra de la sede del alma como en un cuenco, un receptáculo que tiene una forma parecida a la del cinturón electrónico, que rodea el campo energético de los chakras inferiores. El cordón cristalino desciende a través del chakra del corazón y distribuye la energía a todos los chakras. Esta energía le llega al alma y esta empieza a llenarse. Se llena hasta cierto nivel, que quizá sea más energía de lo que esta persona ha tenido en mucho tiempo, y la persona empieza a sentir cierto peso de luz.

Si el cinturón electrónico no se ha limpiado, la energía que haya en el chakra del alma empezará a activar los chakras inferiores. Y la tendencia de esos chakras es dirigir esta energía hacia los canales en los que se ha agotado con anterioridad.

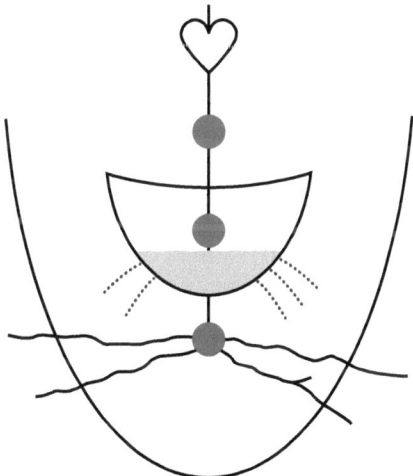

Este diagrama representa simbólicamente el chakra del corazón, el plexo solar, la sede del alma y la base de la columna vertebral. El chakra de la sede del alma se muestra como un recipiente, que se está llenando de energía que desciende a través del corazón por el cordón cristalino. Si hay agujeros en el recipiente, la energía se escapará a medida que suba el nivel y fluirá hacia los viejos y conocidos canales del cinturón electrónico (que aquí se muestra como el recipiente grande que rodea el chakra inferior).

En el cinturón electrónico hay varios canales subterráneos: el odio hacia tal persona que nos hizo algo horrible cuando teníamos tres años; un patrón de una vida anterior; una rama que sale de ese patrón y que entra en lo profundo de la psique y en las raíces subconscientes del vecino, etc.

Uno no piensa en estas cosas de manera consciente. Estas cosas no vienen a la mente a menos que tengamos una experiencia que nos sacuda. Pero están ahí y son como corrientes subterráneas. Cuando toda esa energía se pone a discurrir por los chakras, quiere expandirse, quiere liberarse. Aún no está acostumbrada a elevarse y a regresar a Dios, por lo que presiona para discurrir por canales que ya están formados.

Hay personas que cada vez que reciben cierto incremento energético de Dios, lo agotan. No pueden contenerlo. No tienen un cáliz que lo contenga. Es como si les hiciera un cortocircuito. Les puede dar un berrinche. Les puede dar por llorar. Se pueden ir de fiesta por la ciudad. Se pueden pasar la noche dándose «la buena vida». Sea lo que sea, no saben qué hacer con el aumento de energía y no saben cómo devolvérsela a Dios con la acción de elevar la Kundalini y el caduceo. La recanalización de la energía requiere disciplina. Disciplina significa borrar los viejos canales y obligar a esa energía a que fluya por nuevos canales.

Existen fugas de todo tipo en el chakra del alma. El chakra como cáliz es como una membrana con pequeños agujeritos; cuando el chakra empieza a llenarse, la energía se fuga y es extraída, quizá gota a gota. Se ha dicho que hoy día la mayoría de las personas del mundo están deprimidas y ni siquiera lo saben. La causa está en estas fugas. Ahí es donde va a parar la energía.

Por eso es muy importante descubrir cuáles son nuestros motivos subconscientes y deshacernos de la culpa y la vergüenza, el sentimiento de menosprecio hacia uno mismo y la autocomplacencia, todo ello en el subconsciente. Existe un patrón en el que las personas se permite cosas y después se sienten culpables por haberlo hecho. Luego dicen: «Pues no está bien sentir culpa». Eliminan el sentimiento de culpa, se dan la vuelta y siguen haciendo lo mismo, pero ahora lo hacen sin sentir culpa.

Esa es la filosofía del liberalismo en la psicología actual: «Haz lo que quieras. No reprimas nada. Disfruta del sexo. Disfruta de la vida. Disfruta de lo que quieras porque así serás un animal feliz. Sin sentimientos de culpa, sin represión. Cambia todas las leyes. Cambia la ley cósmica y prosperarás».

Bien, prosperarás como un animal. Pero te extraerán la energía a nivel subconsciente y tendrás que parar. Cada vez que algo llega al nivel de la percepción consciente que nos dé la capacidad de ver una parte de nosotros mismos que no nos gusta estaremos enfocándonos en una de esas fugas que impide la masa crítica de energía en el alma.

Cuando la reserva del alma está llena, el alma tiene una masa crítica y suficiente energía para atraer lo necesario en los planos de la Materia. Por tanto, «al que tiene, le será dado, y tendrá más; y al que no tiene, aun lo que tiene le será quitado».

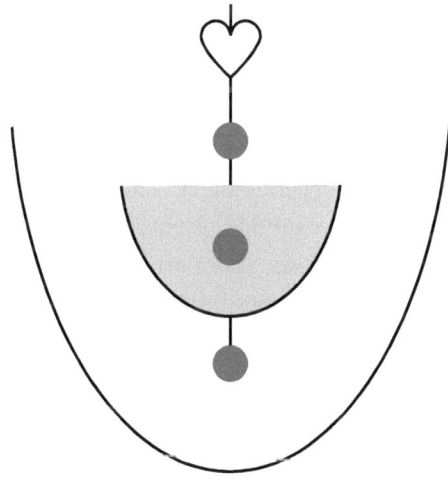

Diagrama de la reserva del alma en plena capacidad

Estamos hablando de manera específica de la energía del alma porque el chakra del alma está en polaridad con el tercer ojo (véase pág. 196), que tiene que ver con la maestría del rayo verde y la precipitación. Pero estos principios sobre los niveles energéticos se aplican a todos los chakras en todo el ser del hombre.

Podríamos tener mucho amor en el corazón, pero ninguna capacidad de precipitar amor. Si podemos conservar la energía en el corazón como amor, atraeremos amor y a gente llena de amor. Puede que no logremos nada en lo que se refiere a construir el reino de Dios, pero nuestro karma es nuestro karma y, por tanto, allá donde tengamos buena energía, atraeremos buena energía. El karma es el karma y allá donde tengamos la maestría sobre un chakra, ese chakra atraerá más energía del mismo tipo.

Las personas de una orientación muy mental que han estado dedicadas a la inteligencia y a la mente Crística podrán tener una inteligencia y una mente en abundancia, aunque pudieran sufrir una carencia total en otros ámbitos.

El rescate de la energía atrapada

Cuanta más energía tiene una persona, más aptitud tiene para atraer; y cuanto menos tiene, menos aptitud tiene para atraer. La necesidad de purificar las energías propias se hace cada vez más aparente a medida que el individuo ve que su potencial en la vida depende de la cualidad de su energía. En realidad, una gran cantidad de energía que en el pasado poseyó y pudo utilizar está ahora atrapada en los patrones imperfectos de sus creaciones humanas erróneas. Como el dinero en el banco que se ha comprometido como aval, esta energía no puede utilizarse hasta que la obligación espiritual que uno tenga se haya satisfecho.

La energía queda atrapada cuando es extraída de los chakras. La energía fluye por los canales y llena los focos que se convierten en impulsos acumulados en el cinturón electrónico. Estos focos se hacen cada vez más y más grandes y pronto llegan a ser creaciones enteras. Cuando se continúan alimentando los impulsos acumulados negativos, se crea un zoológico en el cinturón electrónico con todas las variadas formas animales y formas de pensamiento que se pueden observar en él. Por tanto, todo lo que hay en él ha sido creado por toda la energía que debería estar en el cuenco de su alma, y a medida que lo creamos, el nivel energético del cuenco baja más y más y más. Y, claro está, esto ocurre a lo largo de una vida de setenta años.

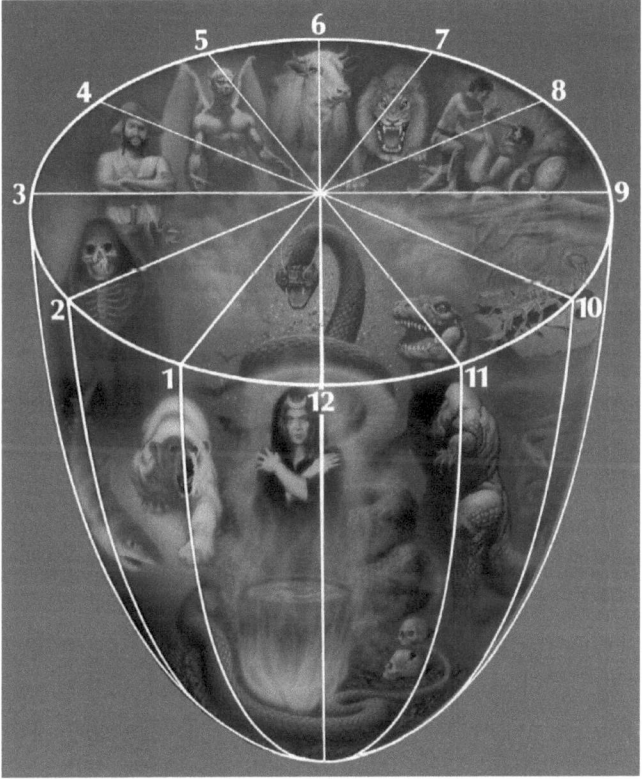

Cuando las personas alimentan continuamente los impulsos acumulados negativos, esta energía se agrupa como formas negativas que pueden verse en el cinturón electrónico. Esta ilustración muestra formas de pensamiento típicas de los abusos de las energías en las doce líneas del reloj cósmico.

La vejez se define por la cantidad de alma o energía solar extraída hacia otras matrices, de modo que el cuerpo físico no tiene la energía para sustentarse, para sustentar la eterna juventud. La energía va bajando, va alimentando el cinturón electrónico que va engordando cada vez más. Los cuatro cuerpos inferiores se van vaciando de sus esencias vitales y, finalmente, están tan vacíos que no queda nada. La Presencia retira el cordón cristalino y ya no queda vida en la forma porque toda se ha asignado a otros focos.

El sendero de los Maestros Ascendidos consiste en rescatar esa energía de las matrices capturadas. No puedo dejar de enfatizar que, si se pasan la vida invirtiendo la energía en matrices negativas, llega un punto, a mediana edad o en la vejez, en el que el cinturón electrónico se apodera de su vida por completo porque tiene la energía que debería tener su chakra del alma. Se apodera de su vida y ustedes adquieren la conciencia que observamos en la gente mayor: senilidad, amargura, enfermedad, rigidez, etc.; porque ya no hay flujo energético.

Por consiguiente, en preparación para ese período de la vida, es importante que empiecen a llenar el cáliz del alma con luz. Liberen las energías de su cinturón electrónico. Recupérenlas para el cáliz de modo que nunca experimenten la vejez como la vemos normalmente en el planeta. En cambio, pueden tener años de madurez en los que dar el ejemplo a una generación más joven sobre cómo ser una llama.

La energía no puede sacarse del cinturón electrónico hasta que la obligación espiritual haya sido satisfecha. Su obligación espiritual con respecto a esta energía capturada, a fin de liberarla, consiste en invocar un equivalente de llama violeta, de decretos a Astrea, de llama de curación de modo que esa energía pueda liberarse, transmutarse y utilizarse para cumplir ciertas obligaciones kármicas.

Ustedes tienen una obligación de servir a alguien o de servir a la luz. Hasta que no lo hagan Dios no les devolverá la energía que han cualificado mal anteriormente, por el motivo de que la gente ha prometido una y otra vez hacer bien las cosas ante los ojos de Dios y, en base a las promesas, Dios les ha dado una cuota más de energía, una dispensación añadida. Después, tan pronto como la gente ha recibido esa energía, la ha desperdiciado. Una y otra vez Dios ha sido engañado por las promesas de la gente.

Llega un punto en el sendero del karma de cada alma en el que una promesa ya no basta. Se necesita la acción. Podrán ser necesarios años y más años de acción, de demostrar a Dios que cumplimos con nuestra palabra, que decimos las cosas en serio. Hay que ir, hacer su voluntad y servir. Y llega un punto que es ese momento mágico en el que hemos servido más y más y más, cuando Dios dice: «Este es el aval que necesito. Esta es la cantidad de energía necesaria para poder devolverte el equivalente a todo lo que has entregado con tu servicio». Y, de repente, nos encontramos rodeados de un campo de energía y de luz enorme, el cual necesitamos para servir de una manera más grande, porque la recompensa por el servicio siempre es un servicio más grande.

Por tanto, no se impacienten de ninguna manera en su asociación con los Maestros Ascendidos y con lo que ocurra en su vida, porque siempre que sigan la Ley, la enseñanza y los principios se irán acercando más y más al punto en el que habrá suficiente energía en el cuenco de su alma como una masa crítica.

Por qué ocurren cosas que no son buenas

Quienes sirven a la humanidad en el campo de la medicina y la quiropráctica, especialmente quienes trabajan con los nervios, entienden que cuando hay grupos musculares en tensión hay un enorme bloqueo energético que mantiene tenso a todo el cuerpo. Saben que la liberación de la tensión en los músculos del cuerpo proporciona más energía tanto a la mente como al cuerpo. Asimismo, quienes tienen conocimiento de la mente humana saben que cuando la psique está bloqueada emocionalmente con distintos problemas, ello puede provocar una doble personalidad. El aumento en las tensiones mentales y emocionales crea una acumulación de fuerzas de atracción y repulsión que dividen al yo. Quienes tratan la naturaleza mental o emocional del hombre bien saben que allá donde hay una caída en los niveles energéticos, donde hay cansancio, hay una tendencia mucho mayor hacia los desórdenes mentales.

Lo que el hombre debe hacer, por tanto, es aprender a liberarse de las tensiones, física, mental y emocionalmente. Debe aprender a utilizar toda la energía que Dios le ha dado, parte de la cual se encuentra en un estado de descanso y otra parte en un estado móvil. Debe aprender a deshacer las cualificaciones erróneas de la energía de las que es responsable; debe aprender a recalificar aquello que se ha cualificado erróneamente. Esto le dará una mayor cuota de energía que puede utilizar en el desarrollo de la verdadera conciencia del alma, pues los propósitos de la vida quieren que un hombre pueda dominar el universo primero a través del dominio de sí mismo.

En un sentido estricto las energías espirituales de la imagen divina están reflejadas en el espejo de la conciencia inmortal. Estas energías producen el advenimiento de la fuerza del alma en la corriente de vida, pero deben aumentarse continuamente a fin de que el alma en expansión pueda atraer una mayor parte de la divinidad hacia la vida del individuo.

Todas las manifestaciones kármicas indeseables regresan a su punto de origen, que es el ser individual del hombre, cuando la fuerza de atracción en él, ya sea que esté cualificada para bien o para mal, haya alcanzado cierta intensidad.

Una de las razones por las que nos sentimos atraídos a la gente joven —desde los niños hasta los adultos de unos treinta años— es que aún tienen la energía de su alma, la fuerza de su alma. Nos sentimos atraídos hacia la gente que tiene la fuerza vital dentro de sí. Después de los treinta años empiezan a cosechar los frutos de las malas siembras, de regalar la energía y no reponerla, por lo que la mediana edad y la vejez empiezan a manifestarse. La gente de esa edad no es tan atractiva. Simplemente no nos sentimos atraídos hacia esa gente porque no tiene el nivel energético que debería tener.

Esto no hace que los jóvenes sean mejor; simplemente significa que su ímpetu inicial, su cantidad inicial de energía no se ha gastado por completo. Pero los treinta años llegan muy pronto en la vida y descubrimos que los retornos que recibimos por haber abusado de esa energía nos sobrevienen casi antes de que hayamos empezado a vivir. Es bueno reconocerlo. Porque es totalmente posible mantenerse joven y con apariencia juvenil y tener la fuerza vital dentro nosotros si cuando la tenemos la conservamos y si la utilizamos para servir.

> Todas las manifestaciones kármicas indeseables regresan a su punto de origen...

Podríamos añadir que todas las manifestaciones kármicas *deseables* regresan a su punto de origen. Y su punto de origen puede ser cualquiera de nuestros chakras.

> ...que es el ser individual del hombre, cuando la fuerza de atracción en él, ya sea que esté cualificada para bien o para mal, haya alcanzado cierta intensidad.

Existe una ley que nos enseña que cuando conseguimos tener mucha luz dentro de nosotros empiezan a pasarnos muchas cosas que no son buenas. Está la frase que dice que «las manifestaciones kármicas indeseables» regresan cuando la fuerza de atracción ha alcanzado cierta intensidad. Podemos tener una fuerza de atracción en nosotros como un gran impulso acumulado de magia negra, que también atraería campos energéticos.

La noche oscura

> Por consiguiente, es bueno que las personas reconozcan el hecho de que cuando atraen hacia sí la naturaleza superior del ser, también atraen una cantidad determinante, así como una cualidad determinante de energía que sirve para fortalecer al ser del hombre para el día de ajuste kármico, cuando todo lo negativo y lo positivo debe ajustarse.

Cuando uno empieza a caminar en el Sendero, tiene tiempo y espacio para atraer hacia sí cierta cuota de energía, de luz, la cual será muy necesaria el día en el que deba afrontar y conquistar todo lo negativo y todo lo positivo. Esto significa conquistar al «morador del umbral», conquistar la energía del cinturón electrónico en el período denominado noche oscura*, cuando el alma es separada de la Presencia YO SOY y debe seguir adelante solo con la energía que tiene en el cuenco.

Con nuestra percepción solar, con nuestro logro en el alma, creamos nuestro propio sol del ser, nuestro sol que iluminará el camino en la hora de oscuridad. Pero si el cuenco está vacío y llega la prueba de la noche oscura, el alma pasará por la segunda muerte porque no tendrá nada que ilumine el camino, nada que mantenga la lámpara arreglada, nada que mantenga la llama del corazón ardiendo.[11]

Antes o después todos llegamos a ese punto. Y por lo que puedo ver, en esta era en concreto podemos mirar adelante por el camino por el que vamos y ver ese punto en la distancia. Ya

---

*Esta sección combina información sobre la noche oscura del alma y la iniciación posterior llamada Noche Oscura del Espíritu. Para una explicación completa, véase pág. 365, nota 11.

no está al otro lado de la montaña. Ya no está lejos de nuestra vista. Estamos acercándonos a ese punto y lo sentimos en nuestro interior. Sentimos la urgencia de obtener la enseñanza y la luz, porque sabemos que la reserva está baja y debemos llenarla a fin de afrontar ese desafío y ese juicio cuando llegue.

Por tanto, anímense. Porque cuando se obtiene mucha luz, esa luz es el sol giratorio de su ser que atraerá hacia sí, como un remolino, la energía oscura de su karma, que puede transmutarse con poco sufrimiento comparativamente hablando si ese sol que tienen gira de verdad, si esa llama arde de verdad. Pero si dejan que se relaje y que ralentice la marcha y después les llega el golpe del impulso acumulado de su karma, será un camino de aflicción, dolor y sufrimiento, y será realmente una noche oscura.

Cantidad y calidad de la energía

En nuestras consideraciones sobre el potencial de la energía del hombre, nos preocupa tanto la calidad como la cantidad.

Recuerden que no se trata solo de la cantidad de energía, sino de cómo cualifiquen esa cantidad. Nos encontramos con personas que parecen tener una enorme cantidad de energía, personas poderosas en la sociedad, pero su energía es oscura. Han aprendido a guardar la energía en su aura y en sus chakras. Son inteligentes. No la gastan. No están empobrecidos porque la guardan. Pero la energía tiene un color turbio. Es agua lodosa. Es energía oscura. Y al utilizar esa energía y debido a la interacción de las fuerzas de su ser, pueden lograr un gran poder.

En todos los países hay personas que hacen eso, ya sea en el ámbito del gobierno, del entretenimiento, etc. Los vemos y su cáliz energético es como un foco de pus, pero les sirve para vivir. Es como la gasolina sucia. Les funcionan los motores y tienen cierta existencia animal. Y ante su presencia nos sentimos muy oprimidos.

Por eso a los maestros no solo les preocupa la cantidad de luz que tengamos en la reserva, sino también la calidad.

> Aunque es cierto que lo Absoluto lo es todo y, por tanto, lo posee todo (en un sentido es poseído por todo), ...
>
> Esto es cierto, pero ustedes tienen libre albedrío. Por tanto, ...
>
> ...el deseo universal de manifestar pureza que tiene el yo, tanto si es el deseo del Señor macrocósmico del Universo o el deseo de la mónada individual, debería ser un intento progresivo de alcanzar más y más la realidad de la cualificación correcta.

Ahora podemos ver por qué tantos falsos instructores tienen éxito con sus cursos de control mental, de meditación o enseñen lo que enseñen. Enseñan a la agente a obtener y manipular la energía. No enseñan pureza. Enseñan cómo, a través de la manipulación de la mente, uno puede ir a ciertos centros y tener ciertas experiencias psíquicas e incluso sanaciones, y transmitir la energía por todo el planeta; uno puede hacer lecturas psíquicas; el alma puede viajar en su cuerpo astral. Dado el libre albedrío, no hay casi nada que no se pueda hacer mediante la acumulación de energía, crear dinosaurios, naves espaciales o viajar a distintos planetas. Se pueden hacer cosas de todo tipo.

Recuerden que manipulación significa la «múltiple contaminación» de la conciencia. La energía contaminada aún posee fuerza. Aún tiene peso. Aún tiene impulso acumulado. Aún puede utilizarse.

> Al pensar en el alma como el depósito de las energías del mundo ígneo,[12] tendréis un sentimiento más grande de responsabilidad por mantener al alma y su contenido sobre

el altar de la pureza. Y quizá consideréis con más frecuencia que enormemente beneficioso será —no solo para vosotros como individuos, sino también para el universo como un todo— que aprendáis a reunir la voluntad de recalificar los pensamientos, los sentimientos y las creaciones negativas con la belleza prístina de la primera creación de Dios. ¡Pensad en los mundos de sustancia mal cualificada que esperan ser conquistados cuando practiquéis este arte supremo de la transmutación!

Al seguir al Maestro en la regeneración, acunando al niño Mesías de la realidad en el pesebre el corazón, los hombres iniciarán el proceso de expansión de su conocimiento del yo llegando a ser todo lo que es real y descartando, mediante la recualificación, todo lo que no lo es.

La tarea pudiera parecer interminable, el proceso enrevesado. No lo es. Si no os hacéis como niños, no entraréis.[13] Manifestar la conciencia del niño pequeño significa desarrollar la conciencia Crística maestra que señoreará con éxito en la Tierra.[14]

Esperad, vigilad y trabajad. Pues el Padre hace las obras con vosotros y en vosotros.

Atentamente, YO SOY vuestro hermano,

Kuthumi

18 de febrero de 1975

CAPÍTULO 12

LA NATURALEZA DE LA INDIVIDUALIDAD

Comentario sobre el séptimo capítulo

Amados buscadores de la llama de la sabiduría:
 La conciencia, cuando funciona adecuadamente, es un orbe brillante de realidad, alegría e iluminación plena. El intento individual de entrar en contacto desde el aparentemente separado centro del ser con el centro cósmico de la vida y de ahí con la periferia de toda la realidad, se logra con la misma facilidad con la que el milagro de la radiante y expansiva mente de Dios penetra en el universo con luz.

Este es un período en el que debemos dirigirnos al centro para entrar en contacto con la vida. Esto es lo que hizo Jesús durante treinta años como preparación para salir tres.

En su preparación está toda su victoria, en el echar los cimientos. Cada línea y cada ladrillo que se pone en el centro será un baluarte de defensa y fortaleza en la periferia. Todo debe ejecutarse con cuidado porque estamos dibujando una miniatura del patrón de nuestra alma en el centro. En el núcleo de los rayos secretos hay un mundo microscópico en miniatura donde nos vemos a nosotros mismos bajo un microscopio, y en ese pequeño mundo estamos construyendo, de manera concentrada, en el microcosmos.

Cuando salimos a la periferia, es como un artista que pone un retrato sobre una pantalla para calcarlo. Todo se engrandece hasta alcanzar una dimensión enorme. Entonces es cuando se ve cada línea, cada punto y todo lo que hay en nosotros, todo lo que hay en el subconsciente. Por tanto, en ese punto nos complaceremos por habernos molestado en lograr la maestría paso a paso, sin excluir nada, siendo meticulosos, porque todo se ve. Donde hay debilidades, enredos y nudos de todas clases será mucho más difícil conquistarlos entonces. Se convertirán en bestias del aire cuando sean proyectadas sobre la pantalla del macrocosmos.

Una de las causas que hay detrás de los problemas de la locura y la turbulencia en el mundo es que ahora es el momento en el ciclo de algunas personas de que se proyecte sobre el cuerpo planetario lo que han guardado en el interior. Y lo que vemos proyectado sobre la pantalla del plano astral y mental y, finalmente, sobre el físico es muy malsano.

> Inherente al hombre es el poder de expandir la conciencia más allá de la esfera del yo personal hacia el reino dominante de la realidad.

El poder de expandir la conciencia más allá de esta esfera es algo inherente a ustedes. Inherente a ustedes es el poder de expandir la conciencia «hacia el reino de la realidad dominante».

Estar afianzados en la individualidad

> Esta realidad es compartida por una miríada de manifestaciones que pueblan el cosmos; pero debido a la cualidad maravillosa de «estar afianzados en la individualidad», nunca se produce ninguna erosión opresiva de la permanente naturaleza del hombre. Solo existen los suaves factores moldeadores mientras la mano de la Inteligencia, el Poder y el Amor Universal, comienza el proceso de instruir a la personalidad del alma en evolución.

12 • La naturaleza de la individualidad

Estar afianzados en la individualidad tiene más poder que la combinación de todas las causas y los efectos en la Materia que hayan experimentado. Los problemas que ustedes tienen por la influencia de sus padres o las influencias de la gente que los rodea (les hicieron esto, les hicieron aquello y ustedes les hicieron esto otro), todos estos episodios son como la niebla del horizonte, que desaparece cuando sale el sol y llega la luz de la mañana. Se disuelve.

Debemos tener cuidado cuando miramos por el microscopio para no otorgar demasiado poder a los granos que encontramos. Uno de mis hijos estaba examinando la sección transversal de la pata de una pulga bajo el microscopio para la escuela y me la describió. Yo le dije que no tenía ningún interés en verla.

A veces los pequeños episodios que creemos que han doblado el palito o la rama de nuestra personalidad hacia un lado o hacia otro (nos acordamos de que nos pasó esto y esto otro que fue algo horrible) deben verse con la proporción adecuada. En realidad, eso no tiene más poder que la pata de una pulga bajo el microscopio.

Parece algo gigantesco cuando se lo pone bajo el microscopio. Por tanto, debemos mantener el sentido de la medida en comparación con el infinito y comprender que estar afianzados en la individualidad es Dios mismo, el poder y la enormidad de todo el cosmos. No debemos permitir que la pata de una pulga se enfrente a este fantástico impulso acumulado que es la Realidad en nosotros.

Si perdemos el sentido de la medida y de la proporción, eso es exactamente lo que haremos. Y diremos: «Nunca conseguiré salir adelante porque mi padre era malo conmigo. Nunca saldré adelante porque mi hermana siempre se peleaba conmigo». Debemos salir de la conciencia que nos hace pensar que esas influencias tienen todo ese poder para cambiar lo que en realidad no se puede cambiar: que estamos afianzados en la individualidad. Cuando nos damos cuenta de eso y echamos las otras cosas al fuego, entonces viviremos en la conciencia de los Maestros Ascendidos y en su perspectiva.

Entendemos que, a fin de descubrir el microcosmos, el mundo de la biología, con fines científicos y para comprender la célula, es necesario ver la pata de una pulga bajo el microscopio de vez en cuando. Pero debemos mantener eso en la proporción justa, debemos mantenerlo en su sitio. A veces nos permitimos enfocarnos demasiado en las minucias de la personalidad humana y sus factores moldeadores.

Me siento obligada a darles las siguientes palabras de El Morya: Los chelas no deben permitir que ninguna causa, efecto, circunstancia, persona o personalidad de este plano arrojen sombra alguna de sustancia sobre el gran e infinito ser que sois. Debéis afirmarlo, serlo y no quedaros para siempre en la conciencia en la que continuamente pensáis en el pasado, el presente, las emociones, los sentimientos, etc.

El océano y la gota

Por tanto, reconociendo, como ha dicho el amado Kuthumi, qué fácil les resulta a las personas cualificar mal la energía y, al contrario, qué maravilloso es comenzar el proceso de la recualificación, el yo individual puede mirar hacia adelante con la esperanza de experimentar la novedad de la vida y un sentimiento de satisfacción que nunca ha conocido.

Pronto evitará las falsas estructuraciones que él mismo ha creado y que han creado para él los caciques oscuros y sus estrellas oscuras de mala cualificación acumulada. Pronto se dará cuenta, con los alegres gorjeos de un bebé recién nacido, que el universo es un hogar de luz y esperanza donde las manifestaciones temporales de inteligencia, conciencia e identidad pueden unirse a lo Eterno aun cuando lo Eterno impregna la sustancia de mortalidad con su realidad esencial.

Aquí, al fin, la humanidad puede llegar a conocer el don permanente de la dicha que fue el gozo del Padre para transmitir al individuo el nacimiento de su identidad.

El Océano pudo haber escogido seguir siendo un Océano; pero, al separar a la luminosa gotita del Todo y sostenerla en alto ante los gloriosos rayos del sol de iluminación [y propósito], un nuevo océano dio comienzo. Y así, se le dio a la conciencia individual dominio sobre su propio mundo. Y así, hecho a imagen de su Creador,[1] también llegó a ser un creador.

Deberían memorizar ese párrafo. Es una de las frases más sublimes de la verdad. Si alguien les pregunta alguna vez: «¿Por qué estamos aquí? ¿Por qué hemos nacido? ¿Cuál es el propósito de la vida?», solo tienen que repetir ese hermoso párrafo y dejar que sientan la dicha de ese océano que podría haber escogido seguir siendo un océano.

Los primeros comienzos de la realidad fuera del estado Edénico perdido se movieron en la oscuridad, en el vacío del no saber; estos comienzos de propósito pronto se tradujeron a la acción exterior, pero las invenciones del contacto social por desgracia se dedicaron a la expresión egoísta y a un sentimiento de lucha.

El surgimiento del hombre pareció guardar proporción con su dominio, no sobre el yo, sino sobre otros y sobre su entorno. La superación del entorno era válida. La destructividad contra los demás, no. Por tanto, el tribunal de justicia conocido como el Consejo Kármico se formó con el fin de registrar y gobernar la interacción de la humanidad o la inhumanidad del hombre hacia el hombre mismo.

El sentimiento de lucha aumentó. La involucración en el ego se convirtió en una maraña de espirales invertidas, estructurando en la conciencia de la humanidad una ensoñación caleidoscópica tan compleja como para hacer que la conciencia se retrajera. Las sencillas formas elegantes se olvidaron en el melodrama astral. El hombre parecía vivir fuera, pero en realidad vivía dentro de las marañas de su propia creación; ahora infectaba a los demás con su dilema y el poder del contagio lo expulsó del estado celestial.

El ego es la sede de todos los problemas del hombre. Lo que se conoce como complejos de inferioridad y superioridad giran en torno al orgullo y la frustración del ego. Pero, aunque la gente sabe estas cosas, las personas continúan permitiéndose ser víctimas de las obstrucciones interiores que ellas han creado.

La única salida es por la puerta de la realidad. Esta es la trampilla de escape que ha sido proporcionada de modo que el cuerpo de destructividad creado por la negatividad del hombre pueda ser transmutado y vencido. Siempre que los hombres permanezcan involucrados en el ego, no importa qué estudios religiosos emprendan, no importa qué devoción manifiesten de forma temporal, no importa cuántas buenas obras hagan, no importa qué nivel de esfuerzo alcancen, nunca estarán libres de la ilusión del yo que los persigue como un fantasma rebelde de identidad incierta.

Solo cuando escapen por la puerta (YO SOY la puerta)[2] hacia la comprensión de que el ser eterno de Dios es el «ejecutor», hacia la comprensión de que Dios puede actuar en ellos para eliminar las influencias obstaculizadoras, para transmutar su oscuridad y para trasladar su conciencia de la oscuridad a la luz, empezarán a conocer la libertad del Yo para realizar sin límites.

Podríamos establecer líneas directrices que os ayuden a reconocer cuándo el ego está al mando, pero creo que un poquito de observación honesta ante el espejo del yo y un estudio de las reacciones del yo ante lo que hacen los demás mostrará con rapidez, si la valoración de uno es honesta, si está actuando o no el ego.

Vean y sepan todos para toda la eternidad que el yo irreal, el yo sombrío, el yo con nombre, el yo de la personalidad, es y siempre ha sido la trampa del ego, y que el hombre o la mujer que viva en esa conciencia debe morir en ella. No hay posibilidad de que la carne y la sangre hereden la vida eterna.[3] Los hombres buscan la vida eterna porque es su verdadera naturaleza, la naturaleza de Dios y de la imagen divina. La vida Eterna se forma independientemente del vehículo del yo a través del proceso de traslación, para que el hombre no vea más la muerte, sino que sea trasladado hacia esa vida que es la naturaleza divina.

A la frase de que el hombre debe morir cada día[4] al yo finito y egoísta debe seguir otra: que debe vivir cada día para la gloria progresiva de su Yo eterno y la comprensión de toda esa realidad que el Yo puede traer y trae. Este es el Sol que encaramos que no arroja sombra. ¡Oh, podemos producir y produciremos una abundante cantidad de información espiritual tal sobre la verdadera naturaleza del hombre que casi incinerará su actual conciencia! Sin embargo, debemos demorar esto lo suficiente hasta que el hombre haya tenido oportunidades más que suficientes para entender qué necesario es que se deshaga del ego.

Este concepto es mucho más que una relación de palabras. Es el flujo de la idea-semilla vital hacia la conciencia del hombre con el que la conciencia misma es transformada en su natural Presencia brillante. Esta es la Presencia de Dios que identifica al individuo, a través de su sentimiento de realidad en expansión, con la conciencia universal de Dios, pero nunca le quita un ergio de su energía o de su verdadera individualidad.

El Padre creó al Hijo como su amado heredero de todas las cosas que se crearon. Y en realidad el Hijo de Dios, o la luz de Dios que nunca falla, fue el medio con el que el Progenitor Eterno realizó el acto creador. «Tú eres mi Hijo amado; en ti tengo complacencia».[5]

El ego que siempre se siente herido, que es sensible en demasía, lleno de lástima por sí mismo y de un sentimiento de lucha, el ego que busca hallar escrudiñando los escombros de vidas pasadas algún elemento de valor, debería entender que la valía del hombre está en el Eterno Ahora. Debería entender que el Eterno Ahora está en lo Eterno, y que la gracia que el hombre debe tener que es suficiente para cada día, se implantó en el alma con el influjo del aliento de energía divina que por primera vez le dio conciencia.

En el nombre de la Santa Sabiduría, yo, Merú, insto a todos a que renuncien intencionadamente a la piel de serpiente de la identidad que se ha arrastrado sobre su vientre mientras perseguía las vanidades del intelecto. Sustituidla con el rayo de sol dominante de la mente viva y vital de Dios y esa realidad que Dios es y que vosotros sois porque él es.

YO SOY su siervo y vuestro hermano mayor,

Merú

Rasgos del ego

Creo que debemos enumerar estos rasgos del ego.

1. El vacío de no saber.
2. Invenciones de contacto social.
3. Expresión egoísta.
4. Sentimiento de lucha.
5. Dominio destructivo sobre los demás.
6. La inhumanidad del hombre hacia el hombre.
7. Marañas de espirales invertidas (melodrama astral).
8. Expulsión del estado celestial (contagio masivo).
9. Complejos de inferioridad y superioridad (orgullo y frustración del ego).
10. Obstrucciones internas autocreadas («no puedo»).
11. Cuerpo de destructividad (karma negativo).
12. Ilusión del yo (fantasma rebelde de identidad incierta).

Este es el más gracioso de todos: «Fantasma rebelde de identidad incierta». ¿Alguna vez se han visto a sí mismos andando por ahí y luchando, intentando vencer, intentando ganar esta batalla, intentando dominarse a sí mismos, este fantasma rebelde de identidad incierta? Es gracioso, ¿verdad? Ese viejo ego, si no puede ser ninguna otra cosa, tendrá que ser este fantasma rebelde de identidad incierta.

13. Reacciones del yo ante lo que hagan los demás.
14. El yo irreal.
15. El yo sombrío.
16. El yo con nombre.
17. El yo de la personalidad.

A veces nos da un sentido de importancia bastante grande en lo que respecta a nuestro nombre, y el nombre se convierte en nuestra identidad. Cuando alguien nos dice: «¿Quién eres?», siempre contestamos con nuestro nombre, probablemente porque la sociedad así lo espera. Sin embargo, no debería ser un reflejo. Cuando alguien diga: «¿Quién eres?», de inmediato deberíamos decir en nuestro interior: «YO SOY Dios. YO SOY una llama». Nuestro nombre no es más que una placa de collar de perro para esta vida a fin de que la gente pueda distinguir a todos los terrones de azúcar.

18. Finito, centrado en sí mismo.
19. Siempre se siente herido.
20. Sensible en demasía, lleno de lástima por sí mismo.

Tenemos una reacción inmediata si alguien se ríe a destiempo, si llora cuando no corresponde o si va caminando por ahí en mal momento. Pensar: «Nadie tiene tantos problemas como yo».

21. Escudriñar los escombros de vidas pasadas para encontrar algún elemento de valor.

Ahora bien, este es importante. La gente acude a mí y me cuenta la historia de su vida. Tarda una o dos horas. Me cuenta todo lo que ha hecho.

La verdad es que una buena vida, una mala vida o una vida mediocre no es donde encontramos valía. La valía no está en la experiencia humana, no está en el melodrama psíquico. La valía del hombre está en el Eterno Ahora.

Dejen de hurgar en lo que han sido, lo que han hecho, quién fueron, quiénes son sus amigos, en quién están interesados, con quién se van a casar, quién les espera cuando terminen Summit University, si allá hay trabajo o no.

Deben deshacerse de la piel de serpiente de todas las coordenadas de la conciencia humana. Aquí está su ego y tiene una identidad porque allá hay un ego. Y hay otro ego acá y finalmente se convierten en el centro de un cosmos, de todas esas estrellas de egos. Y en función de la distancia y su relación con todas esas circunstancias y experiencias individuales, ustedes son tal y tal; obtienen una identidad.

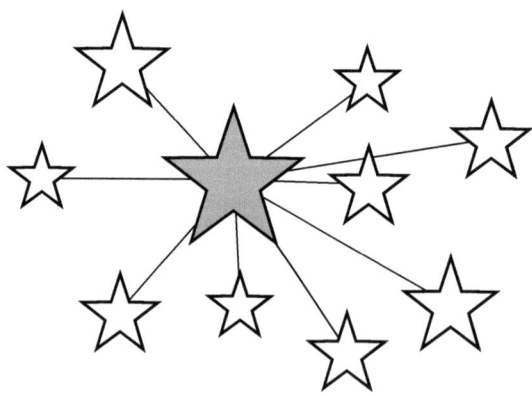

El ego obtiene una identidad en función de su relación con otros egos.

Por tanto, es como tener que tomar las tijeras y recortar una isla de relatividad con la que hemos estado involucrados y ponerla a un lado. No se puede tener un pie dentro y otro fuera porque la conciencia de otras personas sobre nosotros se basa tanto en las viejas coordenadas que eso, de por sí, durante un proceso alquímico cuando estamos precipitando, basta para echar a perder nuestro experimento. No podemos precipitar la cruz de Malta de nuestra identidad, la amatista de nuestro ser, cuando otras mentes nos afectan. Por tanto, nunca teman abandonar las viejas seguridades y los viejos puntos de referencia.

Con el tiempo llegarán al lugar en el que precipitarán esa joya, esa cruz de Malta de su identidad.[6] Se endurecerá; se habrá realizado de una manera concreta en el físico. Esto es comparable a cuando Jesús tenía treinta años y estaba listo para su misión. En ese punto podemos volver a aquellas zonas y a aquella gente que dejamos atrás porque nuestro molde está fijado y endurecido, ya nadie puede manipularlo. Está sellado. Podemos volver, y tendremos la sensación de estar a años luz lejos de ellos. Y podemos movernos entre esa gente entre la que nos movíamos antes, podemos prestar algún servicio, y estaremos establecidos en nuestra matriz y no nos moverán. Llegados a ese punto, otras personas ya no pueden derretir la amatista.

Pero mientras estamos en la fase de formación, cuando tenemos los primeros frutos y atisbos de este ser glorioso que somos, lo primero que quiere hacer la mente carnal es ir corriendo a todo el mundo que conocíamos y contarles las Enseñanzas de los Maestros Ascendidos. Escribimos cartas frenéticamente y les enviamos todo el material. Y descubrimos que lo único que conseguimos con eso, al hacerlo antes de que la alquimia se haya completado, es atraer a todas esas mentes a nuestro experimento. Puede que responda un uno por ciento. Pero los que no responden presentan una dureza y una oposición a lo que estamos haciendo, lo cual no es sano.

Estoy segura de que algunos de ustedes habrán compartido sus descubrimientos y su conocimiento de los maestros con la gente con gran éxito llevándoles las enseñanzas. Y otros tantos entre ustedes se han encontrado con un rechazo, con cuestionamientos y con dudas. Esos cuestionamientos y esas dudas entran en su conciencia y a veces causan un gran peso. Por tanto, es mejor perfeccionar el yo, soltar al ego y fortalecerse en la Ley antes de intentar dar lo que se tiene a otras personas.

Los maestros nos advierten de esto porque se trata de una alquimia. Y con los decretos y con su llama interior, con su acción impersonal de la ley de su Presencia, atraerán a las enseñanzas a todos los que necesiten entrar.

22. La identidad de piel de serpiente que se ha arrastrado sobre su vientre.
23. La búsqueda de las vanidades del intelecto.
24. Falsas estructuraciones.

Las falsas estructuraciones deberían encabezar la lista. De eso es de lo que he estado hablando: estructuraciones, la estructura de los contactos sociales.

25. Caciques y estrellas oscuras de malas cualificaciones acumuladas.

La enfermedad del ego

La enfermedad del ego es esta: cualquiera que sea su identidad como ego, su identidad es de hecho ese ego y la frecuencia de ese ego *allá donde se encuentre ese ego en los planos de la Materia*.

Digamos que tengo una cualidad de envidia como un aspecto de mi ego. Cada ego sobre el planeta Marte que tenga esa exacta frecuencia de envidia estará unido a mi ego, en todos los demás planetas, en los demás sistemas de mundos.* La conciencia de las masas es una sola. No podemos decir que somos una isla y que nuestro ego está solo. Las cosas que son iguales a una tercera cosa son iguales entre sí. Por tanto, nuestro ego no consiste solo de nosotros y nuestra envidia, está compuesto de este conglomerado más grande. A eso se lo denomina «estrellas oscuras de mala cualificación acumulada».

Cualquier cosa que mantengamos en nuestro ego se acumula debido a esa exacta frecuencia en los demás egos con los que vibramos, y entonces somos uno solo. Nuestros amigos también estarán compuestos de aquellos que tengan una sustancia parecida. Por tanto, es imposible conservar un elemento del ego y decir: «Bueno, me voy a quedar con esta parte pequeña y nadie se enterará y no tendrá importancia». Sí tiene importancia. Ya sea un cacique oscuro en Marte o nuestra mente carnal, en realidad es lo mismo. Siempre que estemos en esa frecuencia estaremos atados a ello. Siempre que estemos atados a ello seguiremos reencarnando.

En bastante peligroso quedarnos en cualquier fase de la conciencia del ego. Cuando pensamos en ello, es sorprendente ¿verdad?

Por ejemplo, el rencor y la venganza se polarizan con la envidia en el reloj cósmico. Digamos que una cualidad de mi ego sea la envidia, pero no se me ocurriría vengarme de alguien o sentir rencor o tomar represalias, porque creo que estoy por encima de todo eso. Por tanto, eso mismo me disgustará del ego de otra persona y lo veré como un defecto. El motivo por el que lo veo como un defecto es que en realidad está en mí, puesto que es la polaridad de mi envidia. Es el yin y el yang, y no se puede tener uno sin lo otro.

Cualquier punto que cualifiquemos tiene una coordenada

---

*Las oleadas de vida que hay en muchos planetas evolucionan en planos distintos al físico.

y un equivalente en algún otro ego. Ese ego en realidad es nuestro ego, *porque está en la misma frecuencia,* pero es la polaridad negativa o positiva de lo que estamos manifestando. Por tanto, aquí tenemos a toda la gente que hay en el planeta, yendo por ahí y teniendo interacciones del ego, saltando arriba y abajo, reaccionando e interactuando. En realidad, son solo fases distintas del ego común que todos compartimos, personificado, digamos, en lo Anticristo o en Lucifer. Por tanto, le echamos la culpa de todo o culpamos a Satanás por todos los problemas que tenemos. Eso significa que asignamos a la mente carnal una identidad fuera de nosotros mismos.

Satanás y Lucifer no tendrían ningún poder en absoluto si nosotros no tuviéramos un ego o una mente carnal. Ni siquiera existirían. Ni siquiera estarían en nuestro marco de referencia o en nuestro espectro, si no fuera por el hecho de que compartimos su rebelión, su orgullo o lo que tengan. Eso forma un arco de contacto con nuestro ser debido a nuestro campo energético.

Ahora bien, es importante reconocer que el enemigo existe. Es importante reconocer que está ahí. Pero solo por un momento, un momento de la verdad y un momento de responsabilidad personal, bien podríamos decir: «Satanás y Lucifer no existen. Todo está en mí. Todo está dentro de mí. Si conquisto esto lo habré conquistado todo. No habrá nada que pueda atacarme». Esa es una conciencia muy buena en la que estar. Cargar con toda la responsabilidad, asumirla y decir: «Si Lucifer existe, si Satanás existe, existen dentro de mí. Cuando conquiste aquello que tengo dentro de mí, la esfera de mi conciencia estará plena en Dios y nada de dentro o de fuera podrá atacarme».

Estudiante: ¿Satanás se siente atraído hacia la línea de las tres del reloj?

ECP: Yo diría que Satanás está más en la línea de las cuatro y Lucifer en la de las tres, si se quiere entrar en esos detalles. El dios Pan, con las pezuñas y los cuernos, se identifica con la perversión de Tauro en la línea de las cuatro.

Estudiante: ¿Satanás y Pan son lo mismo?

ECP: Sí. El dios Pan es un disfraz de Satanás, mientas que Lucifer representa la perversión ingeniosa y calculadora del Logos. Mental y filosóficamente, él tiene toda la cuestión de su rebelión totalmente racionalizada. Es más, una energía de sofisticación, mientras que Satanás es más o menos la sustancia de Tauro de sexo, la mentalidad carnal y cierta crudeza.

«Lo que YO SOY»

Ahora bien, aquí tenemos una lista de lo que Merú dice que somos en realidad, una lista de «Lo que YO SOY» para contrarrestar todo este asunto del ego.

YO SOY un orbe brillante de realidad, alegría e iluminación plena. (Iluminación es acción iluminada).

YO SOY la radiante mente de Dios en expansión penetrando en el universo con luz.

YO SOY el poder de expandir la conciencia más allá de la esfera del yo personal hacia el reino dominante de la realidad.

YO SOY una individualidad fija.

YO SOY una personalidad del alma en evolución.

YO SOY y conozco el don permanente de la dicha, que el Padre tuvo la alegría de transmitirme cuando nació mi identidad.

YO SOY el océano del ser de Dios.

YO SOY la gota en el océano del ser de Dios.

YO SOY quien está hecho a imagen de mi Creador.

YO SOY un cocreador con Dios.

YO SOY la puerta de la Realidad.

YO SOY el ser eterno de Dios que es el ejecutor.

YO SOY Dios y Dios puede actuar en mí para eliminar las influencias obstaculizadoras, para transmutar la oscuridad y para trasladar mi conciencia de la oscuridad a la luz.

YO SOY la libertad que tiene el yo de realizar sin límites.

La vida eterna es mi verdadera naturaleza, la naturaleza de Dios y de la imagen divina.

YO SOY esa vida eterna que se forma independientemente del vehículo del yo a través de la traslación del Espíritu Santo.

YO SOY EL QUE YO SOY. No veré la muerte, sino que seré trasladado hacia esa vida que es mi naturaleza divina. YO SOY QUIEN YO SOY.

YO SOY la Presencia de Dios que se identifica a través de mi sentimiento de realidad expansiva con la conciencia de Dios universal y que nunca me quita un ergio de energía o de Individualidad.

YO SOY el Hijo de Dios, el amado heredero de todas las cosas que se crearon.

YO SOY en realidad el Hijo de Dios, la Luz de Dios que nunca falla, con la cual el Progenitor Eterno realizó el acto creativo.

YO SOY EL QUE YO SOY. Dios en mí declara: «Tú eres mi Hijo amado, en quien tengo complacencia».

Muero cada día para el yo egoísta y finito. Vivo cada día para la gloria progresiva de mi Yo Eterno y para la comprensión de toda la realidad que ese Yo puede traer y trae.

YO SOY EL QUE YO SOY. Mi valía está en el Eterno Ahora.

YO SOY la gracia que basta cada día.

YO SOY esa gracia del Señor Cristo que está implantada en mi alma, que es el influjo del aliento de energía divina que me dio por primera vez vida y conciencia.

En el nombre de Dios Todopoderoso y en el nombre del Cristo resucitado, renuncio intencionadamente a la piel de serpiente de mi identidad anterior que se ha arrastrado sobre su vientre y ha buscado las vanidades del intelecto. Sustituyo todo eso con el rayo de sol dominante de la mente viva y vital de Dios y esa Realidad que Dios es y que YO SOY porque él es.

Gracias. Esos fíats son importantes para la acción sanadora de ustedes y para que precipiten el rayo esmeralda.

19 de febrero de 1975

CAPÍTULO 13

LA RED DE ALEGRÍA

Comentario sobre el octavo capítulo

Esta *Perla de Sabiduría* del amado Lanto es la octava de la serie y contiene la acción del octavo rayo de integración.

A esos corazones alegres que desean expandir la alegría de Dios:

Nuestro tema es la expansión de la red de la alegría, la antítesis de la tristeza, en el reino de la conciencia y su comunicación en el mundo de la forma.

Cuando la mónada individual puede renunciar intencionadamente al yo personal más allá de las pruebas en un acto genuino de renuncia, pronto se ve atraída hacia el ideal Divino de expandir en el reino del mundo la maravillosa actividad de la alegría vibrante: alegría en el yo, alegría en la naturaleza, alegría en la oportunidad, alegría en el servicio, alegría en la música, alegría en el arte y alegría incluso en el proceso de purificación del yo.

Cada faceta de la vida asume el aspecto de un desafío para quienes se esfuerzan cada día por ser más como Él. Pero esto no es un desafío incómodo, sino de esperanza. El hecho de que la persona pueda mejorar independientemente del punto en el que se encuentre, que pueda cambiar sus conceptos, su acción vibratoria y el contenido de su mente como se cambiaría de ropa, es señal de esperanza y presagio de deleite.

Los campos energéticos son magníficos cuando están cualificados adecuadamente, pues no solo rodean al creador del campo energético con su vibración de dicha, sino que, según la ley de la atracción, también atraen las vibraciones de felicidad y alegría de muchas partes del mundo. Reconocemos que lo contrario también es cierto y raramente las personas tienen en consideración el hecho de que de vez en cuando están rodeadas de entidades —entidades de temor, de dudas y de aflicción— que quieren invadir el aura solo porque debido a sus actitudes individuales crean el clima que atrae a estos extraños.

En lo que respecta a los estados de ánimo, por tanto, sugerimos que cada estudiante que busque la felicidad de Dios, cuando lo invada un sentimiento inferior a la felicidad Divina, un sentimiento de incomodidad o falta de quietud, empiece a buscar la causa primero en su mente subconsciente y en que haya podido poner su atención en ideas negativas que han permitido que eso entre en su mundo y, en segundo lugar, en la persona de las entidades malévolas o de las que se disfrazan.

Entidades

Sobre el tema de las entidades, el Gran Director Divino ha señalado que una bajada de tensión o un cambio de temperatura repentinos denotan su presencia.

En lo que respecta a las entidades he observado que la gente viene con sus historias humanas, con sus patrones humanos, y las cuenta. Las personas vienen saturadas de efluvios humanos y estamos llamados a aconsejarles y a trabajar con ellas. Durante ese proceso, ellas nos cuentan su historia.

Esto lo vemos cuando ayudamos a un amigo. El amigo está tan metido en el problema que tiene que nos resume sus experiencias, etc., y nosotros empezamos a entrar en una espiral de sustancia astral que sigue a la persona a través de su pesadilla astral.

Observarán que existe cierta fascinación que nos atrae hacia esa espiral, por lo que de repente sentimos mucho interés por todos los pequeños detalles y las pequeñas cosas que forman este pegote de sustancia astral. Y nos encontramos haciéndole a la persona más preguntas e involucrándonos más en el problema de lo que es necesario para resolverlo, para echarlo fuera, para hacer que la llama lo queme.

Por tanto, tomen nota de la palabra *fascinación,* porque las entidades nos absorben mediante esta fascinación con el chisme humano, con los detalles humanos, con la conciencia humana. Por tanto, cuando hablen con las personas, acuérdense de que solo necesitamos la información mínima para hacer una invocación, para hacer un llamado. No se necesita alargar el período de la conversación sobre la creación humana para ayudar a la persona. Sí hay que ofrecer consuelo, pero tengan cuidado con que las entidades de la persona no se queden con ustedes y para no entrar en una espiral negativa al seguir la energía y de repente encontrarnos envueltos totalmente en ella.

> La naturaleza de las entidades invasoras es tal que cuando una persona tiene la intención de mejorarse a sí misma mediante el culto religioso, asistiendo a una conferencia constructiva o a un concierto o leyendo literatura religiosa, la acción vibratoria de la búsqueda superior incomoda en extremo a la entidad. Esta, no queriendo renunciar al dominio sobre la corriente de vida, le proyectará entonces a su conciencia un sentimiento de incomodidad o infelicidad y esto, le asegurará al individuo, es directamente atribuible a la actividad en la que está involucrado.

¡Esto es un complot tan típico de la fuerza que es rutina! Se lo ve ir y venir. Vemos cómo les pasa a las personas; y en lo que a ellas respecta, ellas son las únicas que han tenido esa experiencia. Se creen que se están volviendo muy sensibles y astutas.

Se consideran como personas altamente espirituales, que pueden discernir que esta actividad religiosa en particular no es para ellas porque lo sienten en su ser. Y no se las puede convencer de lo contrario. No se las puede persuadir, a menos que se queden lo suficiente para descubrir cómo se produce el hecho de que todo lo que sienten son en realidad sus entidades desencarnadas.

La gente dice: «Me vino cuando estaba meditando». Les vino que no deben formar parte de este grupo o que no deben decretar o que deben ir por otro camino. «Que Dios los bendiga en su camino, nosotros nos vamos por este otro», dicen. En realidad, meditan sobre sus desencarnados y los desencarnados les hablan alto y claro en su alma. Pero ellos están seguros de que lo que habla es la voz de Dios.

Fascinación, brujería y glamur

De este modo a muchas almas sinceras o bien se las detiene en el Sendero o bien se evita que obtengan los beneficios de la meditación superior. Por consiguiente, por ser susceptibles a las entidades invasoras, pierden la oportunidad de recibir bendiciones trascendentes. Por este motivo la protección espiritual es necesaria para quienes desean continuar avanzando en el camino ascendente, protección no solo a través del conocimiento que estoy transmitiendo, sino a través de decretos, a través de la oración y a través de la determinación de hacer la voluntad de Dios a pesar de cuál pueda ser el argumento de la oposición.

Cuando sois capaces de echar fuera del yo las influencias de las entidades desencarnadas —tanto si estas son parientes fallecidos, amigos o enemigos que puedan sentirse atraídos hacia vuestra persona—, descubriréis que progresaréis espiritualmente a un paso más rápido.

Debido a la creciente amenaza de brujería en los Estados Unidos, así como en el mundo, los aspirantes espirituales deben ser prudentes y deberían aprender a sospesar los indicios antes de atribuirse todos sus fracasos o sus aparentes fracasos a sí mismos. La brujería es de una seducción sutil…

La fascinación, la fascinación astral, y la seducción sutil tienen la misma vibración porque es energía sexual pervertida. Es el glamur de la personalidad humana. Lo que crea el glamur es el fuego sagrado de la energía sexual utilizada para adornar a la persona, para hacer que la gente sea «glamurosa». Esto da una sensación glacial, como una energía no del todo blanca. No es la pura luz blanca. Es como un blanco teñido de gris alrededor de la gente que se confunde con la luz blanca.

> La brujería tiene una seducción sutil para quienes no están bien versados en el conocimiento espiritual y no comprenden las sanciones kármicas que se acumulan a raíz de tales prácticas peligrosas. Con frecuencia los practicantes de brujería utilizan sus poderes para lanzar una forma de ataque general contra cualquiera que intente escapar de las miasmas de las masas.[1]

En efecto esto es lo que sucede en los aquelarres, donde forman un cono (un cono sexual) en el centro de un círculo y dirigen la energía mediante una fórmula de brujería contra toda la gente que sirve a la luz.

Había una bruja en Los Ángeles llamada Leta que nos llamó durante las conferencias. Dijo que Madame Prophet debía parar el trabajo que hacía porque si no pronto no quedarían brujas en California, porque estaba destruyendo todos sus conos sexuales y todo su trabajo. Cuando llamó estaba muy contenta de que yo dejara de hacer mi trabajo, y una par de brujas de su aquelarre amenazaron con venir a las conferencias y poner LSD en nuestra agua potable. Durante algún tiempo se mostraron bastante agresivas.

> El progreso tiene algo que atrae al ego de los hombres. Cuando otros empiezan a progresar, con frecuencia empiezan

a sentir celos. Jesús describió esta propensión humana con esta frase: «¡Ay de vosotros, intérpretes de la ley! porque habéis quitado la llave de la ciencia; vosotros mismos no entrasteis, y a los que entraban se lo impedisteis».[2]

Muchas personas de las iglesias ortodoxas se muestran ingenuas ante estos hechos. Son totalmente reaccionarias en asuntos del yo. Francamente, como se os ha dicho en esta serie, al yo se lo comprende muy poco. Por eso las personas a menudo obran contra sus propios intereses y contra los intereses de la humanidad; por eso les cautiva tanto la idea de los enormes beneficios sociales y por eso las fuerzas oscuras pueden crear tanta agitación en el mundo, haciendo que hombres y mujeres crean que a través de formas de control gubernamental ganan tanto espiritual como materialmente.

En el libro de Jung, *El yo sin descubrir,* se amplifica el significado de ese último párrafo. La fascinación con los controles gubernamentales es otra forma de fascinación y seducción. Esto proyecta sobre el Estado la parte del ego, del yo, que es figura de autoridad para que después también asuma autoridad sobre las vidas de la humanidad. Por tanto, el Estado se convierte en una religión, así como en una mano que da a todos todo lo que necesitan. Y eso es una fascinación, el enorme beneficio social.

Debido a la ambición nos creemos lo que dice el socialismo, porque sentimos ambición por la sociedad, por la ganancia, por la riqueza, etc. De algún modo, a cambio de entregarnos al Estado creemos que nos van a satisfacer todas nuestras necesidades. En cambio, perdemos nuestra identidad. Perdemos nuestra vida y en realidad no obtenemos el beneficio social que buscamos, porque el Estado nunca puede compensar el estado empobrecido de conciencia. Simplemente se endeuda cada vez más hasta que finalmente colapsa.

Dar y recibir

La sociedad ideal es aquella que evoluciona a partir de la conciencia superior cuando el individuo abre la puerta de su ser a Dios sin reservas. En momentos así de contacto personal con la Vida, todo el ser del hombre se vuelve como una boca apretada contra el Infinito para recibir el sutil alimento que fluye hacia el alma hambrienta.

Al dar la comunión observo algo interesante, que es cuándo se estira la gente para alcanzar el pan y el vino. Algunas personas se quedan ahí paradas y me obligan a dar un paso para llegar hasta ellas. Como hemos aprendido en los otros estudios de psicología que hemos realizado, esto es señal de que a tales personas su madre les ha dado de comer constantemente y esperan que la madre haga todo el trabajo. Otras dan un paso al frente, sacan la lengua y toman el pan. Otras toman el vasito de mi mano y se lo beben. Da mucha ternura ver los distintos grados de esfuerzo que la gente hace para obtener el Cuerpo y la Sangre de Cristo. Cuando son niños pequeños y están a más de medio metro, les pido que se acerquen.

Algo parecido pasa en la fila que hace la gente cuando doy la bendición en la frente. Si no tengo cuidado, me veo andando por media sala antes de terminar poque la gente se para lejos de mí esperando que le llegue la bendición. Y es que la gente no se me acerca.

Esto demuestra que en general, en el subconsciente de los aspirantes en el Sendero, existe el sentimiento de que Dios va a bajar de repente y a hacer un milagro en su vida, y que todo estará en orden. Ese mito persiste. Por tanto, ven a los Maestros Ascendidos o me ven a mí y aquí está la bendición, y se quedan ahí parados esperando a que les baje.

Todos llegamos a darnos cuenta (a veces con un golpe duro) de cuánto debemos hacer por nosotros mismos. Y eso es muy sano. Por supuesto, necesitamos a la Madre cuando la necesitamos y no hay quien la sustituya. Pero es de esperar que, a través de las enseñanzas y el proceso que atraviesa la gente en el Sendero, finalmente lleguen a darse cuenta de que ellos deben ser la Madre.

Personalmente, al mirarme a mí misma, creo que si tengo algún problema en este sentido es que me inclino un poquito más hacia la gente de lo que debería. Tiendo a asumir totalmente la responsabilidad por la salvación de todos. Es algo que tengo en el corazón y sé muy bien cómo equilibrarlo con el conocimiento que estamos adquiriendo. Me doy cuenta de que la Madre tiene que ser el Infinito contra lo cual puedan apretar la boca los niños de Dios y recibir el flujo y la leche de la Palabra. Pero al mismo tiempo la Madre tiene que saber cuándo alejar a los niños y hacer que salgan a aprender a conquistar el tiempo y el espacio.

> Debido a que la gracia que llega de lo alto es tan creativa, tan inspiradora, tan llena de profundidad, de altura y de volumen, literalmente abruma al ser del hombre y, rebosándose por el borde de la vida, se derrama como el impulso de ser una benefactora para la raza. Tal impulso debe mantenerse bajo control Divino y encauzado de manera constructiva a fin de proteger al yo y la naturaleza más alta en los demás.

El impulso de ser todas las cosas para todo el mundo (de dar la luz, de dar la enseñanza, de servir a la humanidad) ha de protegerse con control Divino porque nos podemos vaciar completamente en el servicio y quedarnos sin nada con lo que sustentar una identidad. La gente que hace esto no sabe cómo recibir, sólo sabe cómo dar, lo cual es un problema de equilibrio.

Helios y Vesta nos han dicho que los períodos en los que no sentimos la radiación del cielo derramándose sobre nosotros es cuando debemos proyectar nuestro amor a Dios, para poder recibir amor a cambio con la corriente y la marea de regreso. Nos han dicho que no nos sintamos solos, abandonados y separados durante un período de silencio, cuando de repente decimos: «No siento ninguna radiación. ¿A dónde se ha marchado Dios?». En ese momento en particular es cuando debemos dar radiación a Dios y reforzar el arco del retorno.[3]

El recibir de Dios y el dar a Dios debe tener un equilibrio: encauzar bien nuestras energías de forma constructiva para no destruir al yo, para no quemarlo y después no poder continuar durante un período más largo de servicio por la humanidad. Por tanto, interés propio iluminado significa que debemos conservar la salud y el suministro.

El cuidado de los dones interiores de la gente

Cada persona debería comprender que la inteligencia superior en sí misma es capaz de tomar decisiones certeras acerca de cuándo debe hablar y cuándo guardar silencio, cuándo debe ofrecer una mano como ayuda y cuándo no darla. Hay veces cuando nada es tan importante como un gesto físico de ayuda a otra persona y otras veces no hay nada más peligroso. Algunos de los mejores dones que pueden darse a los hombres son dones interiores, como la comunicación de las vibraciones más elevadas de esperanza y consuelo.

«Dones interiores»: proporcionar la gracia espiritual, la esperanza, el concepto inmaculado y, quizá, no hablar. Comprendemos muy bien la gran necesidad que tiene la gente de conquistar individualmente, de tener un sentido de la medida del hombre, de la mujer, de sentir qué son capaces de hacer con sus manos y con sus cuatro cuerpos inferiores y obtener el sentimiento de la maestría sobre sí mismos.

Esto lo comprendemos cuando miramos a los niños. Los niños se desestabilizan por completo cuando hacen demasiado por ellos. Quieren hacer las cosas por sí mismos. Por ejemplo, si los vestimos y ellos quieren vestirse solos, no hay nada que hacer hasta que los desnudamos por completo y les dejamos que se vuelvan a vestir ellos solos, porque tienen que enseñarnos que pueden hacerlo por sí mismos. Y estoy segura de que ustedes son conscientes de los inadaptados cuyas madres los visten toda su vida. Hacer demasiado por un niño es algo asfixiante.

Me encanta cuando mis hijos toman buenas decisiones por haber tenido la libertad y, dada la libertad que les he dado, fueron y tomaron una decisión, tomaron una decisión en base a un conocimiento correcto. Ahora bien, no hay duda de que cometen errores. Pero al menos se dan cuenta de que se han equivocado, comprendiendo por qué eso fue un error e intentan algo otra vez.

La persona que nunca se equivoca en realidad no va a ninguna parte porque no está intentando nada. Si no lo intenta, ¿cómo puede crecer? Por tanto, deben dejar que sus hijos intenten cosas. Deben dejar que se equivoquen. Y no deben enfadarse y condenarlos cuando comentan errores. No deben condenarlos. Con cuidado se les señalan las razones por las que se equivocaron y se pasa la página. Dejen que sean libres. Díganles que el mundo no va a caerse porque anoche mojaron la cama o porque derramaron un vaso de jugo sobre la mesa.

Yo misma he notado que últimamente me pongo bastante firme con mis hijos porque derraman el jugo casi todos los días por el mismo motivo. Se sientan mal a la mesa y no controlan sus movimientos. Así es que me estoy poniendo más estricta con esto. Y me doy cuenta de que la manera de ponerme más estricta es darles tareas en vez llenarlos de condenación para que se metan en un hoyo por derramar el jugo.

Siempre hay formas de mantener la disciplina, pero siempre dando esperanza, la llama de la esperanza que la madre tiene en su corazón. Ella está segura de que su hijo vencerá y siempre le dice que va a vencer.

He visto cómo la Virgen María ha aconsejado a miembros del personal a través de mí durante muchos años y nunca deja a los miembros del personal sin esperanza. No importa lo que hayan hecho mal, ella siempre afirma y alaba la virtud interior, la cualidad, el potencial y muchas acciones que la persona ha realizado de valor, de modo que la persona tenga la capacidad de cargar con el peso de saber que sí, lo he hecho mal, me he equivocado y lo reconozco, y voy a asegurarme de que no vuelva a ocurrir. Al mismo tiempo la persona sabe en su interior que ha hecho algo de valor y que el impulso acumulado es un fulcro para que se eleve a sí misma hasta las alturas de la comunión y la practicidad Divinas para otra ronda en la que intentarlo y hacer mejor las cosas.

Eviten la condenación

Cuando vemos demasiado, cuando vemos el concepto inmaculado y el error también, debemos tener cuidado con no cortarle verbalmente la cabeza, el brazo o la pierna a alguien queriendo purificarlo y eliminar su conciencia humana. Esto es lo que hacemos cuando le damos a la gente una enorme ola de condenación. Y esa condenación suele venir de un sentimiento de orgullo por perfeccionar lo humano.

Pronto entraré en la línea de las doce del reloj al cumplir años, produciendo una enorme oportunidad para todo el mundo que está en el movimiento de inaugurar ciclos. Puesto que yo sostengo la llama en la cima de la pirámide de la organización, todo lo que hago va llegando a todo el mundo que está debajo de mí. Eso también es cierto en lo que concierne al punto en el que nos encontramos en la jerarquía. Allá donde estemos, nuestro ladrillo o nuestra piedra estará en la pirámide jerárquica y lo que hagamos irá llegándole a todos los que estén por debajo de nosotros.

Puesto que mi punto de conciencia Divina estará en el poder Divino, esto supondrá una magnífica oportunidad para inaugurar espirales. Y no podemos iniciar ni una sola espiral cuando nos estamos condenando a nosotros mismos, porque al hacerlo no podemos emitir poder Divino.* Es imposible hacerlo. Es más difícil que darnos palmaditas en la cabeza y frotarnos el estómago al mismo tiempo.

Es sencillamente imposible que la energía de una frecuencia y la de otra frecuencia fluyan por nuestros chakras de manera simultánea. Por eso Jesús dijo: «¿Acaso alguna fuente echa por una misma abertura agua dulce y amarga?».[4] Se refería a los chakras y a la energía emitida a través de ellos. No podemos emitir condenación y poder Divino al mismo tiempo; simplemente no se puede.

Tomamos decisiones constantemente. Si tenemos un pensamiento negativo de condenación acerca de alguien, no podemos bendecirlos. Estamos maldiciéndolos. Y esos pensamientos a veces entran en nuestra mente antes de darnos cuenta de que los tenemos.

¿Alguna vez se han apartado de la condenación hacia sí mismos solo para mirar a otra persona y al instante condenarla por algo? La mente ni siquiera se ha puesto a pensar en saludar a esa persona, en darle la bienvenida o en amarla, cuando nos encontramos a nosotros mismos viéndola en alguna matriz humana que debemos romper antes de acercarnos a darle la mano.

Por tanto, ya ven que existe una fuerza absoluta mortal anticristo en el planeta que, cuando empezamos a enfocarnos en ella, afecta a nuestra relación con nuestro yo interior y con todos los yoes a nuestro alrededor.

---

*Poder Divino es la cualidad representada gráficamente sobre la línea de las doce del reloj, donde comienzan todas las espirales nuevas. La condenación es el abuso de la energía en la línea de las doce. Véase pág. 355.

Acepten la mano que quiere ayudar

La conciencia del individuo debería llegar a ser como un grial, y el conocimiento que fluye hacia la conciencia como el grial debería atraer más y más conciencia Crística regeneradora hacia el reino del yo. Sin duda es cierto que, si un hombre le pide a Dios pan, él no le dará una piedra.[5] Por consiguiente, considerad el hecho de que la actividad constructiva siempre recibe el apoyo necesario espiritual, moral y material de manera proporcional a cómo él acepte el sentimiento más elevado de su misión de una forma espiritual.

«Más bienaventurado es dar que recibir»,[6] pero a menos que los hombres reciban, no pueden dar. Por tanto, la palabra *porción* debe entenderse como la gracia de Dios depositada en el gran cuerpo causal de cada individuo. El hombre puede expandir, tal como sea capaz de recibirlo, los juicios y las cualidades superiores de Dios. Puede aumentar su gracia y su conocimiento de la verdad. Puede llegar a ser un siervo mejor mañana de lo que lo es hoy.

En parte el aprender a recibir consiste en aprender a permitir que Simón de Cirene nos lleve la cruz. Cierta parte del Sendero es la gran iniciación de reconocer que uno necesita ayuda y recibir esa ayuda amablemente, aprender que uno no es una isla, cuyo ego no es tan grande que se baste a sí mismo. No hay nada peor que el orgullo de ser independiente, de imaginarse que estamos tan completos y plenos en nosotros, en nuestro ego, que no necesitamos a nadie ni nos hace falta nada.

Me siento muy afortunada por haber tenido muchas oportunidades en esta vida de comprender que con todo mi intentar y mi luchar, he llegado a un punto en el que no ha habido ninguna forma de conseguir hacer lo que tenía que hacer más que aceptar la mano que quería ayudarme. Y habitualmente nunca he tenido que pedirlo, sino que la gente se ha ofrecido. Por supuesto, también he tenido que pasar la prueba de no tener demasiado orgullo como para no pedir ayuda, porque esa prueba también llega. Si la gente sabe que necesitamos ayuda, está preparada para darla, pero si no se lo pedimos no siempre sabe que necesitamos ayuda.

Por consiguiente, hay que llegar a ese punto de humildad en el que podemos decirle a nuestro amigo o nuestro hermano: «Necesito ayuda. ¿Me puedes ayudar? ¿Puedes rezar por mí?». Debemos ser autosuficientes en Dios, pero hay que comprender que Dios está en toda la humanidad y que las personas son el instrumento de su realización en nosotros. Debemos vencer el orgullo de la autosuficiencia en el ego humano. Debemos ser capaces de recibir y debemos ser capaces de dar.

Los ciclos eternos de Dios

Sin embargo, las piedras angulares del templo han de colocarse mientras la conciencia se mantiene preparada. Esto se hace con un acto de disposición a hacer cualquier cosa que haga falta para la promoción del reino de Dios tanto en el interior como en el exterior. El yo necesita expandirse. Para expandirse, los hombres necesitan recibir. Pero todos los que reciben también necesitan dar, pues si el hombre se convierte en una entrada sin salida acabará siendo un parásito en el cuerpo del mundo.

El hombre debe cualificar su energía con amor divino igual que la palpitante alegría de Dios persuade con vivacidad a toda la Naturaleza a que realice sus proezas maravillosas, sus milagros de realidad temporal inmortalizados a medida que repiten sus ciclos una y otra vez. Así comprenderá el individuo que un día hallará el verdadero significado de su vida en el intercambio espiritual entre el microcosmos y el Macrocosmos conocido como flujo.

En estas dos últimas frases hay un punto de contacto con la mente infinita de Dios que nos dice que, puesto que la Naturaleza es eterna debido a que sus ciclos son eternos, nosotros somos eternos debido a los ciclos eternos de Dios que discurren por nosotros. Los árboles perderán las hojas, pero las cuatro estaciones continuarán. Las células de nuestro cuerpo se renuevan constantemente. Algunas células que ahora tengo en la mano estarán muertas en cinco segundos. Se renovarán continuamente. El ciclo que las renueva es eterno, aunque la sustancia material no lo sea.

Por tanto, mientras vivimos en una forma corruptible podemos vestirnos de incorrupción al identificarnos no con lo que se desintegra y descompone, sino al hacerlo con el ciclo que controla el proceso. Ese ciclo es el reloj cósmico del ser de Dios, de la mente de Dios. Ese es el aspecto eterno que tenemos. También es el aspecto eterno de las flores y los árboles. Y esto es flujo porque con este fluir cíclico obtenemos el intercambio espiritual entre el microcosmos y el macrocosmos. *El aspecto eterno es el flujo;* es el ciclo mismo y no las partes del cuerpo, las hojas, las flores o los pétalos.

> A través de este proceso, la totalidad del hombre que fluye hacia la totalidad de Dios y la totalidad de Dios, que fluye hacia la totalidad del hombre, produce un intercambio de pulsaciones de identidad que convierten al alma más humilde en rey de victoria y en la más exaltada en inclinarse con alegre humildad.
>
> En verdad «quitó de los tronos a los poderosos, y exaltó a los humildes».[7] En verdad el Dios vivo se corona en cada átomo. En verdad cada hombre es hijo del Ser Eterno. Continuad, pues, para comprender aquello que podéis ser; porque de la expectativa de la esperanza nace la implementación de la fe que establece las fronteras del yo allá donde haya caridad. Cuando el significado del verdadero amor se conoce, se descubre que recrea ese momento supremo en el que el alma inocente exclama con asombro divino: «¡Puesto que

tú eres, oh, Dios, YO SOY!». Así, vemos a los eslabones de identidad, inteligencia, poder y amor unir a todos con la unión que es Dios.

Victoriosamente,
Lanto

Para terminar, digamos estas palabras como un canto.

¡Puesto que tú eres, oh, Dios, YO SOY!

YO SOY EL QUE YO SOY.

OM.

¡Puesto que tú eres, oh, Dios, YO SOY!

3 de marzo de 1975

La Gráfica de tu Yo Divino

En la Gráfica de tu Yo Divino hay representadas tres figuras. Las denominamos figura superior, figura media y figura inferior. Las tres corresponden a la Trinidad cristiana: la superior, al Padre, que está unido a la Madre; la media, al Hijo; la inferior, al templo del Espíritu Santo.

Presencia YO SOY es el nombre con el que nos dirigimos al Dios Padre-Madre. La Presencia YO SOY es el YO SOY EL QUE YO SOY que Dios reveló a Moisés y que se individualizó para cada hijo e hija de Dios. Nuestra Presencia YO SOY está rodeada por siete esferas concéntricas de luz iridiscente, las cuales componen nuestro cuerpo causal, la morada de nuestra Presencia YO SOY. En budismo se la denomina Dharmakaya, el cuerpo del Legislador (la Presencia YO SOY) y de la Ley (el cuerpo causal).

Las esferas de nuestro cuerpo causal son planos sucesivos de la conciencia de Dios que componen nuestro mundo celestial. Son las muchas «moradas» de la casa del Padre, donde ponemos nuestros «tesoros en el cielo». Nuestros tesoros son nuestras palabras y obras dignas de nuestro Creador, pensamientos y sentimientos constructivos, nuestras victorias por lo bueno y las virtudes que hemos encarnado para gloria de Dios. Cuando ejercemos juiciosamente nuestro libre albedrío para utilizar las energías de Dios cada día con amor y en armonía,

estas energías ascienden de forma automática a nuestro cuerpo causal y se le atribuyen al alma como «talentos», que podemos multiplicar poniéndolos a buen uso vida tras vida.

La figura media de la gráfica representa al «Hijo unigénito» del Dios Padre-Madre, la emanación luminosa de Dios, el Cristo universal. Él es nuestro Mediador personal y el defensor de nuestra alma ante Dios. Es nuestro Yo Superior al que nos dirigimos de manera adecuada como nuestro amado Santo Ser Crístico. Juan habló de esta presencia individualizada del Hijo de Dios como «la Luz verdadera, que ilumina a todo hombre que viene al mundo». Él es nuestro Instructor Interior, nuestro Esposo Divino, nuestro Amigo más querido y es normalmente reconocido como el Ángel de la Guarda. Nos acompaña a todas horas del día y de la noche. Acerquémonos a él y él se acercará a nosotros.

La figura inferior de la gráfica es una representación de nosotros mismos como discípulos en el sendero de reunión con Dios; nuestra alma en evolución a través de los planos de la Materia que utilizan los cuatro cuerpos inferiores como vehículos para saldar karma y cumplir el plan divino. Los cuatro cuerpos inferiores son el cuerpo etérico o de la memoria, el cuerpo mental, el cuerpo de los deseos o emocional y el cuerpo físico.

La figura inferior está rodeada de un tubo de luz, que está proyectado desde el corazón de la Presencia YO SOY en respuesta a nuestro llamado. Esto es un cilindro de luz blanca que sustenta un campo energético de protección las veinticuatro horas del día, siempre que mantengamos la armonía en nuestros pensamientos, sentimientos, palabras y obras.

Sellada en la cámara secreta de nuestro corazón está la llama trina de la vida. Esta es nuestra chispa divina, el don de la vida, la conciencia y el libre albedrío que nos ha dado nuestra amada Presencia YO SOY. A través del amor, la sabiduría y el poder de la Divinidad afianzados en nuestra llama trina, nuestra alma puede cumplir su razón de ser en la Tierra. También denominada llama Crística y llama de la libertad o flor de lis, la llama trina es la chispa de la divinidad del alma, su potencial para alcanzar la Cristeidad.

El cordón de plata (o cristalino) es la corriente de la vida, o «corriente de vida», que desciende desde el corazón de la Presencia YO SOY a través del Santo Ser Crístico para alimentar y sustentar (a través de los siete chakras y la cámara secreta del corazón) al alma y sus cuatro cuerpos inferiores. Por este cordón «umbilical» discurre la luz de la Presencia, que entran en el ser del hombre por el chakra de la coronilla y que da ímpetu al latido de la llama trina en la cámara secreta del corazón.

La figura inferior representa al hijo del hombre o hijo de la luz que evoluciona bajo su «Árbol de la Vida». La figura inferior corresponde al Espíritu Santo, pues el alma y los cuatro cuerpos inferiores deben ser el templo del Espíritu Santo. La llama violeta, el fuego espiritual del Espíritu Santo, envuelve al alma y la purifica. Así es como debemos visualizarnos a nosotros mismos, de pie, dentro de la llama violeta. Podemos invocar la llama violeta cada día en el nombre de nuestra Presencia YO SOY y nuestro Santo Ser Crístico para purificar nuestros cuatro cuerpos inferiores y consumir los pensamientos negativos, los sentimientos y el karma negativos como preparación para el ritual del matrimonio alquímico: la unión de nuestra alma con el Amado, nuestro Santo Ser Crístico.

Representada justo por encima de la cabeza del Cristo está la paloma del Espíritu Santo bajando con la bendición del Dios Padre-Madre. Cuando nuestra alma logra el matrimonio alquímico, está preparada para el bautismo del Espíritu Santo. Y escuchará al Dios Padre-Madre pronunciar la aprobación:

«Este es mi Hijo amado, en quien tengo complacencia».

Cuando nuestra alma concluye su vida en la Tierra, la Presencia YO SOY retira el cordón de plata, con lo cual nuestra llama trina regresa al corazón de nuestro Santo Ser Crístico. Nuestra alma, vestida con su vestidura etérica, gravita hacia el nivel más alto de conciencia que haya logrado en todas sus encarnaciones pasadas. Entre encarnaciones, el alma es instruida en los retiros etéricos hasta su última encarnación, cuando la gran ley decreta que debe volver a la Gran Fuente Divina para no volver a salir jamás.

Nuestra alma es el aspecto no permanente de nuestro ser, al que hacemos permanente mediante el proceso de la ascensión. Con este proceso nuestra alma salda su karma, se une a nuestro Santo Ser Crístico, cumple su plan divino y regresa al fin a la Presencia viva del YO SOY EL QUE YO SOY. Por consiguiente, los ciclos de su salida al cosmos Material terminan. Al lograr la unión con Dios, el alma se convierte en el Ser Incorruptible, un átomo permanente en el cuerpo de Dios. La Gráfica de tu Yo Divino es, por tanto, un diagrama de nosotros mismos, en el pasado, el presente y el futuro.

Introducción al reloj cósmico

La ciencia del reloj cósmico es un medio para representar de forma gráfica los ciclos de nuestra vida. No se trata de la astrología tradicional, es una astrología interna con la cual podemos representar los ciclos de nuestro karma y dominar nuestro hado, nuestros ciclos y nuestro destino. El reloj cósmico también nos permite representar los ciclos de nuestro *dharma* para cumplir nuestra razón de ser. Con el girar de la rueda del reloj cósmico día a día y según experimentamos los ciclos de nuestras pruebas e iniciaciones en la vida, nos puede ser de ayuda tener un conocimiento de esta ciencia para superar esas pruebas.

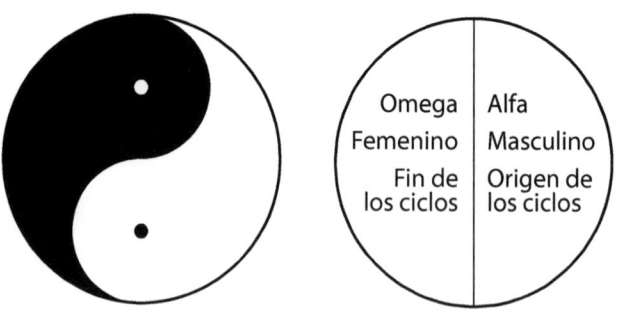

El principio y fin de todos los ciclos

Introducción al reloj cósmico

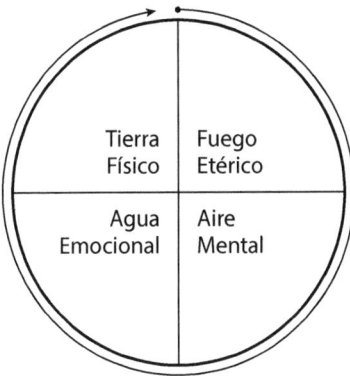

Los cuatro cuadrantes de un ciclo y los cuatro planos de la materia

Todos los ciclos siguen el mismo modelo arquetípico. La división fundamental de un ciclo está representada por el taichí, donde las dos mitades representan a Alfa/masculino/el principio de los ciclos en el lado de la derecha, y Omega/femenina/el fin de los ciclos en el lado de la izquierda.

Cada mitad del todo puede a su vez dividirse en dos mitades, dando como resultado cuatro cuadrantes que corresponden a los cuatro elementos: fuego, aire, agua y tierra. Todos los ciclos se inician en la línea de las 12 de este reloj, en el cuadrante etérico, y avanzan por el cuadrante mental y el emocional hasta el físico.

Estos cuatro cuadrantes también representan los cuatro planos o frecuencias del universo material. El ser del hombre se extiende a través de todos estos planos y hacia los reinos del Espíritu. Aunque somos menos conscientes de nuestros cuerpos etérico, mental y emocional que, del físico, aquellos tres no tienen menos realidad. Estos cuatro cuerpos inferiores son los vehículos para la evolución del hombre en el tiempo y el espacio.

Cada una de las fases de un ciclo puede a su vez dividirse en tres, dando como resultado doce divisiones que reciben los nombres de los signos del zodíaco. Cada línea de este reloj cósmico representa una frecuencia específica de luz/energía/conciencia de Dios, a las que nos referimos como poder Divino en la línea de las 12, amor Divino en la línea de la 1, etc.

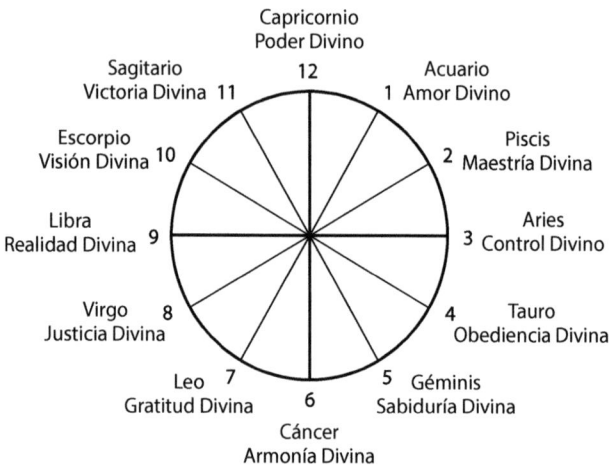

Las doce líneas del reloj y las correspondientes cualidades Divinas

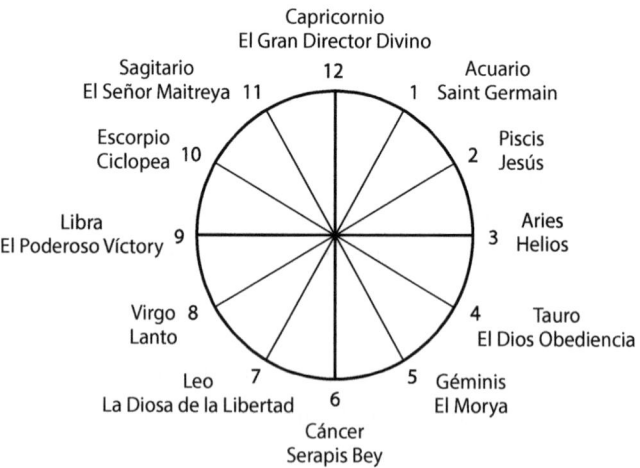

Los seres cósmicos que sirven con el fin de entregar la luz de las doce jerarquías solares a la tierra y sus evoluciones

Introducción al reloj cósmico

Iniciamos nuestro camino por los ciclos del reloj cósmico cuando nacemos. Empezamos en el punto de origen de todos los ciclos, en la línea de las doce. Un año después, cuando cumplimos años, entramos en la línea de la una, y así sucesivamente hasta dar una vuelta al reloj cada doce años. Cada vez que entramos en una nueva línea del reloj recibimos un incremento de luz correspondiente a la cualidad de esa línea y también afrontamos las pruebas para ver si utilizamos bien o mal esa energía.

Junto con las pruebas de cada línea del reloj basadas en nuestros ciclos personales, que comienza cuando nacemos, también afrontamos pruebas en cada línea cuando el Sol y la Luna entran en los signos del zodíaco correspondientes a las líneas.

El hombre puede utilizar mal las doce frecuencias de la energía de Dios, lo cual da como resultado karma negativo en cada línea del reloj cósmico. Los abusos de las doce líneas pueden resumirse como crítica, condenación, juicio y magia negra en la línea de las doce, y así sucesivamente por todo el reloj.

Usos erróneos de la luz en las doce líneas del reloj

Todos estamos recorriendo un sendero de iniciación y todos tenemos dos opciones: o bien seguir corriendo sobre el interminable molinillo del fracaso en lo que respecta a las pruebas cuando pasamos por las líneas de reloj o bien decidir superar esas pruebas y avanzar en nuestro desarrollo espiritual. Estas son la pruebas de la vida diaria que llegan a cada momento.

Cada prueba que superemos nos da derecho a tener más fuego sagrado en nuestros chakras. Por tanto, la iniciación es acumulativa. Lo que ganemos en una línea deberá ser llevado a la siguiente, convirtiéndose esto en la base de la maestría en esa línea. Asimismo, lo que no superemos en una línea no lo podremos utilizar como base en la siguiente. Por tanto, debemos prepararnos.*

---

*Para obtener más información sobre el reloj cósmico, véase Elizabeth Clare Prophet: *Predice tu futuro. Astrología de la Madre Divina*, Porcia Ediciones.

Notas

A menos que se especifique lo contrario, los libros a los que se hace referencia aquí están publicados por Summit University Press y están disponibles en www.SummitLighthouse.org/Bookstore o llamando a 1-800-245-5445, 406-848-9500.

CAPÍTULO 1 • **El estudio del alma**

1. "Conócete a ti mismo": antiguo proverbio atribuido a varias fuentes, como Tales de Mileto y Solón de Atenas (dos de los Siete Sabios de Grecia), y Sócrates. Cicerón se refiere a él como un precepto de Apolo. Era una de las máximas inscritas en letras doradas sobre el pórtico del templo de Delfos.
2. Romanos 8:7; 1 Corintios 15:46, 47; Romanos 7:23; Romanos 7:15, 19.
3. Marcos 3:25.
4. Mateo 16:25.
5. Isaías 1:18.
6. La película *Peter Pan,* basada en la obra de J. M. Barrie, autor y dramaturgo.
7. "Dios es un Espíritu y el alma es el potencial vivo de Dios. El alma exigió a Dios tener libre albedrío y como consecuencia se produjo su separación de Dios, lo cual resultó en el descenso de este potencial al estado inferior de la carne. Sembrada en deshonra, el alma está destinada a ser elevada con honor a la plenitud de ese estado Divino que es el Espíritu único de toda la vida. El alma puede perderse; el Espíritu nunca puede morir...

"El alma, pues, continúa siendo un potencial perdido al que hay que imbuir de la Realidad del Espíritu, purificar a través de la oración y la súplica, y retornar a la gloria de donde descendió y a la unidad del Todo. Esta reunificación del alma con el Espíritu es el matrimonio alquímico que determina el destino del ser y lo une a la Verdad inmortal. Cuando este ritual se ha llevado a cabo, el Yo superior es entronizado como Señor de la Vida, y el potencial de Dios, hecho realidad en el hombre, pasa a

ser el Todo-en-todo (Mark L. Prophet y Elizabeth Clare Prophet, *El sendero del Yo Superior*, primer volumen de la serie 'Escala la montaña más alta', pág. 32).
8. Calvin S. Hall, *A Primer of Freudian Psychology* (New York: Penguin, 1999).
9. Calvin S. Hall y Vernon J. Nordby, *A Primer of Jungian Psychology* (New York: Penguin, 1999).
10. C. G. Jung, *The Undiscovered Self* (New York: Signet, 2006).
11. Mildred Newman y Bernard Berkowitz, con Jean Owen, *How to Be Your Own Best Friend* (New York: Ballantine, 1971).
12. Mark L. Prophet y Elizabeth Clare Prophet, *El sendero del Yo Superior*, capítulos 1 y 2.
13. 2 Timoteo 2:15.
14. Mateo 9:17.
15. Mateo 5:16.
16. La práctica de la crítica en grupo y la autocrítica se desarrolló en la Unión Soviética en la década de 1920 y su uso se generalizó en los movimientos comunistas del siglo veinte como método de adoctrinamiento en la ideología comunista. Esta práctica se expandió en la China de Mao incluyendo las "sesiones de lucha", en las que se ponía a una persona ante un grupo de gente y se la maltrataba verbal o físicamente hasta que confesaba haber cometido crímenes contra el pueblo o haber albergado pensamientos contrarrevolucionarios.
17. Apocalipsis 22:1.

CAPÍTULO 2 • **La búsqueda del amigo**
1. Mateo 5:14.
2. Mateo 8:20; Lucas 9:58.
3. Juan 14:2.
4. "Hace ochenta y siete años, nuestros padres hicieron nacer en este continente una nueva nación, concebida en libertad y consagrada a la premisa de que todos los hombres son creados iguales." Abraham Lincoln, discurso de Gettysburg.
5. Apocalipsis 12:4-6.
6. Lucifer (el nombre viene del latín, 'portador de luz') fue alguien que alcanzó el rango de arcángel y cayó de la gracia por ambición, por el orgullo del ego y por desobediencia a las leyes de Dios. En el Apocalipsis 12 se lo describe como el "gran dragón". Los ángeles caídos son aquellos que siguieron a Lucifer en la Gran Rebelión y cuya conciencia, por consiguiente, "cayó" a niveles inferiores de vibración y percepción al ser "arrojados a la tierra" por ley a manos del Arcángel Miguel.

Los Maestros Ascendidos han revelado que el 26 de abril de 1975, unos tres meses después de esta conferencia, Lucifer fue hallado culpable

de rebelión total contra Dios Todopoderoso y fue sentenciado a la segunda muerte en la Corte del Fuego Sagrado, en la Estrella Divina Sirio. Desde entonces, muchos otros en la jerarquía de ángeles caídos han sido atados y juzgados (incluyendo a Satanás), pero quedan mucho otros, los cuales llevan a cabo sus obras malvadas en el plano astral o en el físico. Para obtener más información sobre los ángeles caídos, véase Elizabeth Clare Prophet, *Ángeles Caídos y los orígenes del mal*.
7. Génesis 1:26.
8. Mateo 7:12.
9. Lucas 24:13-35.
10. Mateo 12:37.

CAPÍTULO 3 • **La imagen sintética y la imagen real**
1. 1 Corintios 15:50.
2. Véase Filipenses 2:6; Juan 5:18.
3. Mateo 5:44.
4. Véase el libro de Job, especialmente el principio del capítulo 4.
5. Job 3:25.
6. Marcos 8:24.
7. En su dictado a la Fraternidad de Guardianes de la Llama del 2 de enero de 1965, el amado Saint Germain dijo: "Ha llegado el momento en el que la máscara de imperfección debe eliminarse y los hombres deben ver con claridad que la mano de Dios está disponible para liberar a los hombres de la desgracia de la superstición. Por tanto, hoy vengo en el nombre de la santa llama de la libertad para pediros que este año hagáis peticiones especiales al Consejo Kármico para eliminar las causas de la superstición en el mundo. ¿Sabéis, queridos, que el mundo está tan lleno de superstición hoy día que, si la energía que la humanidad cuaja en las matrices de superstición pudiera liberarse, creo que bastaría para dar un golpe a las fuerzas de la delincuencia juvenil que quieren devorar a la juventud del mundo".
8. Mateo 24:15; Marcos 13:14.

CAPÍTULO 4 • **Ira y perdón**
1. Amaryllis, 21 de abril de 1962.
2. Efesios 4:26.
3. Mateo 6:23.
4. Mateo 21:12.
5. Véase "Ejercicio de respiración de Djwal Kul", decreto 40.09, en *Oraciones, meditaciones y decretos dinámicos para la transformación personal y del mundo*. Véase también Djwal Kul, *Estudios intermedios del aura humana*, cap. 8, en Kuthumi y Djwal Kul, *El aura humana*.
6. Juan 21:22.

CAPÍTULO 5 • **El fuego de propósito cósmico**
1. Letra de Arthur Campbell Ainger (1841-1919).
2. Véase pág. 357, n. 7.
3. Salmos 1:1, 3.
4. Hebreos 12:29.
5. *Di-seños*, 'Señales de la Deidad'. La raíz espiritual de la palabra *diseño* muestra que el verdadero arte debe ser una expresión de la magnificencia de Dios y un foco tangible de la Divinidad dentro del artista y de todo hombre, un patrón a través del cual la virtud celestial pueda penetrar en la conciencia de la raza y elevarla.
6. Génesis 1:26-27.
7. Hechos 17:26.
8. Apocalipsis 2:11; 20:6, 14; 21:8.
9. Génesis 3:4.
10. Apocalipsis 12:12.

CAPÍTULO 6 • **La disciplina de los cuatro cuerpos inferiores**
1. El Consejo Kármico es un tribunal de ocho Maestros Ascendidos que imparten justicia en este sistema de mundos, adjudicando karma, misericordia y juicio a cada individuo. Todas las almas pasan ante el Consejo Kármico antes y después de cada encarnación en la Tierra para recibir sus tareas y su asignación kármica antes y para repasar cómo han hecho las cosas al final.
2. Para obtener más información sobre la encarnación de Saint Germain como Hombre Prodigioso de Europa, véase *Saint Germain sobre alquimia*, págs. XI-XXIV. Véase también Isabel Cooper-Oakley, *El conde de Saint Germain. El secreto de los reyes*, Porcia Ediciones.
3. Una descripción al detalle de este viaje se encuentra en Mark L. Prophet y Elizabeth Clare Prophet, *El sendero hacia la inmortalidad*, cap. 2.
4. 1 Corintios 3:19.
5. Filipenses 2:5 (versión bíblica del Rey Jacobo: "Haya, pues, en vosotros esta mente que hubo también en Cristo Jesús").
6. 2 Timoteo 3:7.
7. Mateo 14:28-31.
8. *Misterios desvelados, La Mágica Presencia y Los discursos del YO SOY* están publicados por Saint Germain Press.
9. Godfré Ray King, *The Magic Presence (La Mágica Presencia)* (Schaumburg, Ill.: Saint Germain Press, 1963), pág. 243.
10. El método educativo Montessori quiere que el potencial Crístico del niño emerja mientras el niño sigue la directriz del instructor interno y selecciona en el aula ciertos materiales y ejercicios adecuados para satisfacer sus necesidades internas y espirituales y producir un logro interior. La combinación de libertad y orden en el aula Montessori es la verdadera

Notas

educación de la era de Acuario. La Virgen María le inspiró este método educativo para niños a María Montessori. La Virgen María dijo que este era el método que ideó con Elizabet para enseñar a Juan el Bautista y a Jesús cuando eran pequeños.

Para obtener las meditaciones para el desarrollo del niño desde la concepción, véase Elizabeth Clare Prophet, *Cómo nutrir el alma de tu bebé*. El Morya Ediciones.

11. Lucas 23:46.

CAPÍTULO 7 • **La maestría sobre el flujo de la energía**

1. Romanos 12:21.
2. Génesis 1:28.
3. Filipenses 4:7.
4. Mateo 13:24-30, 36-42.
5. Las llamas de Dios que pueden invocar quienes desean expandir la conciencia Crística, son muchas. A continuación, se da una lista de las que tienen una importancia especial para las evoluciones de este sistema solar. Sea cual sea su color, todas las llamas tiene un núcleo de fuego blanco de pureza que encarna todos los atributos de Dios.

    La llama de la fe, el poder, la perfección, la protección y la voluntad de Dios: azul; la llama de la sabiduría, la inteligencia y la iluminación (que concentra la mente de Dios): amarilla; la llama de la adoración, el amor y la belleza: rosa; la llama de la pureza (que concentra el diseño inherente de toda la creación): blanca; la llama de la curación: verde esmeralda; la llama de la precipitación, la abundancia y el suministro: verde chino con un tinte de oro; llama del servicio y la ayuda: morada y oro; la llama de la libertad y la transmutación (conocida como la llama violeta cantarina): violeta; la llama de la misericordia: tonos desde el violeta rosado hasta el morado orquídea y el morado más oscuro (la visualización de un centro rosa alrededor del núcleo de fuego blanco de la llama de la misericordia intensifica la acción del amor divino en la cualidad del perdón); los rayos secretos del Poderoso Cosmos, cinco llamas cuya identidad no ha sido revelada, pero que se pueden invocar para gran beneficio personal y planetario; la llama trina de la vida (conocida también como llama de la libertad y llama Crística porque concentra la acción equilibrada del poder, la sabiduría y el amor, un requisito necesario para lograr la Cristeidad): azul, amarilla y rosa, tres penachos de la Trinidad afianzados en el corazón de la Presencia Divina, el Ser Crístico y el templo corporal del hombre; la llama de la valía cósmica: una llama trina acentuada y equilibrada de poder, sabiduría y amor; la llama de la resurrección: madreperla; la llama de la ascensión: blanca; la llama del consuelo (conocida también como llama del Espíritu Santo): blanca teñida de un delicado rosa; la llama del honor cósmico: blanca teñida de oro; la llama de la paz: amarillo dorado (a menudo utilizada junto con la llama morada).

Para visualizar las llamas se puede utilizar un método sencillo que consiste en fijar en la mente el recuerdo de una hoguera; recordando el concepto de la acción de las llamas físicas, vea cómo estas asumen el color de la llama Divina que desea invocar. Después agrande la imagen de las llamas hasta llenar toda la conciencia. Luego visualícese a usted mismo dando un paso y entrando al centro de la Presencia flamígera de Dios y sienta su amor envolverle como un loto de mil pétalos, siendo cada llama un pétalo de la conciencia de Dios que lo abarca todo. *Oraciones, meditaciones y decretos dinámicos para la transformación personal y del mundo,* de Mark L. Prophet y Elizabeth Clare Prophet, sirve de ayuda para mantener la visualización de las llamas de Dios a través del poder de la Palabra hablada.

6. 1 Corintios 15:37-41.
7. "Cuando llegó el día de Pentecostés, estaban todos unánimes juntos. Y de repente vino del cielo un estruendo como de un viento recio que soplaba, el cual llenó toda la casa donde estaban sentados; y se les aparecieron lenguas repartidas, como de fuego, asentándose sobre cada uno de ellos. Y fueron todos llenos del Espíritu Santo, y comenzaron a hablar en otras lenguas, según el Espíritu les daba que hablasen" (Hechos 2:1-4). "Yo a la verdad os bautizo en agua para arrepentimiento; pero el que viene tras mí, cuyo calzado yo no soy digno de llevar, es más poderoso que yo; él os bautizará en Espíritu Santo y fuego" (Mateo 3:11).
8. Mateo 6:34.
9. 2 Corintios 12:7-9.
10. Mateo 5:28.
11. 1 Corintios 15:42-45.
12. Santiago 3:17.

CAPÍTULO 8 • El esfuerzo por la perfección

1. Mateo 10:39.
2. En el capítulo 10 de *El discípulo y el sendero,* El Morya dice: "A fin de ser un chela en el sendero para la realización de una individualidad cósmica, debéis acostumbrar a la mente a ser libre, a explorar y a descubrir el yo en muchos planos del ser, a moverse con destreza subiendo y bajando por la escalera de la conciencia cósmica de Dios como el astronauta que se prepara para el paseo en el espacio exterior, en el espacio interior. De igual modo, debéis acostumbraros a penetrar en la vida más allá del planeta y después volver al plano de la practicidad, de lo físico, donde hay que mantener las cuentas en orden, mantener la casa limpia y ordenada, seguir vuestros horarios y programas y mantener el equilibrio de vuestra relación entre empleador y empleado, marido y mujer, padre e hijo, madre e hija.

Notas

"Cuanto más lejos queráis ir desde vuestro punto de individualidad en la Materia, más atados deberéis estar a ese punto. La autodisciplina en la ley del vivir diario, la obediencia a las leyes de Dios y el hombre, la exactitud en los detalles, la precisión en los preceptos del Logos y de la Madre, estas cosas preparan a vuestra alma y a vuestra conciencia para expandirse e intentar alcanzar las coordenadas de la geometría superior de la individualidad. Al pasar de un plano a otro, los requisitos de la ley son más exigentes; y así, la maestría del yo aquí abajo es necesaria para la maestría del yo en la enormidad del más allá" (pág. 72).

3. Mateo 12:1-8; Marcos 2:23-28; Lucas 6:1-5.
4. Mateo 6:16.
5. Mateo 11:12.
6. Mateo 13:29.
7. Juan 1:14.
8. 1 Corintios 15:52.
9. Juan 6:68.
10. Mateo 7:24-25; 16:18; 1 Corintios 10:4.
11. Mateo 16:25.
12. Mateo 2:2.
13. Lucas 12:32.
14. 1 Juan 3:2.
15. El Morya explica de manera más extendida la necesidad que hay de dar este desafío y de "probar a los espíritus si son de Dios" (1 Juan 4:1) en *El discípulo y el sendero,* cap. 16.
16. Rumpelstilskin es el nombre de un duende en uno de los cuentos de Grimm que pierde los estribos cuando la heroína de la historia es más astuta que él.

CAPÍTULO 9 • **Karma y oportunidad**

1. 8:4.
2. Éxodo 20:3.
3. Gálatas 6:7.
4. 1 Corintios 8:5.
5. Isaías 1:18.
6. Juan 14:13.
7. Juan 16:22.
8. Juan 10:10.
9. Hechos 9:5.
10. Eclesiastés 2:11, 17.
11. 1 Crónicas 13:7-10.
12. Génesis 19:1-26; Génesis 38:7-10; 1 Samuel 15; 31:1-4.
13. Juan 1:17.
14. Juan 14:12.

15. Santiago 2:19.
16. Salmos 8:5.
17. Mateo 10:39.
18. Efesios 5:26.
19. Santiago 4:8.
20. Colosenses 3:9, 10.
21. 1 Corintios 15:26.

CAPÍTULO 10 • **Luz y oscuridad**
1. Porcia, 31 de diciembre de 1974.
2. Salmos 1:2.
3. Génesis 3:1-19.
4. 1 Tesalonicenses 5:19.
5. *Karate mental* es el nombre que se dio en la década de 1960 a los métodos utilizados para obtener poder o influencia sobre otras personas con técnicas de manipulación psicológica.
6. Clara Louise Kieninger, *Ich Dien* (2005), pág. 195.
7. Mateo 11:12.
8. Mateo 6:33.

CAPÍTULO 11 • **La energía del alma**
1. Mateo 25:14-30.
2. Mateo 10:28.
3. Santiago 1:17.
4. Gálatas 6:7.
5. La Ciudad Cuadrangular es la Nueva Jerusalén, arquetipo de las ciudades de luz en las que se vive una era de oro y que existen actualmente en el plano etérico (en el cielo), esperando a que las bajen a la manifestación física (en la tierra). Metafísicamente hablando, la Ciudad Cuadrangular es el mandala de los cuatro planos y los cuadrantes del universo de la Materia; los cuatro lados de la Gran Pirámide de la conciencia Crística enfocada en las esferas de la Materia. Las doce puertas son las puertas abiertas hacia las doce cualidades del Cristo Cósmico sustentadas por doce jerarquías solares. Las almas no ascendidas pueden invocar el mandala de la Ciudad Cuadrangular para la realización de la Conciencia Crística, como Arriba, así abajo. La Ciudad Cuadrangular contiene el diseño original de la identidad solar (del alma) de los 144 000 arquetipos de los hijos y las hijas de Dios necesario para concentrar la Plenitud Divina de su conciencia en una dispensación dada (Apocalipsis 21:2, 9-27).
6. Los científicos han detectado ondas de energía alrededor de la Tierra sobre las que postulan que se emitieron cuando nació el universo material.
7. Lucas 15:11-32.
8. Mateo 25:29.

9. Mateo 26:11.
10. Santiago 1:17.
11. En la iniciación de la noche oscura hay dos fases distintas. Tanto en la noche oscura del alma, donde la luz del alma queda eclipsada principalmente por el karma personal, como en la Noche Oscura del Espíritu, donde la luz de la Presencia YO SOY queda eclipsada por el karma planetario y porque se trata de una iniciación Crística, la persona debe afrontar las pruebas específicas para su corriente de vida y aquellas comunes para todos los que están en el sendero de la ascensión.

En la **noche oscura del alma**, "la oscuridad que cubre la tierra" es el peso del karma que le regresa a cada persona mientras está aprendiendo a afrontar el karma del mundo también. Las dos clases de karma eclipsan durante ciertos ciclos la luz del alma y, por tanto, su discipulado bajo el Hijo de Dios. Una vez que el alma salda ese karma personal debe forjar la identidad Crística, pasar por el matrimonio alquímico (la unión del alma con el Ser Crístico) y, si fuera necesario, encontrarse en una posición adecuada para mantener el equilibrio de cierto peso del karma planetario. Esto último acontece como la iniciación de la Noche Oscura del Espíritu, que cada iniciado debe afrontar como la prueba suprema de su Cristeidad. La noche oscura del alma es la prueba de la confrontación del alma con su propio karma de bien y mal relativos (el pecado que puede perdonarse); la Noche Oscura del Espíritu es la iniciación del encuentro del alma con el Gran Dios, el Bien Absoluto, y, mediante ese Bien en el que se ha convertido, de la victoria sobre el Mal Absoluto, su antítesis. La noche oscura del alma es tolerancia de la Ley, un período de gracia para que el alma se separe del error y lo transmute; esto es un requisito previo para la Noche Oscura del Espíritu.

Quienes han recibido los ciclos necesarios para pasar por la noche oscura del alma, pero no lo han hecho, deben seguir adelante a pesar de eso hacia la iniciación de la **Noche Oscura del Espíritu**. Esta es la iniciación de la Presencia YO SOY; es el principio autolimitante de la Ley que no tolera el abuso a Cristo por parte de lo Anticristo. Esta última iniciación, que se da tanto a santos como a pecadores, significa que se ha acabado la oportunidad para que la persona decida ser Dios. Después de cientos de miles e incluso millones de años de discurrir cíclicamente por la rueda del renacimiento, la identidad del alma que niegue que la Presencia de la Divinidad habita en ella corporalmente —Su Palabra y Su Obra— se anula por su decreto final, ratificado por el juicio ante los veinticuatro ancianos en la Corte del Fuego Sagrado, en la segunda muerte (Apocalipsis 2:11; 20:6, 11-15; 21:8).

El sistema de la Divinidad que proporciona gracia, misericordia y oportunidad a todos durante un período de tiempo asegura que todas las almas tengan muchas vidas para arrepentirse de sus obras malvadas y

para salvarse. Ello también asegura que, aunque la misericordia perdura para siempre, el Mal no. La única esperanza de perpetuar la santa inocencia es que la palabra malvada y la obra malvada (incluyendo la del Malvado y sus agentes) pueda ser y sea interrumpida al final de muchos ciclos de justicia de Dios ofrecida a todos. Véase también "Subida al Monte Carmelo" y "Noche oscura", de San Juan de la Cruz.
12. "Nuestro Dios es un fuego consumidor" (Hebreos 12:29).
13. Mateo 18:3.
14. Génesis 1:26, 28.

CAPÍTULO 12 • **La naturaleza de la individualidad**
1. Génesis 1:26.
2. Juan 10:7, 9.
3. 1 Corintios 15:50.
4. 1 Corintios 15:31.
5. Marcos 1:11.
6. Saint Germain enseña a los estudiantes la ciencia de la precipitación en *Saint Germain sobre alquimia*. Al final del capítulo 7 recomienda la precipitación de una amatista en forma de cruz de Malta como primer ejercicio para quienes deseen estudiar esta ciencia.

CAPÍTULO 13 • **La red de alegría**
1. El autor recomienda la lectura de *Cartas del diablo a su sobrino (The Screwtape Letters)*, de C. S. Lewis (New York: Macmillan Publishing Co. 1961), con relación a la serie "La comprensión de uno mismo".
2. Lucas 11:52.
3. "Igual que las mareas van y vienen, las mareas del Sol Eterno irradian en ciclos que se repiten eternamente. Cuando la marea de la gran luz solar se derrama sobre vuestro mundo, Dios os está transmitiendo su gracia y sus dones. Cuando la marea se aleja, es hora de que vosotros le transmitáis vuestra gratitud y vuestro deseo de llegar a ser una parte esencial de él. Quienes ansían recibir la luz que se aproxima, con su optimismo, su alegría, su poder, a menudo no reconocen los momentos en los que la vida no parece estar con ellos, cuando las mareas parecen ir contra ellos, como los momentos en los que Dios les pide que le envíen amor y súplicas" (Helios, *Perlas de Sabiduría*, vol. 13, n.º 13, 30 de julio de 1970).
4. Santiago 3:11.
5. Mateo 7:9.
6. Hechos 20:35.
7. Lucas 1:52.

ELIZABETH CLARE PROPHET es una escritora de renombre mundial, instructora espiritual y pionera en la espiritualidad práctica. Sus innovadores libros se han publicado en más de treinta idiomas y se han vendido más de tres millones de ejemplares en todo el mundo.

Para obtener más información acerca de las obras de Elizabeth Clare Prophet, que incluye sus libros de bolsillo para la espiritualidad práctica y su serie sobre Las enseñanzas perdidas de Jesús y Los senderos místicos de las religiones del mundo visita Summit UniversityPress.com.

Printed by Libri Plureos GmbH in Hamburg, Germany